Meehyun Chung   Reis und Wasser

Theologie/Religionswissenschaft, Band 12

Meehyun Chung

Reis und Wasser

Eine feministische Theologie in Korea

Frank & Timme
Verlag für wissenschaftliche Literatur

Umschlagabbildung: © Foto von Myungoh Chung (Professor, Kaywon School of Art and Design)

Die Publikation wurde durch die Deutsche Gesellschaft für Missionswissenschaft und den Verein des Projekts Frauentheologie Basel gefördert.

3., korrigierte und erweiterte Auflage 2015
1. Auflage 2012

ISBN 978-3-86596-434-2
ISSN 1862-6157

Herstellung durch Frank & Timme GmbH,
Wittelsbacherstraße 27a, 10707 Berlin.
Printed in Germany.
Gedruckt auf säurefreiem, alterungsbeständigem Papier.

www.frank-timme.de

Für meine Eltern

Inhaltsverzeichnis

Vorwort

Die Wahl dieses Buchtitels ist nicht beliebig. Mit dieser Wahl will ich meinen Standpunkt aufzeigen: Asien ist sehr vielfältig, was Kultur, Sprache, Religionen, Sitten usw. anbelangt. Trotz aller Unterschiede innerhalb Asiens verbindet die Kultur des Reises aber alle AsiatInnen. Reis und Wasser sind auch in Korea zentrale Merkmale für das Leben. Der Reis ist ein wichtiges Lebenselement und eine Pflanze, die sehr viel Wasser benötigt. Reis und Wasser gehören zum Prinzip von Sangsaeng (相生), welches das Zusammenleben beinhaltet, im Gegensatz zu Sangkuk (相剋) das gegenseitige Unverträglichkeit bedeutet. Während das Prinzip Sangkuk neben- und gegeneinander bedeutet, bedeutet Sangsaeng miteinander oder sich wechselseitig Leben zu geben. Dieses Konzept beinhaltet das Aufeinanderangewiesen-Sein und Miteinanderverbunden-Sein. Es hat mit dem Beziehungsnetzwerk zwischen Menschen, Natur und Dingen sowie gegenseitiger, lebensorientierter Abhängigkeit und Ausgewogenheit zu tun. Dieses Bewusstsein stammt aus dem Integrationsgedanken, der in Nordasien tief verwurzelt ist. Diese Aspekte wieder neu zu beleuchten und Sangsaeng anstatt Sangkuk in der Gesellschaft zu fördern, gehört zu den zentralen Anliegen meiner feministischen Theologie.

Die meisten Beiträge dieses Buches basieren auf meinen Erfahrungen, Wahrnehmungen und Erkenntnissen der letzten sechs Jahre, die ich in Korea und dem deutschsprachigen europäischen Raum gesammelt habe. Meine Reflexionen, meinen Blick auf diese theologischen Themen habe ich meistens im europäischen Kontext, weit entfernt von meiner Heimat gewonnen und niedergeschrieben, wenn das Fundament meiner Gedanken in Korea geformt wurde. Aus dem reformorientierten koreanischen protestantischen Kontext heraus habe ich dieses Buch geschrieben. Daher erhebt es keinen Anspruch, aus dem katholischen Raum kommende Traditionen, Ereignisse und Ansichten mit einzubeziehen.

Da die koreanische Kultur trotz aller Modernisierung und Industrialisierung auch auf der Agrargesellschaft basiert, stelle ich eine gewisse Verwandtschaft zu Kultur und Sitten in global südlichen Ländern fest. Darüber hinaus bewahrt Korea die Kombination von Schrift- und Sprachkultur und damit die Aspekte der Standhaftigkeit und Beweglichkeit. Dieser kulturelle Hintergrund half mir, sowohl die Menschen im globalen Süden als auch im globalen Norden zu verstehen und dadurch eine gewisse Brückenfunktion einzunehmen. Da ich mich früher hauptsächlich im akademischen Umfeld bewegt habe, war mir nicht bewusst, wie viele AnalphabetInnen es gibt. Dank meiner Tätigkeit als Leiterin der Stabsstelle Frauen und Gender in mission 21, evangelisches Missionswerk Basel, habe ich „die Feminisierung der Armut" oder „Armut mit weiblichem Gesicht" hautnah erfahren. Nach Beijing (1995) haben Frauen aus elitärerem Umfeld weltweit erfolgreiche Leitungspositionen in Wirtschaft, Politik und Wissenschaft inne. Dies heißt aber leider nicht, dass sich der sozioökonomische Status der Frauen allgemein verbessert hat. Wir erleben eher das Gegenteil: Im Gegensatz zu einer privilegierten Minderheit hat sich die Situation der Mehrheit verschlechtert. Daher ist es notwendig, die Ermächtigung (Empowerment) von Frauen voranzutreiben. Unter Frauen brauchen wir mehr Solidarität und Ideen für das Empowerment, anstatt nach dem Vorbild des „Krabbenprinzips"[1] zu agieren.

In den letzten Jahren war es eine meiner Aufgaben, persönliche Erfahrungen mit dem Evangelium sowie Freude und Begeisterung für das Evangelium mit einem anderen kontextuellen Umfeld zu teilen. Das ist mein Verständnis von Mission. Inzwischen habe ich weltweit unzählige Frauen kennengelernt, die unter sehr schwierigen Verhältnissen leben, diese aber bewältigen und darüber hinaus ihre Gesellschaft transformieren. Ich sehe Parallelen der Lebensweise dieser Frauen mit denen der Mystikerinnen des Mittelalters, die das Leid überwunden und andere zum Leben ermutigt haben. Die Erkenntnisse, die ich durch Begegnungen mit solchen Frauen erworben habe, sind ebenfalls mit in dieses Buch eingeflossen.

Dagegen dominiert in der westlich-männlich geprägten Theologie, die nach wie vor als Schultheologie gilt und die solche Erfahrungen oder eine solche Begeisterung eher als voraufklärerische Phänomene herabsetzt, ein gewisses Überlegenheitsgefühl. Die christlich-kapitalistisch geprägte Konzentration auf das Selbst und die eigene Gruppe hat etwas mit einer autoritären Machtstruktur zu tun, die ein Anderssein in jeglicher Form kaum akzeptieren kann und nur die Macht der Kontrolle kennt. Der offene Blick für eine alternative Theologie aus anderen Erdteilen könnte diese selbstgerechte Schultheolo-

1 In einem Korb sitzen Krabben. Eine Krabbe hilft der anderen nicht aus dem Korb in die Freiheit zu gelangen. Im übertragenen Sinne bedeutet das, dass Frauen sich manchmal gegenseitig behindern, anstatt sich solidarisch zu verhalten. Frei nach dem Motto: „Mir geht es so schlecht, warum sollte es dir besser gehen?"

gie korrigieren und bereichern. Wenn ein ernsthafter Austausch zwischen den Menschen möglich wird, bedeutet dieser eine gegenseitige Bereicherung. Denn das Anderssein zu beachten bedeutet, sich selbst zu entdecken und sich zu ergänzen. Darüber hinaus können wir uns besser vernetzen für gemeinsame ethische Aufgaben. Die komplexe Erfahrung aus dem Kolonialismus, Post-Kolonialismus und Ideologiekonflikt in diesen Regionen könnte dazu dienen, Denkanstöße für gesellschaftliche Versöhnung und Transformation zu schaffen.

Meine Hoffnung ist es, dass wir ein erneuertes christliches Glaubenskonzept in jedem unserer kulturellen Kontexte entwickeln und dabei die Methoden der Wertschätzung, der Gegenseitigkeit und der Loyalität einsetzen. Statt in gegenseitigen Stereotypisierungen und Vorurteilen zu versteinern und den jeweils anderen Kontext auszublenden, brauchen wir eine offene Haltung, um die Angst vor dem Anders-Sein zu bewältigen. Es ist notwendig und richtig, die historischen Ungerechtigkeiten und systemischen Fehler des Christentums zu erkennen, aber auch, wahrzunehmen, dass eine solche Erkenntnis Grundlage für neue Muster interkultureller Beziehungen und Handlungen sein kann. Ich hoffe auch, dass dieses Buch anschauliche Beispiele darbietet, was es heißen kann, ausgehend von sehr unterschiedlichen Lebenswirklichkeiten aufeinander zuzugehen.

Was man in der eigenen Religion oder in der kulturellen Nähe als Defizit oder Problem empfindet, versucht man woanders, in der kulturellen Ferne, als ideales Gegenmodell zum eigenen zu finden. Dabei werden die Schattenseiten und Problematiken solcher Religionen nicht beachtet und allzu schnell unkritisch idealisiert.[2] Ich hoffe, dass dieses Buch demjenigen eine bessere Möglichkeit zur Selbstreflexion bietet, der das „Eigene“ vom Fremden kennenlernen will.

In Westeuropa ist es üblich, asiatische Speisen dem Geschmack der jeweiligen Kundschaft anzupassen, um einen breiteren Absatz zu fördern. Ich sehe darin gewisse Parallelen zur ‚mundgerechten‘ feministischen Theologie aus verschiedenen Ländern wie v.a. den USA, die nach dem Geschmack der westlich orientierten Lebenswelt geprägt ist. Es würde mich freuen, wenn dieses Buch sich zwar kontextuelle Authentizität bewahrt, aber die zwei völlig unterschiedlichen Kulturräume verdeutlicht und verbindet.

2 Vgl. Aloysius Pieris, Feuer und Wasser. Frau, Gesellschaft, Spiritualität in Buddhismus und Christentum, Basel, 1994, 174f.

Ich freue mich, dass ich dieses Buch vor der Vollversammlung vom ökumenischen Rat der Kirchen, die in 2013 in Pusan (Korea) stattfinden wird, den deutschsprachigen Lesern und Leserinnen vorlegen kann. Wenn ich mich den Menschen in Europa als Koreanerin vorstelle, höre ich meistens als erstes die Frage, ob ich Süd- oder aus Nordkorea stamme. Diese Frage bringt die Unwissenheit vieler Menschen zum Ausdruck, denn NordkoreanerInnen können sich nicht so frei bewegen wie ich. Eine andere häufig gestellte Frage ist, wie ich die winterliche Kälte der Schweiz aushalten könne. An solchen Fragen zeigt sich, dass mein Heimatland nach wie vor im deutschsprachigen Raum ein geographisch und geschichtlich unbekanntes bzw. wenig bekanntes Land ist. Ich wünsche mir, dass meine Beiträge zur Verständigung zwischen deutschsprachigem und nordasiatischem Raum und zum Verständnis sowohl für Nordasien als auch für Korea und das dortige Christentum beitragen. Die Darstellung des koreanischen Christentums ist mir ein wichtiges Anliegen, allerdings nicht ohne kritische Reflexion. Denn ich möchte koreanisches Christentum oder koreanische kulturelle Werte nicht nur verherrlichen.

Ich habe inzwischen hier in Europa gelernt, dass das Adjektiv „feministisch" mit einer negativen Konnotation besetzt ist. Feministische Denk- und Handlungsansätze verstehe ich als sozial-kritische, die als treibende Faktoren zum Umdenken anregen und der Erneuerung dienen. Mein Fokus liegt allerdings nicht auf dem Adjektiv feministisch, sondern auf der Substanz- „Theologie". Ich glaube allerdings nicht, dass es Ziel des feministischen Diskurses sein sollte, den höchsten Platz zu einzunehmen. Die Platzeroberung „Vom Kampf, wieder Sonne zu sein"[3] im 21. Jh. kann nicht allein unser Ziel für den Umgang mit der Gender-Frage bei der Theologisierung im jeweiligen Kontext sein. Ich hoffe, dass wir über die je eigenen Werte von Sonne und Mond nachdenken können und in der zunehmend komplexeren kulturellen und religiösen Gesellschaft eine kreative Form finden und ausschöpfen, die die Vielfalt der Aspekte und Werte im Umgang zwischen Männern, Frauen und sexuell anders Orientierten eröffnet.

Im ersten Teil dieses Buches geht es der Reihenfolge nach darum, die trinitarische Gottheit, die Mariologie und die Ekklesiologie zu entfalten. Der zweite

3 Am Anfang war die Frau die Sonne. Diese Gedanken und dieses Motto wurden vom Gedicht einer japanischen Dichterin, Raicho Hiratsuka, übernommen. „In the beginning, woman was truly the sun. An authentic person. Now she is the moon, a wan and sickly moon, dependent on another, reflecting another's brilliance …?", in: Raicho Hiratsuka, In the beginning, Woman was the sun: The autobiography of a Japanese feminist, translated, with an introduction and notes by Teruko Craig, New York , 2006, 157.

Teil dieses Buches behandelt sozio-kulturelle Themen. Außerdem ist eines der Kernanliegen dieses Buches, feministische und Gender-Ansätze in die einzelnen Themen mit einfließen zu lassen. Einzelne Kapitel können separat gelesen werden, Überschneidungen und Wiederholungen müssen demnach in Kauf genommen werden. Ich habe eine gewisse Fachsprache benutzt, um meine wissenschaftliche Reflexion zum Ausdruck zu bringen und hoffe, dass meine theologische Darstellung (im Hinblick auf meine kulturellen Wurzeln) verständlich ist. Die Bibelzitate entstammen der Zürcher Bibel aus dem Jahr 2007.

Für die finanziellen Beiträge zur Publikation danke ich dem Verein des Projekts Frauentheologie Basel und der Deutschen Gesellschaft für Missionswissenschaft.

Ich bedanke mich ganz herzlich bei Herrn Ernst Schmid, Pfarrer Hans Jörg Fehle und nicht zuletzt Pfarrerin Ines Buhofer, die sprachlich und inhaltlich so sorgfältig meine Texte gelesen und Anregungen und Korrekturen gemacht haben, für ihre unvergessliche Unterstützung. Bei der Gelegenheit möchte ich meine Dankbarkeit zur Union Evangelischer Kirchen (UEK) in der Evangelischen Kirchen in Deutschland (EKD) zum Ausdruck bringen. Denn sie hat mich sehr ermutigt, meine Aufsätze als Buch zu veröffentlichen und im Deutschsprachigen Raum vorzustellen.

Basel, 8. Januar 2012

Meehyun Chung, Korea/Schweiz

Einleitung

1 Von den koreanischen Gebetsbergen in die Schweizer Alpen[1]

Ich bin in einer demokratischen, reformierten, christlichen Familie in Korea aufgewachsen. In einem konfuzianisch geprägten Land wie Korea ist es nicht selbstverständlich, dass eine Tochter in der eigenen Familie Anerkennung erfährt. In diesem Sinne war ich privilegiert. Meine Eltern hatten, bevor ich auf die Welt kam, bereits zwei Söhne und wünschten sich eine Tochter. Als meine Mutter sich bei meiner Geburt nach meinem Geschlecht erkundigte, erhielt sie als Antwort: „Was Sie sich so sehr wünschten." Im Gegensatz zu vielen Frauen, die als Tochter unerwünscht waren, war ich sehr willkommen.

Meine Mutter musste sich damals um ihre eigene Mutter kümmern, die aus Nordkorea gekommen war. Sie wollte meinen Vater mit der Versorgung ihrer Mutter aber nicht weiter belasten und achtete deshalb darauf, ökonomisch unabhängig zu sein. Bis zu ihrer Pensionierung war sie als Lehrerin tätig. Durch ihre Berufstätigkeit erfuhr ich schon früh, mit welchen Belastungen eine berufstätige Frau in der koreanischen Gesellschaft umzugehen hat.

Meine Kirchengemeinde wurde von Pfarrer Wonyoung Kang geleitet, der sich deutlich für die Emanzipation der Frauen einsetzte. Dazu hatte ihn vor allem das harte Leben seiner Mutter bewegt, die sehr unter dem Joch der traditionellen Gesellschaft in Nordkorea gelitten hatte. Als erster Sohn trug er besondere Verantwortung für sie. Allerdings ging er vor dem Koreakrieg nach Südkorea und lebte deshalb ohne Kontakt zu ihr. Mit seinem leidenschaftlichen Engagement für die Rechte der Frauen versuchte er einiges von dem wieder gut zu machen, was er seiner Mutter schuldig geblieben war.

1 Diesen Teil habe ich mit minimalen Änderungen übernommen von: Meehyun Chung, Von den koreanischen Gebetsbergen in die Schweizer Alpen, in: Gender und religiöse Bildung weltweit, hrsg. von Bärbel Fünfsinn und Gabriele Mayer, Frankfurt am Main, 2009, 33–39.

Immer wieder kamen europäische Theologen in unsere Gemeinde. Sie galt als ökumenisches Zentrum und das ist sie noch immer. Der Besuch von Menschen aus Europa weckte in mir früh das Interesse an der deutschsprachigen Theologie. Zunächst wollte ich nur deutsche Predigten auf der Kanzel ins Koreanische übersetzen, ohne selbst Pfarrerin zu werden. Ich wollte meinen Eltern damit eine Freude machen. So habe ich ohne großes Zögern, selbstbestimmt und hoch motiviert, mein Studium der Germanistik begonnen.

Als mein Pfarrer mich darauf ansprach, ob ich nicht Pfarrerin werden wollte, antwortete ich spontan: „Sagen Sie mir nie wieder so etwas Dummes.“ Ich konnte nur vermuten, wie schwer es in unserer Gesellschaft für eine Pfarrerin war. Obwohl meine Kirche die Frauenordination 1977 theoretisch und gesetzlich akzeptiert hat, ist es nach wie vor nicht üblich, dass Frauen im Pfarramt arbeiten. Nach etwa einem Jahr sprach mein Pfarrer mich nochmals darauf an und diesmal überlegte ich ernsthaft. Schließlich begann ich das Theologiestudium, immer noch mit dem Wunsch, nur eine akademische Theologin zu werden, und nicht Pfarrerin.

Einer der vielen Theologen, die uns besuchten, war mein späterer Doktorvater Professor Jan Milic Lochman. Ich entschloss, bei ihm in Basel meine Kenntnis der reformierten Theologie zu vertiefen. Dort befasste ich mich mit dem Offenbarungs- und Geschichtsverständnis bei Karl Barth und Josef Lukl Hromadka.

Mein Doktorvater war patriarchal geprägt wie viele seiner Zeitgenossen, doch er benahm sich mir gegenüber nie dominant. Wir standen in einem guten theologischen Austausch und ich freute mich, ihn als Lehrer gewählt zu haben. Nach meiner Promotion äußerte er, dass er mir leider in feministischen Fragen kaum habe helfen können. Stattdessen habe er viel von mir gelernt. Ich hatte vorher an der weltweit bekannten Frauen-Universität in Südkorea, dem Zentrum für Feminismus und Gendertheorien studiert. Danach habe ich im Graduate Level an einer gemischten Universität weiter studiert, nachdem ich lange geschlechtergetrennte Schulen und die Universität besucht hatte. Dort wurde ich zum ersten Mal richtig mit meinen Kommilitonen mit der Genderfrage konfrontiert. Nach meinem Studium kam ich nach Basel, um zu promovieren. An der theologischen Fakultät war es für mich eine doppelte Herausforderung, als asiatische Frau mit weißen Männern zu diskutieren. Denn mein Hauptfach, Systematische Theologie, galt als Männersache. Aber diese Auseinandersetzungen haben mir geholfen, mein Gender-Bewusstsein in diesen Männerdomänen weiter zu entwickeln. Leider konnte ich in Basel meine feministisch theologischen Kenntnisse nicht weiter ausbauen, da keine Veranstaltungen dazu stattfanden. Im Gegensatz dazu war die feministische Theologie in meiner Heimat viel fortgeschrittener, zumindest in theoretischer Hinsicht.

In der Schweiz lernte ich die vielfältige Arbeit von schweizerischen und deutschen Pfarrerinnen kennen, was mich dann doch dazu motivierte, Pfarrerin zu werden.

Auch wenn ich mich mit den großen männlichen Theologen in meiner Dissertation auseinandergesetzt habe, so lag der Ursprung meines Interesses an Theologie in den Erfahrungen mit meiner Großmutter auf den Gebetsbergen in Korea. Dort versammelten sich überwiegend Frauen zum intensiven Gebet. Oft sprachen sie von ihren privaten Offenbarungserfahrungen. Das löste in mir grundsätzliche theologische Fragen aus: Was heißt Offenbarung? Inwiefern sind mystische Erfahrungen fassbar und nachvollziehbar?

3 Frauen brauchen Macht

Erst 1948 erhielten Frauen in Korea das Stimmrecht. Nach dem Gesetz sind Frauen und Männer gleichberechtigt. Dank der Frauenbewegung und dem Demokratisierungsprozess ist es inzwischen möglich, dass Frauen in vielen traditionellen Männerdomänen arbeiten und Karriere machen. Es ist schwieriger, „typisches Frau- bzw. Mann-Sein" im klassischen Sinn zu beschreiben. Dennoch gibt es nach wie vor geschlechterdifferenzierte Sitten. Zum Beispiel ist es die Aufgabe des Mannes, einen Heiratsantrag zu machen. Die Frau muss passiv reagieren, nicht agieren. Mann-Sein bedeutet in Korea, auf möglichst eindrucksvolle und beharrliche Weise Antragsteller zu sein. Das damit verbundene Männlichkeitsverständnis stützt sich auf das Bild des Ernährers und auf äußere Statussymbole.

1975 kandidierte ich für das Amt der Präsidentin an meiner Schule. Ich war vorher schon Vize-Präsidentin gewesen und als solche gut akzeptiert worden. Als ich mich in meiner Vorstellungsrede auf das UNO-Jahr der Frauen bezog, lachten meine Mitschülerinnen und Mitschüler darüber und machten damit deutlich, dass in ihren Augen eine Frau als Präsidentin ungeeignet sei. Frauen werden häufig als zweite Person im Hintergrund, als Vize-Präsidentinnen akzeptiert, nicht aber in einer Führungsrolle. 30 Jahre später nahm ich eine leitende Stelle im Bereich Frauen und Gender in der Schweiz an. Das Jahr 2005, in dem der dreißigste Geburtstag des Internationalen Jahres der Frau stattfand, hatte daher große Bedeutung für mich. Von diesem Zeitpunkt an konnte ich mich mit meinen Erfahrungen, Kenntnissen und Privilegien, die ich inzwischen erworben habe, aktiv und gestaltend für internationale Veränderung einsetzen.

In der männerdominierten koreanischen Gesellschaft und in Domänen, die als männlich gelten, habe ich als Frau und Pfarrerin immer wieder Nachteile erlebt. Noch schwieriger zu ertragen war allerdings die Unterdrückung durch mächtige Frauen, die weltweit als feministische Theologinnen bekannt sind, aber andere Frauen nicht neben sich dulden.[2]

Frauen benötigen Macht. Dieses Ziel kann jedoch nicht durch „mehr Macht für mich" oder „mehr Macht für Frauen" erreicht werden. Das wäre nur ein Wandel vom Patriarchat zum Matriarchat. Wir brauchen nicht Macht, die andere entmachtet, sondern Macht, um andere zu ermächtigen.

Jesus hat uns in wunderbarer Weise Beispiele gezeigt, wie Macht auf andere Weise eingesetzt werden kann. Nach seinem Vorbild möchte ich „Empowerment"-Arbeit ausüben.

4 Neue Wege

In der koreanischen Kultur dürfen Männer in der Öffentlichkeit nicht weinen. Wenn Frauen dies tun, wird daran nicht Anstoß genommen. Als mein damals neunjähriger Neffe einmal weinte, sagte sein Vater zu ihm: „Wenn Du ein Sanai (koreanischer Ausdruck für das Mann-Sein) werden möchtest, darfst Du nicht weinen." Mein Neffe erwiderte: „Dann verzichte ich darauf und weine lieber." Er weinte weiter, damit er seinen Schmerz durch das Weinen loslassen konnte.

Auch Jesus brachte seine Gefühle durch Weinen zum Ausdruck, wie in Joh 11,35 oder Lk 19,41 geschrieben steht. In dem Leiden Jesu, das sich in seinen Tränen zeigt und das ihn bis zum Kreuz führte, können wir das Reich Gottes erken-

2 Ich bezeichne dieses Syndrom als Syndrom von Schneewittchens Stiefmutter, die alleinige Herrscherin sein wollte. Sie musste sich aus Angst und Schwäche vom Spiegel immer wieder bestätigen lassen, wer die Schönste im ganzen Land sei.

nen. Wenn dieses Reich da ist, hat Gott alle Tränen abgewischt (vgl. Off 21,4; 7,17, Jes 25,8a) und wir alle werden von Freude (gaudium plenum) erfüllt sein.

Wenn wir, Männer wie auch Frauen, dem „Männlichkeitssyndrom" weiterhin anhängen, das auf äußere Werte wie Ansehen, Erfolg, Statussymbole und -handlungen fixiert ist, können wir unsere innerste Identität nicht finden. Äußere Zwänge knebeln uns und haben eine viel stärkere Bedeutung als biologische Unterschiede. Darum steht der Geschlechterkampf nicht im Vordergrund, sondern viel mehr ein Paradigmenwechsel im Blick auf traditionelle Rollenfixierungen und Machtfragen.

Um erfahrbare Gerechtigkeit zu verwirklichen, was auch das Gender-Mainstreaming-Verfahren zum Ziel hat, ist es notwendig, dass die unterschiedlichen Situationen, die Verletzbarkeit und Interessen von Frauen und Männern in allen Gesellschaftsbereichen, Kulturen und sozialen Schichten berücksichtigt werden. Erst dann können wir uns aus dem Gefängnis der stereotypen Rollenzuweisungen befreien.

Als kleines Kind stellte ich mir vor, Anwältin zu werden, um den zu Unrecht Leidenden zu helfen. Als Pfarrerin und Theologin erlebe ich vielfach, dass Frauen aus verschiedenen global südlichen Ländern von mir erwarten, für sie zu sprechen. So übernehme ich, soweit nötig und möglich, die Aufgabe der „Anwaltschaft" für stimm- und rechtslose Frauen, und auch für Männer (Spr 31,8). Das ist m.E. Aufgabe der feministischen Theologie, die die kritische Selbstreflexion sowie das Denkvermögen fördert und entfaltet.

Ich träume von einer Kirche, in der das Evangelium tatsächlich als Frohe Botschaft verkündet wird, sodass Menschen mit dieser Kraft und durch „die Heilige Aufregung"[3] am Leben teilhaben können.

3 Ich glaube an die heilige Aufregung der Frauen,
die beim Aufgehen der Ostersonne den weggewälzten Stein sahen.

Ich teile ihre Hoffnung
auf eine gelingende Gemeinschaft von Schwestern und Brüdern,
wo keiner wie ein Stein das Leben des anderen verschließt.

Ich glaube an den auferstandenen Jesus,
in dessen Begegnung die tiefe Kraft des Lebens
den Menschen ganz nahe kam.

Ich glaube an das zarte und zerbrechliche Geheimnis des Lebens,
das wir Gott nennen,
verborgen wie ein Korn in der Erde,
das uns in allem fragend begegnet
und uns zur Liebe und Verantwortung wachruft.

Amen.

Die Frauenkommission der Diözese Linz, Österreich

Theologische Themen

Hananim oder Haneunim?

1 Eine kulturelle Einführung in das koreanische Gottesverständnis

Korea besaß bereits eine sehr lange Tradition von Schriftreligionen[1] wie den Buddhismus und den Konfuzianismus, als das Christentum ins Land kam. Dies war einer der Gründe, warum die Bibel schnell akzeptiert wurde.[2] Das Lesen der Bibel hat wesentlich zur Alphabetisierung der Bevölkerung, vor allem der Frauen, beigetragen. Die Bibel als Wort Gottes besitzt bei den Christen und Christinnen in Korea noch heute eine sehr große Autorität. Durch das wirtschaftliche Wachstum hat sich die kirchliche Landschaft zwar verändert, aber die lebendige Beziehung zu Gott, auch wenn sie manchmal nicht nur von Zuversicht auf Gott, sondern von Furcht vor Gott als Richter geprägt ist, ist geblieben.

Die koreanische Kirche kann grob in drei Richtungen eingeteilt werden: eine Gruppe orientiert sich an Gott Vater, eine andere an Jesus Christus als Befreier und eine dritte an der Heiligen Geisteskraft. Die erste Gruppe – sie bildet die Mehrheit unter den Protestanten – ist religiös stark nordostasiatisch, d.h. konfuzianisch und taoistisch geprägt. Die zweite Gruppe tendiert zu sozio-politischem Engagement, weil sie Jesus als politisch handelnde Person gegenüber dem römischen Imperium versteht. Bei der dritten Gruppe steht die Heilige Geisteskraft als Heilerin und Glücksbringerin im Mittelpunkt. Ihre Theologie ist die der Prosperität.

Neben diesen Unterschieden gibt es in der koreanischen Kirche eine Methode des Gemeindeaufbaus, die allen gemeinsam ist: patriarchale Struktur, das Früh- oder Morgengebet, gemeinsames Mittagessen als Koinonia und Hausbesuche sowie Bibel- und Gebetskreise. Die Gemeinden bauen sich auf

1 Das älteste erhaltene Druckwerk der Welt ist das buddhistische Buch Buljo Jikji Simche Yojeol, das 1377 in Korea mit Metalllettern gedruckt wurde – also Jahrzehnte bevor Johannes Gutenberg (um 1400–1468) in Europa zu drucken begann. 2001 wurde das Buch Jikji in das Weltdokumentenerbe „Memory of the World" der UNESCO aufgenommen.

2 Vgl. Moonjang Lee, Reading the Bible in the Non-Western Church: An Asian Dimension, in: Mission in the 21st Century. Exploring the Five Marks of Global Mission, ed. by Andrew Walls et al., New York, 2008, 150f.

aus kleinen Zellgruppen, in denen offene Gespräche über die Glaubenserfahrung möglich sind, und wo man sich gegenseitig im Glauben stärkt.

In diesem Kapitel geht es um die erste Gruppe, die Gott im Rahmen des trinitarischen Gottesverständnisses vor allem als Vatergestalt betont.

Lange bevor amerikanische Missionare und Missionarinnen die Botschaft der Bibel verbreitet haben, hatten die Koreaner und Koreanerinnen bereits einen Namen für und eine Vorstellung von Gott. Dabei kommt sowohl eine patrilineare als auch eine matrilineare Vorstellung von Gott vor, wobei das Bild eines männlichen Gottes, der allmächtig, allwissend, einzigartig und richtend ist, überwiegt. Gott wirkt als Schöpfer sowie als Bewahrer des Universums und der Natur. Die koreanische Nationalhymne beruht beispielsweise auf dem Vertrauen in Gott: Sie besingt die Schönheit der Natur, den Himmel, den Mond, die Tannen, die Berge – und schließlich die Nationalblume Hibiskus, die als Sinnbild für Beharrlichkeit gilt. Die Hymne bedankt sich beim Gott des Himmels, der dieses Land beschützt.

In den koreanischen Sprachen gibt es zwei Möglichkeiten, Gott auszudrücken: Hananim und Haneunim. Diese Begriffe sind aus jeweils zwei Wörtern gebildet: einem Substantiv und dem Suffix „-nim", das eine höfliche Redewendung gegenüber einem geachteten Wesen ist.

Der erste Begriff Hananim bedeutet Gott der Einheit, das Allumfassende und das Eine.[3] Der Ausdruck „Han (韓)"[4] bedeutet ganzheitliche Einheit, die die Vielfalt umarmt. Das Suffix „-nim" unterstreicht hier die Einzigartigkeit Gottes als Größtem der Großen, der alles umfängt und einschließt.

Der zweite Begriff Haneunim bedeutet Gott des Himmels, der vom Himmel herab schaut und regiert. Dieser Ausdruck ist zusammengesetzt aus dem Wort für Himmel und dem Suffix für ein geachtetes Wesen. Weil Haneunim so missverstanden werden kann, dass Gott nur im Himmel existiert, und aus der Gender-Perspektive ist der Begriff Hananim zu bevorzugen. Allerdings ist das

3 Der Ausdruck entspricht dem Begriff „totaliter aliter" von Rudolf Otto oder Karl Barth oder der Stufe zwischen 8 und 9 in der Systematik von: Marion Küstenmacher/Tilman Haberer/Werner T. Küstenmacher, Gott 9.0. Wohin unsere Gesellschaft spirituell wachsen wird, Gütersloh, 2010.

4 Von diesem Begriff Han (韓) muss im Koreanischen ein anderes Han (恨) unterschieden werden, das aber nur auf chinesisches Schriftzeichen anders aussieht. Es drückt die Wut aus über Ungerechtigkeit, den Groll, der aus einer tiefen Leidenserfahrung oder bitterer Trauer erwächst. Zu dem zweiten Han Vgl. Park Sung-Kook, Perspektive der Versöhnung, in: Korea. Entfremdung und Annäherung, hrsg. von Hyondok Lee/Lutz Drescher/Rainer Werning, Köln, 2007, 120f.; Suh Nam-Dong, Han: Darstellungen und theologische Reflexionen, in: Minjung: Theologie des Volkes Gottes in Südkorea, hrsg. von Jürgen Moltmann, Neukirchen-Vluyn, 1984, 27–46. Der Philosoph Sangyl Kim hat von dem Begriff Han (韓) eine koreanische Philosophie entwickelt, die er als Hanismus bezeichnet. Vgl. Sangyl Kim, www.hanism.org.

Verständnis Gottes als himmlischer Vater sehr verbreitet, sowohl im traditionellen als auch im christlichen Gottesverständnis. Dieses vorprogrammierte Verständnis, Gott als himmlischen Vater zu verstehen, ist ins Christentum übernommen worden.[5]

Diese männliche Prägung Gottes gab es also schon in der traditionellen Religion, auch wenn sie keine Gotteslehre kennt, die Gott explizit so benannt hätte. Das meist verbreitete Abbild eines göttlichen Wesens z.B. in der taoistischen Tradition ist jedoch ein weiß gekleideter alter Mann mit Bart. Dieses Bild war in Korea allgemein bekannt und traf auf ähnlich geprägte Gottesbilder der christlichen Mission.[6]

Mary Daly kritisiert mit Recht: „Wenn Gott männlich ist, muß [...] das Männliche Gott sein. Der göttliche Patriarch kastriert die Frauen, solange ihm gestattet wird, in der menschlichen Vorstellung weiterzuleben."[7] Die Vermännlichung Gottes hat das patriarchale System gefestigt und gefördert und zwar nicht nur als Herrschaft der Männer über die Frauen, sondern auch in Gestalt eines hierarchischen Gesellschaftssystems.[8]

Diese Wirkungsgeschichte belastet auch das Christentum noch immer im Innersten: „Das biblische und allgemein beliebte Bild von Gott als einem mächtigen Patriarchen im Himmel, der nach seinem unerklärlichen und scheinbar willkürlichen Ratschluß belohnt und straft, hat die Vorstellung von Millionen jahrtausendelang beherrscht. [...] Wenn Gott in ‚seinem' Himmel ein Vater ist, der über ‚sein' Volk herrscht, dann liegt es in der ‚Natur' der

5 Das männliche Bild Gottes als Vater ist nicht pauschal negativ zu bewerten, auch wenn der damit verbundene kollektive, patriarchale Einfluss auf die Gesellschaft sehr problematisch ist.

Meine Mutter z.B. hat ihren leiblichen Vater nach der Trennung Koreas nicht mehr gesehen. Dass sie Gott als Vater anreden durfte, war für sie Hilfe und Trost. Und eine starke Vater-Gott-Beziehung kann als Grundstimmung die Zuversicht vermehren in einer Gesellschaft, in der das soziale Versicherungssystem lückenhaft ist. Um auf die Zwei- bzw. Transgeschlechtlichkeit Gottes kreativ aufmerksam zu machen, sollten in Korea weibliche, männliche und weitere Bilder für Gott verwendet werden, wie es der biblischen Tradition entspricht. Im Deutschen können zusätzlich die Artikeln und Pronomina wechselweise oder pragmatisch gebraucht werden. Vgl. Magdalene L. Frettlöh, Gott Gewicht geben. Bausteine einer geschlechter-gerechten Gotteslehre, Neukirchen-Vluyn, 2006, 260ff.

6 Offensichtlich ist dieses Bild nicht nur in Asien, sondern auch im deutschsprachigen Raum bekannt. Vgl. Marion Küstenmacher (et.al.), a.a.O., 287.

7 Mary Daly, Jenseits von Gottvater, Sohn und Co: Aufbruch zu einer Philosophie der Frauenbefreiung, München, 1980, 33.

8 Vgl. Elisabeth Schüssler-Fiorenza, Zu ihrem Gedächtnis. Eine feministisch-theologische Rekonstruktion der christlichen Ursprünge, München 1988, 62.

Dinge, entspricht es dem göttlichen Plan und der kosmischen Ordnung, wenn die Gesellschaft männlich beherrscht ist.“[9]

Die Yin-Yang Lehre des Konfuzianismus[10] ist in Korea weit verbreitet; sie beeinflusst sowohl das Gottesverständnis als auch den täglichen Umgang unter Menschen. Zwischen Göttern und Göttinnen gibt es eine Rangordnung, aber auch eine Aufspaltung der Zuständigkeiten und Bereiche. Im koreanischen Denken ist der Himmel normalerweise als männlich, die Erde als weiblich vorgestellt, was in der Grammatik der koreanischen Sprache aber nicht zum Ausdruck kommt. Der Himmel als Yang ist eng mit dem Begriff Vater verbunden, während die Erde als Yin mit Mutter identifiziert wird. Der Yang-Vater ist positiv, zeugend, schöpferisch, produktiv, aktiv, die Yin-Mutter negativ, empfangend, reproduktiv, passiv. Der Himmel ist hoch und dominierend, die Erde ist niedrig und dominiert. Das Schöpferische bestimmt das Empfangende.[11]

Traditionellerweise stehen am Eingang eines Dorfes zwei Holzstatuen „Die unterirdische Göttin“ (subterranian goddess) neben „dem himmlischen Gott“ (celestial god). Sie sind ein wichtiges Mittel, um Orientierung zu geben und fungieren als Dorfbeschützer und -beschützerin.[12] Dies entspricht dem Konzept von „Gaia und Gott“ in den griechisch geprägten Ländern.

Weibliche Gottesgestalten sind in Korea nicht selten. Doch dieser Umstand darf aus feministischer Sicht nicht gleich positiv bewertet werden. Es ist entscheidend, welche Bedeutung einer solchen Gestalt zukommt, und diese hat in vielen Fällen mit der biologisch bedingten Geschlechterrolle zu tun. D.h. weibliche Gottesgestalten sind häufig zuständig für Fruchtbarkeit und das Gebären. Fortpflanzung und die Präferenz eines männlichen Nachkommens[13] stehen im Vordergrund. Verehrung und Gebet z.B. zur „Samshin Großmutter“ stehen oft damit in Verbindung. Sie ist die dreifaltige Göttin,[14] die für die

9 Mary Daly, a.a.O., 27.

10 Sung-Hee Lee-Finke, Frauen gegen Konfuzius. Perspektiven einer asiatisch-feministischen Theologie, Gütersloh, 1991, 18ff.

11 Sung Hee Lee-Linke, a.a.O., 25ff.

12 In evangelikal konservativen Kreisen werden solche Figuren immer wieder als Götzen eingeschätzt und entfernt.

13 Die Sohnpräferenz hat Auswirkungen bis hin zum komplexen Thema Adoption. Zwischen den Fünfziger- und den Achtzigerjahren wurden viele koreanische Kinder von Ehepaaren in westlichen Industrieländern adoptiert. Die Mehrzahl der zur Adoption freigegebenen Kinder waren Mädchen, weil es vorteilhafter war, auf Mädchen zu verzichten. Denn in der konfuzianischen Gesellschaft ist es Mädchen nicht erlaubt, die Ahnenverehrung weiterzuführen. Weil Töchter dafür unbrauchbar sind, kann bei Armut auf sie verzichtet werden.

14 Dass Gott dreifaltig dargestellt wird, ist keine Seltenheit, denn drei wird als vollkommene Zahl angesehen. Darum gibt es viele Götter, die als Vollkommene in Dreierform dargestellt werden.

Zeugung, die Geburt und die folgende Integration in die Umwelt sowohl der Mutter als auch des Kindes zuständig ist. Ursprünglich stellte man diese Göttin, die Schöpferin der Welt, als die Welt gebärende Figur dar. Dieser archaische Gedanke findet sich auch heute noch im koreanischen Bewusstsein, auch unter gebildeten Frauen.[15]

Darüber hinaus hat der Konfuzianismus, der die koreanische Gesellschaft zutiefst geprägt hat, das Christentum stark dahingehend beeinflusst, Gott als strenge Vatergestalt in einer patriarchalischen Ordnungsstruktur zu sehen. Dabei spielt auch das Moraldenken eine wichtige Rolle. Alle diese kulturell und traditionell religiös geprägten Gottesbilder wirken auch auf das Verständnis Gottes der koreanischen Christinnen und Christen ein.

Nach dem koreanischen Entstehungs- und Gründungsmythos erbaten sich ein Tiger und ein Bär, die zusammen in einer Höhle lebten, von Hwanung, dem Sohn des Himmelsgottes Hwanin, Menschen werden zu können. Hwanung, der mit Erlaubnis seines Vaters auf die Erde gekommen war, um sie zu regieren, gebot ihnen, sich 100 Tage im Hellen aufzuhalten und nur 20 Knoblauchzehen und Beifuß zu essen. Dabei kam der Bär groß heraus, weil er die schwierige Prüfung mit Ausdauer und Beharrlichkeit bestand, während der Tiger sich bald davon machte. Als Belohnung ist der Bär zum Menschen, genauer zur Frau gemacht worden. Diese Mensch gewordene Bärin hat den Sohn des Himmelsgottes geheiratet und einen Sohn namens Dankun (Tangun) geboren. Dieser, eine harmonische Kombination von himmlischem und irdischem Wesen, war der Gründer und erster König von Korea, nach der Überlieferung vom 3. Oktober 2333 v. Chr. an. Darum hat Beharrlichkeit für Koreaner, vor allem aber für Koreanerinnen einen hohen symbolischen Wert, was sich auch in der nationalen Blume, dem Hibiskus, ausdrückt.[16] Bei diesem Mythos wird Gott als der dargestellt, der das Leiden als Prüfstein benutzt. Das Erdulden schwieriger Situationen wird mit der nachfolgenden Belohnung kompensiert. Selbstgewollte Beharrlichkeit ist etwas Gutes. Aus ihr erwachsen schöpferische Kräfte. Wo aber Beharrlichkeit für erzwungenes Erdulden und

Weil drei als vollkommene Zahl kulturell und religiös so tief verwurzelt ist, fällt es vielen nicht schwer, den trinitarischen Gott zu verstehen, auch wenn die Akzentsetzung und Gewichtung, wie oben beschrieben, unterschiedlich ausfällt.

15 Auch gebildete Christinnen, die sich nach einem Sohn sehnen, befolgen zum Teil Methoden der Volksreligiosität. Sie trinken z.B. Wasser, in welchem die Hebamme Pulver von einer Buddha- oder Samshin-Statue aufgelöst hat.

16 Der koreanische Name des Hibiskus heißt Mugungwha und bedeutet, die „unvergängliche Blume", weil sie lange blüht. Der Hibiskus wird in Korea seit 2000 Jahren kultiviert und seit dem 19. Jahrhundert als Nationalblume betrachtet.

das Akzeptieren von Unterdrückung instrumentalisiert wird, da geschieht Missbrauch, vor allem wenn Beharrlichkeit mit dem Erdulden von Ungerechtigkeit gleichgesetzt wird. Auch in der Kirchengeschichte finden sich viele Beispiele, in denen die Kirche von den Schwachen, den Marginalisierten, vor allem von den Frauen das Erdulden von Ungerechtigkeit verlangte.

2 Das Gottesverständnis unter dem Einfluss des Konfuzianismus

2.1 Gott als richtender Vater

Die traditionelle Gottesvorstellung in Korea steht dem Alten Testament näher als dem Neuen: Sie erkennt in Gott einen zornigen Richter oder streng Strafenden und löst Angst aus. In dieser Vorstellung haben jenseitsorientierte Gedanken besser Platz als diesseitsorientierte. Dass das Reich Gottes schon auf Erden wirksam sein könnte, ist diesem Denken fern, stattdessen orientiert es sich am Warten auf das Himmelreich. Zudem besteht eine Verbindung zum Schicksalsglauben: Man hofft, durch den Tod vom Elend dieses unsicheren Lebens erlöst zu werden und in die väterliche Heimat des Himmelreiches zu gelangen. Eine solche Orientierung hilft in manchen Situationen, Leid zu überwinden. Aber es besteht auch die Gefahr, dass sie betäubend wirkt[17], dass sie nur temporär den Schmerz vergessen lässt, anstatt den Grund des Schmerzes zu suchen und die Ursache zu beheben.[18]

Die Frage nach Gott im Leiden ist eine große Herausforderung. Besonders komplex wird sie, wenn sie mit Konzepten der Ermutigung zum Guten und Belohnung bzw. mit der Bestrafung des Bösen verknüpft wird. Wenn die Anhäufung guter Handlungen als Mittel oder Voraussetzung für eine christli-

17 Religion, die vertröstet, steht ein Stück weit zu Recht unter dem Verdacht der Religionskritik, Opium zu sein; so: Karl Marx („das Opium des Volkes"), Wladimir I. Lenin (Opium für das Volk) und weitere.

18 Während der japanischen Besatzungszeit haben neben dem Buch Exodus interessanterweise apokalyptische Texte aus dem Buch Daniel und der Offenbarung des Johannes unter den koreanischen Christen sehr viel Wirkung gezeigt. Sie bergen ein großes Hoffnungspotential und wurden als Trostwort vernommen. – In veränderten Bedingungen können diese Texte in der Gegenwart aber auch die Widerstandskraft schwächen, wenn sie sich auf ein Festhalten an einer realitätsabweichenden Position beschränken und das herrschaftskritische Potential der Texte übersehen. Vgl. dazu: Klaus Wengst, Wie lange noch? Schreien nach Recht und Gerechtigkeit – eine Deutung der Apokalypse des Johannes, Stuttgart, 2010.

che Belohnung oder sogar für das Heil verstanden wird, dann wird es schwierig, das Leiden Unschuldiger und Barmherziger anzunehmen. Oder umgekehrt formuliert: Wo Leiden oder Krankheit als Folge mangelnder guter Handlungen und persönlicher Sünde interpretiert werden, werden sie als Ausdruck von Unglauben oder als Strafe Gottes verstanden (vgl. Joh 9,1–3).[19] Krankheit kann auch fatalistisch als Gottes Wille aufgefasst werden, wodurch eine Spannung zu Gott als bonum iustum entsteht. Wenn man die Krankheit annimmt, kann es leichter fallen, darin trotz allem einen verborgenen Sinn zu entdecken. Damit kann man diese physisch und seelisch besser ertragen oder dagegen ankämpfen. Allerdings birgt diese Einstellung die Gefahr, einer Art moralischem Fatalismus zu verfallen, der meint, moralisches Verhalten bewirke Gesundheit. Solches Denken beschränkt sich nicht nur auf den Aspekt der Gesundheit und blockiert die Suche nach den eigentlichen Ursachen des Problems.[20]

Im privaten Bereich schwächt dies die persönliche Widerstandskraft und untergräbt ein aus Ursachen gerichtetes Handeln. Noch gravierender aber sind die Folgen, wenn öffentliche Probleme auf diese Weise behandelt werden. Die Symptombekämpfung verhindert, dass Ursachen von Missständen benannt und angegangen werden.

Ein Beispiel für die negativen Folgen solcher Konzepte sind kirchliche Stellungnahmen im Umfeld des Koreakrieges (1950–53). Der Koreakrieg war nicht nur ein Bruder- oder Bürgerkrieg, sondern auch ein Stellvertreterkampf im Rahmen des Kalten Krieges zwischen den beiden Großmächten, USA und UDSSR. Dieser Krieg verursachte unsägliches Leiden, im privaten wie auch im öffentlichen Bereich. Wenn dieses Leiden nun als Gottes Wille bezeichnet wird, besteht die Gefahr, dass die politische Ungerechtigkeit dabei ausgeblendet oder gar legitimiert wird, wie es in einem pastoralen Trostwort des Zentralausschusses des Ökumenischen Rates der Kirchen nach dem Koreakrieg geschah.[21] Darin wurde erklärt, dass dieses Leiden einen eigenen Sinn als

19 Nach Johannes 9,1–3 spricht sich Jesus dezidiert gegen diese Auffassung aus, die seine Jünger beschäftigt hat.

20 Nach der Logik dieses Fatalismus eröffnet man sozusagen ein Konto der guten und barmherzigen Taten, um Unheil zu vermeiden. Geschieht dennoch Unheil, so ist man bemüht dieses durch zusätzliche Guttaten zu kompensieren. Sollte aber weiteres Unheil geschehen, muss man sich Lücken im Kranz der Guttaten vorwerfen.

21 Die Toronto-Erklärung des Ökumenischen Rates der Kirchen stellt zwar einen politischen Zusammenhang her. Sie beschuldigt aber einseitig Nordkorea und klammert die Tatsache des Expansionskampfes zwischen den damaligen Großmächten aus. Vgl. Meehyun Chung, Karl Barth – Josef L. Hromadka – Korea, Berlin, 1995, 128ff.

Prüfung Gottes habe: „… dass ihr [sc. die koreanischen Christen] diese Prüfung aushaltet und euer Glaube im Feuer des Leidens nicht strauchle; dass ihr mitten im Waffenlärm und der Zerstörung gestärkt werdet.“[22] Eine solche Formulierung ist deshalb sehr problematisch, weil sie suggeriert, dass Gott diese bittere Situation verursacht und benutzt habe, um das Volk zu prüfen. Die tatsächlichen Verursacher des Leidens aber werden nicht beim Namen genannt, wodurch eine Auseinandersetzung mit dem politischen Konflikt verhindert wird. Solche sogenannten Trostworte behindern überdies die Suche nach vernünftigen Maßnahmen für eine politisch angemessene Lösung. Mystisch fromme Leidensbewältigung kann in ausweglosen Situationen angebracht sein, aber sie darf nicht dafür instrumentalisiert werden, um von Menschen verursachtes Leiden und Versagen, um Ausdruck von Ungerechtigkeit zu kaschieren. Auch darf Gott nicht verantwortlich gemacht werden, wofür Gott nicht verantwortlich ist.[23]

2.2 Die Ahnenverehrung im Konfuzianismus

In traditionellen koreanischen Ritualen gab es aus westlichem Blickwinkel gesehen viele Fetische,[24] Dinge oder Heiligenbilder für Devotionalien, wie Amulette. Mit solchen Objekten verbindet sich eine gewisse Lokalisierung übernatürlicher Kräfte; sie haben sehr große symbolische Bedeutung. Der Fetisch an sich ist eine personifizierte Figur, die vergöttlicht ist. Verglichen mit afrikanischen stellen koreanische Fetische nicht Tiere oder bestimmte Gegenstände dar, sondern reale oder legendäre Personen, die große Bedeutung haben; oft mussten diese ungerechte Leiden ertragen und überwinden. Allerdings sind gewisse natürliche Gegenstände, wie Bäume, Felsen, Berge, Flüsse, oder bestimmte Orte mit Schutzgeistern verbunden. Die Rituale, in denen Fetische als VermittlerIn gebraucht werden, haben mit der Ahnenverehrung

22 Vgl. Die ersten sechs Jahre 1948–1954, Genf, 1954, 137; zit. nach: Meehyun Chung, a.a.O., 130.

23 Vgl. Der deutsche Journalist, Alexander Smoltczyk, fasst die Botschaft der neuen Atheisten in Zehngebote in seinem Artikel zusammen, Alexander Smoltczyk, Der Kreuzzug der Gottlosen, in: Der Spiegel, „Gott ist an allem schuld. Der Kreuzzug der neuen Atheisten.“ Nr. 22, 26. Mai 2007, 61ff. Ich stelle mir folgende Fragen: Ist die christliche Glaubensaussage nur für diejenigen verständlich, die selber Glauben an Jesus Christus haben und ihn anrufen wollen und sich selbst dabei als Bettler sehen, wie Luther auf seinem Sterbebett formuliert hat, „Wir sind Bettler. Das ist wahr“? Oder können und wollen sog. mündigen Menschen das Angewiesen-Sein auf Jesus Christus und die Fremdbestimmung durch die Offenbarung Gottes nicht wahrhaben?

24 Fetisch von lateinisch „faticius = nachgemacht/factus = gemacht“.

nichts zu tun. Doch dienen beide, Ahnenverehrung und schamanistische Fetische bei Ritualen dem Kontakt mit der jenseitigen Welt.

Der Konfuzianismus ist seit mehr als 500 Jahren die Staatsphilosophie und vorherrschende Ideologie Koreas. Ob es sich beim Konfuzianismus um eine Religion oder eine Philosophie handelt, ist nicht einfach zu beantworten. Denn er beinhaltet sowohl philosophische als auch religiöse Aspekte und beeinflusst die ganze koreanische Kultur, Tradition und Gesellschaft.

Im Konfuzianismus finden sich förderliche soziale Aspekte, z.B. der Respekt vor älteren Menschen, die der jüngeren Generation Verantwortung lehren. – Als negative Auswirkungen des Konfuzianismus können folgende Aspekte festgehalten werden: Er ist familienzentriert, auf die jeweils eigene Blutlinie.[25] Im Interesse des Gemeinwohls muss auf Individualismus verzichtet werden.[26] Das Individuum ist der Werthierarchie der Gemeinschaft untergeordnet. Als Folge davon ist das Kollektive, auch das Stammesdenken in der Gesellschaft besser entwickelt. Söhne werden bevorzugt.[27]

Eines der wichtigsten Elemente im Konfuzianismus ist die Ahnenverehrung.[28] Ahnenrituale können zur wichtigsten religiösen Feier werden. Sie

25 Eine problematische Folge dieser Betonung der „Blutlinie" wird sichtbar beim Thema. „Adoption". Zwischen den Fünfziger- und den Achtzigerjahren wurden viele koreanische Kinder von Ehepaaren der westlichen Industrieländer adoptiert. Zum einen waren es Kriegswaisen; zum andern aber auch viele Kinder aus Mischehen zwischen amerikanischen Soldaten und Koreanerinnen. Da die Homogenität des Blutes ein wichtiger Sozialwert war, wurden solche Kinder von der Gesellschaft nicht angenommen und oft zur Adoption freigegeben. Neben wirtschaftlichen Gründen war dies ein wichtiger Faktor, warum diese Kinder irgendwohin geschickt werden mussten. Nach der Kriegszeit gab es viele andere Gründe, auf eigene Kinder zu verzichten. Armut war dabei ein wichtiges Element. Aber nach wie vor wird auch ein „uneheliches Kind einer allein stehenden Mutter" häufig als Grund genannt. Das war das Ergebnis der Industrialisierung und Urbanisierung in der damaligen Zeit. Die Mehrzahl der zur Adoption freigegebenen Kinder waren Mädchen. Es war leicht, auf Mädchen zu verzichten, da es ihnen verwehrt bleibt, die Ahnenverehrung weiterzuführen. In der konfuzianischen Gesellschaft sind Töchter für die Ahnenverehrung unbrauchbar. So ist es naheliegend, bei Armut auf Töchter zu verzichten. Dass es auch in westlichen Ländern eine Art von „Betonung der Blutlinie" gibt, mussten diese Kinder erleben, wenn sie im Aufnahmeland aufgrund ihres Aussehens auf rassistische und sexistische Reaktionen stießen. Das konnte bis zum Suizid führen.

26 Sung-Hee Lee-Linke, a.a.O., 20.

27 Bis in die neunziger Jahre des 20. Jahrhunderts war im ganzen Land in den Schaufenstern von Fotogeschäften das Bild eines nackten männlichen Säuglings zu sehen. Dieses Bild ist mit der Zeit aus den Schaufenstern der Städte verschwunden; auf dem Land jedoch ist es immer noch verbreitet. – Auch bei der Benennung von Frauen ist ein differenzierter Prozess der Transformation im Gange. In der Generation der über Sechzigjährigen gibt es noch viele, die „die Bedauerliche" genannt werden. Mit diesem Namen wird die Enttäuschung über die vergebliche Erwartung eines Sohnes zum Ausdruck gebracht. Die Namensträgerinnen müssen diese Enttäuschung oder nicht erfüllte Erwartung ihr Leben lang als Schuldgefühl erdulden. Es ist sowohl das eine Zuschreibung als auch eigenes Empfinden.

28 Ahnenverehrung im Konfuzianismus war einer der wichtigsten Themen bei der Missionstätigkeit in Nordasien, sowohl in der Zeit von Matteo Riccis, als auch in der protestantischen Mission vom

durchzuführen und an ihnen teilzunehmen, ist eine religiöse Pflicht. Sie unterliegen besonderen Speisegeboten, was eine enorme Arbeitsbelastung für die Frauen mit sich bringt. Denn sie müssen alle Speisen für die Rituale zubereiten. Man zelebriert diese in privatem Rahmen, wenn es um die Familie geht und öffentlich, wenn der Staat oder die Gesellschaft davon betroffen sind. Da man glaubt, dass ein Fehler in Form und Inhalt des Rituals zu Unheil und Verhängnis führen könnte, legt man großen Wert darauf, dass die Zeremonien sehr aufwendig, feierlich und präzise abgehalten werden. Man will ganz sicher gehen und den Geistern der Toten keinen Grund liefern, gekränkt, zornig oder rachsüchtig zu werden, um das Schicksal der Lebenden unbeeinträchtigt zu lassen.

Die Geister der Ahnen sind den Menschen übergeordnet. Sie können Schutz und Segen bringen, aber auch das Gegenteil. Gute und schlechte Ernte, Reichtum und Armut, sichere und unsichere Arbeitsstelle, Erfolg oder Misserfolg im Beruf, Gesundheit und Krankheit usw. haben mit ihrem Wirken zu tun. Darum ist es wichtig, ihnen gefällig zu sein. Die Vorstellung, die Krankheit sei von übernatürlichen Wesen und Mächten verursacht worden, besteht trotzt aller Modernisierung.

In diesem Konzept ist die Welt der Platz zum Leben, die Ahnenverehrung an sich nur Akt der Erinnerung. Weil dieser Akt mit dem Übergang zum Tod zu tun hat, ist er mit Angst verbunden. Trotz des Todes sind die Verstorbenen aber mit den Lebenden wirksam verbunden. Positiv ausgedrückt, die Ahnen sind in die Gemeinschaft der Lebenden mit einbezogen. Aber die Lebenden sind Gefangene ihrer Ahnen, die mit sichtbarer oder unsichtbarer Macht Einfluss nehmen. Davor herrscht zusätzlich große Angst[29], auch weil die Ahnen als der gewöhnlichen menschlichen Intelligenz überlegen dargestellt werden. Die Überlappung zwischen Leben und Tod findet in der Sphäre des Lebens statt.[30]

Wenn das Ritual des Ahnenkultes sehr umsichtig und korrekt durchgeführt wird, dann darf man mit der Anerkennung der Geister rechnen, die einem

19. Jahrhundert. Ein Beispiel „Der Konfuzianismus scheint mir eine Art Kirche zu sein, der die Seelenstimmung beherrscht, ängstlich macht und jedem Fortschritt hinderlich ist." Christoph Blumhardt, Christus in der Welt. Briefe an Richard Wilhelm, hrsg. von Arthur Rich, Zürich, 1958, 143.

29 Vgl. Choan-Seng Song, Third-Eye Theology: Theology in Formation in Asian Settings, London, 1980, 150–157.

30 Der Beerdigungsprozess ist meistens vom Konfuzianismus und Buddhismus geprägt. Auch im christlichen Umfeld spielen diese alten Traditionen eine gewisse Rolle.

dafür Heil und Glück bescheren. Dieser Kult ist deshalb letztlich für die Hinterbliebenen und das Leben eingesetzt. Diese Rituale beinhalten also sowohl einen positiven Anreiz als auch eine negative Bedrohung.

Die Ahnen sind unsichtbare Agenten himmlischer Wesen und Kräfte. Die damit zusammenhängenden Rituale, der Respekt vor den Ahnen und Vorfahren äußert sich anders als im Schamanismus. Aber die Gedanken eines Polytheismus sind bei beiden ausgeprägt, was sich in der Verherrlichung der Ahnen und Furcht vor den Verstorbenen niederschlägt. Die Opfergabe dient dazu, die Ahnen und Geister der Vorfahren zufrieden zu stellen. Durch solche Opfergaben wird materiell wieder Harmonie hergestellt.

Die Konfrontation mit dem Ahnenkult[31] war einer der wichtigsten Punkte während der Einführung des Christentums in Korea. Da die katholische Kirche im 18. Jahrhundert als erste ihre Missionstätigkeit in Korea aufgenommen hatte, gab es heftige Auseinandersetzungen zu diesem Thema zwischen den ersten Christinnen und Christen und der traditionellen koreanischen Gesellschaft.[32] Weil die Christinnen und Christen den Ahnenkult in Verbindung mit dem Gottesverständnis sahen, haben sie sich wegen des ersten Gebots im Dekalog geweigert, den Ahnenkult weiterzuführen. Diese Haltung, traditionelle Sitten und Ordnungen zu verneinen, wurde aber auch als Verweigerung der Treue gegenüber der Dynastie und dem Staatssystem interpretiert. Die Verweigerung des Ahnenkultes wurde der Verweigerung des Gehorsams gegenüber der staatlichen Obrigkeit gleichgesetzt. Denn der König, der Lehrer und der Vater müssen in Korea gleichsam respektiert werden und stehen somit symbolisch auf einer Stufe. Als Folge ihrer Weigerung erlitten viele Christinnen und Christen den Märtyrertod.

Hintergrund dieser mutigen Haltung ist die Offenbarung Gottes als versöhnende Person in Jesus Christus. Als Verworfener hat Jesus die Verwerfung auf sich genommen. Dies eröffnet eine neue, die evangelische Dimension im Vergleich mit der traditionellen Religiosität in Korea. Es braucht keine Opfergabe im Sinne der Werkgerechtigkeit mehr. Die Betonung und Energie der Auferstehung und der unendlichen Liebe des auferstandenen Gottes erlaubt es,

31 Die Ablehnung der Verbeugung vor dem Shinto Schrein und der deswegen erfolgende Märtyrertod von Christen und Christinnen während der japanischen Besatzungszeit war etwas völlig anderes als die Verweigerung der Ahnenverehrung. Zur Ahnenverehrung in Korea: vgl. Lee Nam-Beck, Protestantismus und Ahnenverehrung in Korea. Entwurf einer Theologie der Erinnerung, Münster, 2001.

32 Zunächst bestand die Spannungen zwischen den traditionellen koreanischen Gesellschaft und den Missionaren. Danach gab es Spannungen zwischen Christen und der traditionellen Gesellschaft.

auch angesichts des Todes an das Leben zu denken. Daraus erwächst die dynamische Energie, Ungerechtem zu widerstehen, anstatt das Schicksal fatalistisch hinzunehmen. Wo Menschen fatalistisch durch den Ahnenkult gebunden sind und bleiben, schrumpft die Möglichkeit, etwas zu verändern.[33]

2.3 Konfuzianismus und Gender[34]

Der Konfuzianismus[35] als Staatsideologie in der Chosun-Dynastie (1392–1910) unterdrückte die Menschen am Rand, die unteren sozialen Schichten (Sangnom), welche unter der feudalen Oberschicht (Yangban) nur als Dienende Gehorsamsfunktionen ausüben mussten. Der offizielle Status der Frauen im öffentlichen Bereich war schlechter als zur früheren Epoche der Goryeo-Dynastie (918–1392), als der Konfuzianismus noch nicht als Staatsideologie galt und es noch Königinnen gab. Damals war der Status der Frauen generell besser als in der darauf folgenden Periode. Nach der offiziellen Einführung des Konfuzianismus wurden die Domänen der Männer und der Frauen streng getrennt und verfestigt. Der Bereich der Frauen beschränkte sich fortan auf den privaten, den inneren Raum. Die strenge Trennlinie zwischen Männern und Frauen spiegelte sich auch bei der Wohnungseinrichtung und in der häuslichen Ordnung wider.

In der Chosun-Dynastie entstanden unter dem Einfluss des Konfuzianismus wichtige Ordnungen und Regeln, die die koreanische Gesellschaft während Jahrhunderten prägten: Die fünf buddhistischen Gebote der Loyalität, Kindespflicht, Treue, Tapferkeit und des Nicht-Tötens. Darüber hinaus regelte die konfuzianische Moral fünf zwischenmenschliche Beziehungen: zwischen Herr und Knecht, zwischen Vater und Sohn, zwischen Mann und Frau, zwischen Brüdern, zwischen Freunden.[36]

33 Ähnliches läuft in Südost Asien ab. Vgl. Aguswati Hildebrandt Rambe, Traditionelle Toten- und Trauerrituale als Herausforderung für Theologie und Praxis der protestantischen Kirchen auf Sumba und in Mamasa. Ein interkultureller theologischer Beitrag zur Begegnung zwischen ostindonesischen lokalen Religionen und christlichem Glauben, Neuendettelsau, 2010, 245.

34 Vgl. das Kapitel Krankheit und Heilung.

35 Konfuzianismus ist eine schriftliche Religion und betont Ordnung, Trennung mit klar männlicher Prägung, während Schamanismus eine mündliche Religion ist, flexibel, verbindend und weiblich orientiert.

36 Es fehlt dabei jedoch an Gegenseitigkeit, da die eine Seite die andere nach festen Regeln dominiert. Beispielsweise fällt Frauen die meiste Arbeit bei der Vorbereitung der Rituale (die umständliche Zubereitung verschiedener Zutaten usw.) zu, von denen sie aber ausgeschlossen bleiben. Die Frauendomäne ist also sehr eingeschränkt.

Trotz der Differenzen zwischen buddhistischen und konfuzianischen Geboten sind der Gehorsam eines ihrer gemeinsamen hierarchischen Ideale und eine wichtige Komponente der zwischenmenschlichen Beziehungen. Koreanische Frauen sind lange Zeit nach diesen Idealen sozialisiert und gezähmt worden, sodass sie diese Ordnung bewusst oder unbewusst akzeptierten. Um Missverständnis zu vermeiden, ist zu betonen, dass sich diese und die folgende Beschreibung auf die traditionelle Vergangenheit, nicht auf die Gegenwart beziehen. Diese Ordnung begünstigt Männer, ältere Menschen sowie Herrschende und richtet sich gegen Frauen, Jüngere und Unterdrückte. Es fehlt eine egalitäre Gegenseitigkeit und Wechselwirkung. Dadurch sahen sich die Frauen einst gezwungen, zuerst den Vätern, nach der Hochzeit ihren Ehemännern und schließlich den Söhnen gehorsam zu sein. Diese Praxis wurde nach dem konfuzianischen Ideal „Samjongjido (drei Wege, die die Frauen zu befolgen haben)" genannt.

Ein Sohn, vor allem der Erstgeborene, ist traditionell von Bedeutung, da er das konfuzianische Ritual zu Hause durchzuführen hat. Töchter dürfen diese Funktion nicht übernehmen. Normalerweise ist es den Frauen nur gestattet, die rituellen Speisen vorzubereiten. Ein gut gelingendes Ritual und dessen aufrichtige Vorbereitung sind Voraussetzungen für materielles und seelisches Wohl der Nachkommenschaft. Söhne sind also traditionell wichtig für die Absicherung des zukünftigen Lebens. Zusammenfassend lässt sich sagen, dass der Wert der Söhne oder die Präferenz eines männlichen Nachkommens durch den Konfuzianismus sowohl begründet als auch verstärkt wurde.[37]

Da die Mütter im späteren Alter auf die Unterstützung durch ihre Söhne angewiesen sind, erziehen sie sie zum Teil bewusst so, dass diese auf die Mütter angewiesen bleiben. Als Folge davon gibt es viele Muttersöhne („Mama's boys"), die nicht selbständig, ohne die Mutter leben können. So gesehen sind Frauen nicht nur Opfer der überlieferten Ungerechtigkeit, sondern bewahren diese überdies, sodass das System bis heute nicht aufgebrochen werden konnte oder wollte.

37 Für den Gender-Diskurs ist interessant, wie sich hier Gender- und Machtfragen durchdringen. Es zeigt sich besonders deutlich, wie Abgrenzung und Absonderung durch eine hierarchische Machtstruktur gestärkt werden.

3 Das Gottesverständnis unter dem Einfluss des puritanischen Calvinismus

3.1 Calvinismus in Korea

Heute sind in Südkorea etwa 18 Prozent der Bevölkerung Protestanten. Von diesen wiederum zählen sich 69 Prozent, also etwa 13 Prozent der Bevölkerung, zu presbyterianischen Kirchen. Etwa 15 Prozent der Bevölkerung sind Katholiken. Daneben gibt es noch Buddhisten, Taoisten, Anhänger der koreanischen Donghakreligion, Konfuzianer oder Schamanisten. Aufgrund dieser hohen Anzahl der presbyterianischen Gläubigen ist der Einfluss von Calvin und des Calvinismus nicht zu verachten.

Calvin und der Calvinismus wurden immer sehr gegensätzlich gesehen und in neuerer Zeit vor allem kritisch beurteilt. Konservative presbyterianische Theologen, die dem rechten politischen Spektrum zuzuordnen sind, lehren dogmatisch den Calvinismus, ohne deren Aussagen historisch und sozial einzuordnen. Politisch und theologisch radikal progressive Theologen sehen Calvins Gedanken und Methoden als dermaßen konservativ an, dass man ihnen nichts Neues abgewinnen könne. Feministisch gesinnte Theologinnen halten Calvins Theologie für misogyn und vollkommen altmodisch. Für viele Theologinnen ist Calvin keine sympathische Figur. Sie finden, die autoritäre Struktur seiner Theologie lasse keinen Raum für echte Menschenwürde und die Freiheit der Frau.

Calvins Lehre von der doppelten Prädestination (Vorherbestimmung zur Seligkeit und zur Verdammnis)[38] hat in Korea verhängnisvolle Auswirkungen gehabt. Sie wurde gegenüber ideologisch Andersdenkenden und religiös Andersgläubigen immer als dualistisches Modell mit Freund- und Feindbild

38 „Unter Vorsehung verstehen wir Gottes ewige Anordnung, vermöge deren er bei sich beschloss, was nach seinem Willen aus jedem einzelnen Menschen werden sollte! Denn die Menschen werden nicht alle mit der gleichen Bestimmung erschaffen, sondern den einen wird das ewige Leben, den anderen die ewige Verdammnis vorher zugeordnet." Zitiert nach: Johannes Calvin, Unterricht in der christlichen Religion. Institutio Christianae religionis 3. 21. 5. – nach der letzten Ausgabe von 1559, übersetzt und bearbeitet von Otto Weber und neu hrsg. von Matthias Freudenberg, Neukirchen-Vluyn, 2008, 513.

Die scharfe Formulierung Calvins kann sich nur teilweise auf Römerbrief 8,29f stützen, weil da von Vorherbestimmung zur Verdammnis keine Rede ist. Karl Barth hat diese Lehre Calvins im 20. Jahrhundert im Sinne einer universellen Vorherbestimmung durch Jesus Christus aufgehoben. – Vgl. dazu: Margit Ernst-Habib, Die Lehre von der Prädestination – Die Erwählungslehre. Ein Überblick von Johannes Calvin über Karl Barth bis Letty Russell, http://reformiert-info.de/274-0-105-16.html#1 (abgerufen am 23. Jan. 2012).

gebraucht. „Glaube an Jesus führt in den Himmel, Nichtglaube an Jesus führt in die Hölle." Dieses Motto hat aber mit Calvin nichts zu tun. Dennoch wurde dieser Segen-Fluch-Mechanismus dem Einfluss Calvins zugeschrieben. Das Schema dieses Mechanismus wurde bei Straßenevangelisationen sehr häufig in den Predigten verwendet, und es wurde auch auf die Beziehungen zwischen Denominationen angewandt. Dieses dualistische Konzept, das mit der Angst vor der Hölle arbeitet, kann jedoch nicht wirklich vom Gefühl der Sünde und der Furcht vor Strafe befreien. Es hat die blinde Akzeptanz eines ungerechten sozialen Systems, blinden Antikommunismus und die Bereitschaft, andere zu diffamieren, gefördert. Strukturelle Sünde wurde kaum angesprochen, Reichtum einfach verherrlicht und Armut verflucht.

Auf problematische Weise hat dieses Modell auch das Verhältnis zu den USA geprägt. Im Gefolge der amerikanischen Missionswelle und im Zeichen des Antikommunismus wurde Amerika automatisch zur „großen (positiven) Macht". Angst vor Gott hat sich mit Angst vor der großen Macht Amerika verbunden, und so wurde aus Unterwürfigkeit gegenüber Gott auch Unterwürfigkeit der koreanischen Protestanten gegenüber Amerika. Fundamentalistisch orientierte konservative Christen haben diese Tendenz, sodass der Wunsch nach politischer Selbstbestimmung nicht gefördert wird. Die Neigung, sich an Gott zu lehnen, um sich von der eigenen Angst und den Problemen zu befreien, ist von der Anlehnungs- und Abhängigkeitstendenz gegenüber Amerika nicht zu trennen. Wirtschaftliche und politische Unabhängigkeit von Amerika wird auf diese Weise nicht gefördert. Dabei hat Vertrauen auf Gott mit Unterwürfigkeit unter eine starke weltliche Macht im Grunde nichts zu tun.

Insgesamt haben sich westlicher Patriarchalismus und calvinistisch geprägter Puritanismus problemlos mit koreanischem Patriarchalismus vermischt. Dies hat sich in den protestantischen Kirchen Koreas sehr stark ausgewirkt; es hat sich in den Kirchen ein neues patriarchales System verankert.

Der Calvinismus und die auf Calvin zurückgehende Ämterlehre von Pfarrer, Lehrer (Doktor), Ältester (Presbyter), Diakon wurden einfach wörtlich für die Strukturen der koreanischen Kirche übernommen, ohne dass man sich mit dem historischen oder kontextuellen Hintergrund befasst hätte. Dabei spielte gewiss die konfuzianische Tradition eine Rolle, nach der man die allgemeinen Lehren auswendig lernt und die Ansichten der großen Lehrmeister verinnerlicht. Die Praxis, sich die Heilige Schrift einzuprägen, die Bibel wörtlich zu akzeptieren, ohne sie textkritisch oder historisch zu hinterfragen, hat mit dieser religiösen Kultur zu tun. Pfarrer, Lehrer (Doktor), Ältester, Diakon: Dies ist die von Calvin vorgegebene Stufenleiter. Diese Hierarchie hat dazu geführt, dass Frauen von höheren Leitungspositionen mit Entscheidungsmacht ausgeschlossen sind und nur in dienenden Funktionen vorkommen. Schließlich ist ein zusätzliches Amt geschaffen worden, eingeschoben zwischen Ältestem und Diakon, für Frauen, die sich mit hingebungsvoller, treuer unbezahlter Arbeit hervorgetan haben.[39]

Der Pfarrer hat als Prediger Gottes Wortes Autorität. Durch den Pfarrer als Zentrum der Kirche konnte sich in den Gemeinden keine Basisdemokratie entwickeln. Der Pfarrer, der selber eine Gemeinde gegründet und zahlenmäßig Erfolg hat, wird hoch geehrt. Der Pfarrer ist wie ein Mittler zwischen Gott und Mensch; er hat die Position eingenommen, welche die reformierte Kirche eigentlich abschaffen wollte. Calvin selber hat sogar die Lage seines Grabes geheim gehalten, um sich vor der Verehrung durch Menschen zu schützen. Hier könnten die heutigen Kirchen von Calvin lernen, wie er seine Kirchenordnung und sein Konzept von Kirche als Mater et Magistra[40] verstanden wissen wollte: der Calvinismus sollte sich wirklich auf Calvin besinnen – und dann ohne Calvin auskommen.[41]

39 Die Frauen haben bei der Etablierung der Kirche in Korea eine ungeheuer wichtige Rolle gespielt. Die Hingabe der koreanischen Christinnen, die „Bibel-Frauen“ genannt wurden, war für die Ausdehnung des Christentums wichtiger als der Erfolg der Neviusmethode (self-propagation, self-government, self-support). Sie haben mit besonderer Hingabe Menschen besucht, um das Evangelium auf ganz einfache Weise zu verkündigen und kirchliche Lieder sowie biblische Geschichten vorzustellen.

Diese Frauen haben wesentlich zum Gemeindeaufbau beigetragen. Aber sie waren im Vergleich zu den Pfarrern gesellschaftlich und innerkirchlich nicht sehr hoch angesehen und bekamen viel weniger Lohn, obwohl sie viel härter arbeiteten als die Pfarrer. Schon damals wurden die Frauen in der Kirche nicht gleichwertig behandelt. Nach der Etablierung der Kirchen blieben die Frauen von Leitungsfunktionen ausgeschlossen. Es war ihnen nur erlaubt, arbeitsam, gehorsam, bibelkundig und großzügig in der freiwilligen Diakoniearbeit da zu sein.

40 „Aber wir haben ja jetzt die Absicht, von der sichtbaren Kirche zu sprechen, und da wollen wir schon daraus, dass sie mit dem Ehrennamen ‚Mutter‘ bezeichnet wird, lernen, wie nützlich, ja, wie notwendig es für uns ist, sie zu kennen. Denn es gibt für uns keinen anderen Weg ins Leben hinein, als dass sie uns in ihrem Schosse empfängt, uns gebiert, an ihrer Brust nährt und schließlich unter ihrer Hut und Leitung in Schutz nimmt, bis wir das sterbliche Fleisch von uns gelegt haben und den Engeln gleich sein werden. (Mt. 22,30). Denn unsere Schwachheit erträgt es auch nicht, dass wir von der Schule entlassen werden, ehe wir im ganzen Lauf unseres Lebens Schüler gewesen sind.“ Johannes Calvin, a.a.O., IV. 1.4.

41 Im 21. Jahrhundert bedeutet dieser Ansatz, dass in der weltweiten Kirche in Form von Begegnungen voneinander gelernt werden sollte. Es wird dabei klar, dass verschiedene Formen und Normen nie eins zu eins verglichen oder übernommen werden können. Das Evangelium wird in verschiedenen Kulturen unterschiedlich gelebt. Und doch werden in der Begegnung eigene Stärken und Schwächen neu wahrgenommen.

Das Austauschprogramm zwischen koreanischen und Schweizer Kirchen, das seit der Unterzeichnung des Covenant SEK-PCK/PROK besteht, dient gerade diesem Zweck. Anlass für das

3.2 Gottesdienst und Götzendienst

Die gegenwärtige Bedeutung Calvins für die Kirchen und die Christenheit im koreanischen Kontext liegt vor allem bei Calvins Sozialethik und seiner Betonung der Gemeinschaft, welche die Heilige Geisteskraft stiftet. Dank der calvinistischen Ethik mit ihrer Betonung der „innerweltliche Askese" und des „Arbeitsethos" haben die Protestanten in Korea entsprechende Lebensmuster von Fleiß und Tüchtigkeit weiterentwickelt. Das hat in positiven Sinn zu wirtschaftlichem Wachstum beigetragen. Es erscheint wie eine Bestätigung von Max Webers These zu Calvinismus[42] und Kapitalismus.

Andere Aspekte der Wirtschaftsethik Calvins,[43] nämlich das Erkennen struktureller Sünde, die Parteinahme für die Armen und die starke Solidarität mit den sozial Schwachen (Flüchtlingen, Waisen, Witwen u. a.) sowie die Beachtung des Gemeinnutzes, wurden leider zu wenig rezipiert. Die koreanischen Christinnen und Christen stehen deshalb immer noch vor der Aufgabe, eine über die Konzentration auf Seelenheil, Heilsegoismus, Ego- und Familienzentrismus hinausgehende sozialethische Perspektive zu entwickeln und als christliche Ethik in der Gesellschaft zu vertreten. Eine kritische Auseinandersetzung mit Calvin könnte dabei helfen.

Im Mittelpunkt der calvinistischen Gotteserkenntnis steht Gott, der seine Parteinahme für Schwache ausdrücklich zeigt. Gottes Erkenntnis ist nicht unsere Sache. Sie geschieht nur, wenn Gott sich uns zu erkennen gibt. „Ort der Erkenntnis ist nicht ein Standpunkt, an dem sich Erkennende und Erkanntes wie Subjekt und Objekt gegenüberstehen, sondern Erkennen ereignet sich in einer Bewegung, allemal dann, wenn der Gegenstand der Erkenntnis selbst Subjekt ist."[44]

Calvins Wirtschaftsethik[45] basiert auf seiner Gotteslehre und auf seiner Schöpfungslehre. „Dominus providebit"[46] ist der Grundton der Zuversicht, der

Programm war das Anliegen, den Ursprung der Reformation kennen zu lernen, weil die koreanischen presbyterianischen Kirchen über den Einfluss der USA entstanden sind. Umgekehrt soll etwas von der Dynamik der jungen Kirchen in die Schweiz kommen.

42 Vgl. Max Weber, Die protestantische Ethik und der Geist des Kapitalismus, hrsg. von Dirk Kaesler, München, 2004, 65–96.

43 Vgl. Max Geiger, Calvin, Calvinismus und Kapitalismus, in: Gottesreich und Menschenreich, Ernst Staehelin zum 80. Geburtstag, hrsg. von Max Geiger, Basel/Stuttgart, 1969, 231–286.

44 Magdalene L. Frettlöh, Gott Gewicht geben. Bausteine einer geschlechtergerechten Gotteslehre, Neukirchen-Vluyn, 2006, 12.

45 Meehyun Chung, Calvin's ethic of economy and gender, in: The Journal of the Society of Korean Christian Social Ethics, Nr. 19, 2010, 183ff.

46 Vgl. Regine Munz, Theologische Replik zur Care Ökonomie aus theologischer Perspektive. –

sich auf Gen 22,8 bezieht. Indem Gott selber ein Opfer bereitet, brauchen die Menschen nicht angstvoll ihr Opfer zu bringen, um Gott gnädig zu stimmen.

Dieser ewige Bund ist Verheißung, nicht nur für die Menschen, sondern auch für die Mitgeschöpfe. Daher ist die Vorsehung Gottes weniger auf Strafe und Gericht ausgerichtet, sondern auf Leben und Liebe. Die gesamte Mitwelt[47] ist eingeschlossen. Gottes Mitleid und Fürsorge[48] ist so konkret, dass Gott die Haare auf des Menschen Haupt zählt[49]: „Du hast uns geschaffen, um nicht nur Menschen, sondern deine Kinder zu sein. Deshalb wirst du dir im Zusammenwirken von väterlicher und mütterlicher Besorgtheit bis zum Ende treu bleiben."[50]

Die Ableitung der Wirtschaftsethik von der Gotteslehre beginnt nicht erst mit Calvin, sondern schon bei Martin Luther. Im großen Katechismus erläutert Luther, das erste Gebot des Dekalogs zu interpretieren, sei nicht nur eine Aufgabe der Gotteslehre, sondern auch eine wirtschaftsethische Frage.[51] Weil die Ökonomie mit ihrer Frage nach dem Mammon in der Gefahr steht, Götzendienst zu werden, hat sie direkt mit der Gotteslehre zu tun. „Ökonomie wird zu einem Problem im Bereich der Rede von Gott, aus einer ethischen zu einer dogmatischen Frage."[52] Die Notwendigkeit einer Sozial-, einer Wirtschaftsethik ist aus dieser dogmatischen Position heraus gewonnen.[53]

Dass es möglich ist, aus einer biblisch fundierten Humanität eine situationsbezogene Sozialethik zu entwickeln, belegt auch Arthur Rich (1910–1992)[54]. Er schreibt: „Alles, was sich nun im Neuen Testament an ethischen

Vortrag, gehalten am 26. Okt. 2009 an Frauenkonferenz des Schweizerischen Evangelischen Kirchenbundes in Bern.

47 Vg. Johannes Calvin, a.a.O., I. 16, 15.

48 Vgl. Johannes Calvin, a.a.O., I. 14, 2.

49 Vgl. Johannes Calvin, a.a.O., I. 17, 6.

50 Vgl. Johannes Calvin, Jesajaexegese 1550, 1558 zu Jesaja 46, 3–4. zit. nach Regine Munz, a.a.O.

51 Vgl. Friedrich Wilhelm Marquardt, Gott oder Mammon – aber: Theologie und Ökonomie bei Martin Luther, in: Einwürfe, Bd. 1, hrsg. von Friedrich Wilhelm Marquardt/Dieter Schellong/Michael Weinrich, München, 1983, 176.

52 Friedrich Wilhelm Marquardt, a.a.O., 183.

53 Vgl. Friedrich Wilhelm Marquardt, a.a.O., 205.

54 Arthur Rich hat sich in seiner Dissertation und auch später mit dem anderen Schweizer Reformator Huldrych Zwingli befasst. Vgl. Arthur Rich, Die Anfänge der Theologie Huldrych Zwinglis, Zürich, 1949. Und: Arthur Rich, Zwingli als sozialpolitischer Denker, in: Zwingliana. Beiträge zur Geschichte Zwinglis, der Reformation und des Protestantismus in der Schweiz XIII, 1969, 67–89. – Die Zusammenfassung seines wirtschaftsethischen Ansatzes bildet ein zweibändiges Werk: Arthur Rich, Wirtschaftsethik. Grundlagen in theologischer Perspektive, Gütersloh, 1984. Und: Arthur Rich, Wirtschaftsethik II. Marktwirtschaft – Planwirtschaft – Weltwirtschaft aus sozialethischer Sicht, Gütersloh, 1990.

Weisungen vorfindet, ist im Grunde nichts anderes als ein Kommentar zu der ihm eigenen Humanität, bezogen auf die konkrete Situation der damaligen Zeit. Dieser Kommentar hat für jeden, der sich auf den Zuspruch und Anspruch der neuen Existenz einlassen will, entscheidende Bedeutung. Doch nicht als abgeschlossenes, zeitloses, ein für alle Mal gültiges Dogma, das uns der eigenen Verantwortung entheben würde, sondern als wegleitender Anruf, die eigene Antwort auf das zu finden, was Humanität aus Glaube, Hoffnung, Liebe heute heißt."[55]

Die Wirtschaftskrisen der vergangenen Jahre haben dazu geführt, über das Weltwirtschaftssystem nachzudenken. Gerechtigkeitsdefizite der globalisierten Wirtschaft und die Klima-Thematik machen es notwendig, die Kette der profitorientierten Ausbeutung der Ressourcen zu brechen, „Care Ökonomie"[56] anstatt „Cowboy Ökonomie" zu treiben und auf prophetische Stimmen zu hören, wie z.B. jene in Jesaja 55,1–3.[57] Hier ruft Gott, der als Marktschreier auftritt, die Menschen dazu auf, Wein, Milch und Brot ohne Gegenleistung zu genießen. Die ermunternde Aufforderung, die Grundversorgung als Gratisangebot zu verstehen und zu nutzen, macht in übertragenem Sinn die „Dankbarkeit in Beziehung" und nicht das Geldsystem zum Ausgangspunkt des Wirtschaftens.[58] Dies macht auch die Verantwortung für die Gesellschaft aus, denn Dankbarkeit ist konkrete Verantwortung. Gott hat mit den Menschen und den

55 Arthur Rich, Mitbestimmung in der Industrie. Probleme – Modelle – Kritische Beurteilung. Eine sozialethische Orientierung, Zürich, 1973, 52f.

56 Der Begriff „Care Ökonomie" ist im feministischen Bereich entstanden in Zusammenhang mit der Entwicklung von „care ethics" durch Carol Gilligan und Nel Noddings. Vgl. Carol Gilligan, Die andere Stimme. Lebenskonflikte und Moral der Frau, München, 1982 (engl. Original: In A Different Voice, Cambridge, 1982). Nel Noddings, Caring: A Feminine Approach to Ethics and Moral Education, Berkeley, 1984.

Vgl. dazu auch, wie Arthur Rich, der die Grundlage der reformierten Wirtschaftsethik entwickelt hat, Arthur Rich, Wirtschaftsethik I & II, Gütersloh, 1984 & 1990. Dazu auch: Christliche Wirtschaftsethik vor neuen Aufgaben. Festgabe für Arthur Rich zum 70. Geburtstag, hrsg. von Theodor Strohm, Zürich, 1980.

57 Vgl. Irmtraud Fischer, Der Schriftausleger als Marktschreier. Jes 55,1–3a und seine innerbiblischen Bezüge, in: Schriftauslegung in der Schrift. Festschrift für Odil Hannes Steck zu seinem 65. Geburtstag, Beihefte zur Zeitschrift für die alttestamentliche Wissenschaft, Bd. 300, hrsg. von Reinhard Kratz/Thomas Krüger/Konrad Schmid, Berlin/New York, 2000, 154ff. – Kuno Füssel, Rettung für die Verdammten dieser Erde: Jesaja 55, 1–3b (3c–5), in: Junge Kirche 56, Göttingen, 1995, 303. – Walter Brueggeman, A Poem of Summons (Is. 55:1–3) and A Narrative of Resistance (Dan. 1:1–21), in: Schöpfung und Befreiung. Festschrift für Claus Westermann zum 80. Geburtstag, hrsg. von Rainer Albertz/Friedemann W. Golka/Jürgen Kegler, Stuttgart, 1989, 126–136. – Walter Bruegemann, A Social Reading of the Old Testament. Prophetic Approaches to Israel's Communal Life, Minneapolis, 1994, 134–146.

58 Vgl. Ina Praetorius, Die Welt ein Haushalt: Texte zur theologisch-politischen Neuorientierung, Mainz, 2002.

anderen Geschöpfen einen Bund geschlossen. Gott sorgt sich um sie und schaut auf sie. An Gottes Güte soll sich deshalb menschliches Handeln orientieren; wie Gott sollen die Menschen auch auf die anderen schauen. Solche Haltung bewirkt Befreiung aus der Mammon-Bindung im 21. Jahrhundert. Das ermöglicht Parteinahme für die Armen und Unterdrückten und für Gottes Sorge für das Gemeinwohl in der Gesellschaft.

4 Zuversicht auf Gott anstatt Angst vor Gott

Wie können Menschen angemessen von Gott reden? Zu den Grund-Koordinaten für eine Antwort schreibt Magdalene L. Frettlöh: „Während ein Reden über Gott jederzeit menschenmöglich ist, weil es den Gottesbildern und -begriffen, die Menschen sich ihrerseits von Gott machen, entspringt, bleibt das Reden von Gott der ihm (in jeder Hinsicht) zuvor- und entgegenkommenden Anrede Gottes wie seiner hier und heute immer noch ausstehenden eschatologischen Bewahrheitung durch Gott selbst bedürftig."[59]

Es gab und gibt verschiedene Versuche, von einer einseitigen Rede von Gott loszukommen – also nicht mehr nur von Gott als einem autonomen Vater zu sprechen, sondern auch von Gott als Mutter, als ‚Familie'[60] oder geschlechtsneutral.[61] Im Christentum allgemein herrschte in den letzten beinahe 2000 Jahren ein fast ausschließlich androzentrischer Ansatz (total masculinization). Als Gegenreaktion darauf wandte sich die Aufmerksamkeit vor allem feministischer Forscherinnen in den letzten Jahrzehnten den Göttinnen und Gott als Mutter zu. Auf der Suche nach einer gewissen Balance wurde vorgeschlagen, männliche und weibliche Gottesbilder abwechselnd und situativ zu gebrauchen. Manche wollen Maria zur Göttin erheben und anstelle der Trinität die Quaternität einführen. Sallie McFague, eine der führenden nordamerikanischen Feministinnen, strebt eine neue Terminologie an, die das

59 Magdalene L. Frettlöh, Gott Gewicht geben. Bausteine einer geschlechter-gerechten Gotteslehre, Neukirchen-Vluyn, 2006, 12.

60 Choi Heean versucht, Gott zur Familie zu erweitern. Auf dem koreanischen Hintergrund ist das allerdings nicht unproblematisch, weil reale Familien oft mit Familienegozentrismus verbunden sind, der verschiedene Ausschliessungen bewirkt. Vgl. Choi Heean, Korean Women and God. Experiencing God in a Multi-religious Colonial Context, New York, 2005, 101–114.

61 Miroslav Volf versucht, Gott und Trinität mehr als Beziehungsverhältnis zu verstehen. Vgl. Miroslav Volf, Exclusion and Embrace. A Theological Exploration of Identity, Otherness, and Reconciliation, Nashville, 1996, 167–190.

Gottesbild entsexualisiert, was im Englischen mit Ausdrücken wie „mother“ (Mutter), „friend“ (Freund und Freundin) „lover“ (Geliebte) möglich ist. Auch eine Entpersonalisierung des Gottesbildes bzw. der Trinität ist erwogen worden.[62]

Das Reden von Gott ist implizit oder explizit mit einem bestimmten Verhältnis zu Gott verbunden. In diesem Sinn haben Ehrfurcht vor Gott und Glauben an Gott mit Machtfragen zu tun. Angst vor Gott bedeutet psychischen Druck. Glauben kann aber auch zu einer positiven Einstellung zum Leben verhelfen. Und ein absolutes Vertrauen auf Gott oder völlige Zuversicht auf Gott erwachsen nicht zwangsläufig aus einer unmündigen Haltung. Hier kommen auch globale religiöse und kulturelle Unterschiede zum Vorschein.

Magdalene L. Frettlöh stellt zusätzlich heraus, dass Gott sich für Menschen aktualisiert; sie hält fest „… dass die kritische Instanz der Vaterschaft Gottes nicht damit steht und fällt, daß das Vatersein Gottes zeitlos gültig ist, sondern daß es je neu Gottes Vatersein ist. Und dies gilt nicht weniger und nicht anders für die Rede von Gott als Mutter.“[63] Gott kann also sowohl als Vater, als auch als Mutter, aber auch genderneutral begegnen. Aber Erkenntnis Gottes kann sich nicht auf das menschliche Wahrnehmen beschränken.

Der allerwichtigste Beitrag und das allerwichtigste Ergebnis der christlichen Missionstätigkeit[64] sollte darin bestehen, die Menschen mithilfe des Evangeliums von der Angst vor unbekannten strafenden Gottheiten und Mächten zu befreien.[65] Das Vertrauen auf Gottes vorbehaltloses „Ja!“ sollte am

62 Vgl. Rebecca Oxford-Carpenter, Gender and the Trinity, in: Theology Today, Vol. 41, No. 1, Princeton, 1984, 7–25. – Sallie McFague, Metaphorical Theology: Models of God in Religious Language, Philadelphia 1982. – Helen Schlüngel-Straumann, Ruah bewegt die Welt. Gottes schöpferische Lebenskraft in der Krisenzeit des Exils, Stuttgart, 1992, 97.

Über männlich und weiblich im Bilde Gottes: vgl. Magdalene L. Frettlöh, a.a.O., 153–243.

63 Magdalene L. Frettlöh, a.a.O., 230.

64 Mit dieser Bemerkung sollen keinesfalls die traditionellen Religionen zahlreicher Länder des Südens, wie z.B. die koreanischen, herabgesetzt, noch ein Triumph des westlichen Christentums gefeiert werden. In einem Umfeld wie im heutigen Europa, wo Mission oft negativ aufgefasst wird, ist es eher schwierig, darüber etwas Positives zu berichten. Man gerät leicht in den Verdacht, entweder fundamentalistisch oder altmodisch oder sogar ahistorisch zu sein. Aus koreanischer Sicht, wo die christliche Mission nicht einfach mit Kolonialismus oder kapitalistischer Expansion in eins gesehen werden kann, ist es leichter möglich, unbefangen von positiven Dimensionen der christlichen Mission zu sprechen – auch wenn neuere koreanische Konzepte weltweiter Mission wiederum kritisch hinterfragt werden müssen.

65 Auf die Frage, was sich verändert hat, als sie Christin geworden ist, sagte eine etwa 60-jährige Frau in Sabah (Malaysia): „Früher durfte ich nicht aufs Feld gehen – und ich hatte wirklich Angst davor –, wenn am Morgen ein bestimmter Vogel sang, der mit einem Ahnen verbunden ist und Unglück bringen soll. Wäre ich trotzdem gegangen, hätte ich einen bestimmten Gott geärgert und Unglück auf mich gezogen.“ Nachdem sie Christin geworden ist, überwog das Vertrauen auf den

Ursprung einer neuen Existenz vor jeder Furcht stehen. Allerdings entspricht die missionarische und kirchliche Realität, wie oben gezeigt, nicht in allen Punkten diesem Anspruch. Durch die Verbreitung der Frohen Botschaft wurden nur zum Teil Zuversicht auf Gott und eine neue Vorstellung von Gott vermittelt.

Wie bei der Mission gibt es auch gute und schlechte Seiten in den Auffassungen und Lebensformen der (Ur)religionen.[66] In der gegenwärtigen globalisierten Situation kommt jedoch keine Kultur und kein einzelner Mensch darum herum, die eigene Tradition kritisch zu sichten, sodass Positives beibehalten und weiterentwickelt, Negatives aber überwunden wird. In einer Zeit, in der nur Wert besitzt, was monetär bezahlt wird, ist es eine Herausforderung, die Tradition des Gemeinwohles und des Zusammenhalts zu bewahren, wie sie einst in der Agrargesellschaft stark ausgeprägt war. Und doch ist es wichtig, diesen Wert gegenüber der Mammon-Verehrung und der privaten Bequemlichkeit hoch zu halten. Aber die religiöse Verängstigung, die eine positive Entwicklung des Individuums und der Gesellschaft behindert, sollte kritisch bewertet werden.[67]

liebenden Gott die alten Hemmungen. Sie ging trotz des Vogelgesangs zur Arbeit, und es geschah ihr kein Unglück. Sie hat die Angst durch das Evangelium überwunden. – Eine andere Frau in Sabah berichtet, sie habe früher kein Schlangenfleisch essen dürfen, weil das in ihrem alten Glauben Frauen verboten gewesen sei. Wiederum drohte Unglück, wenn sie dieses Tabu brechen würde. Als Christin hat sie Schlangenfleisch gegessen und geschah ihr nichts. Sie hat dadurch mehr Selbstwertgefühl und Wertschätzung als Frau erlangt. Vertrauen und Zuversicht auf Gott sind zentrale Elemente in ihrem Leben geworden. Der Glaube und die Frohe Botschaft wirken als positive Energie für das Leben, anstelle der früheren Angst.

66 Ein anderes Beispiel aus Sabah (Malaysia): Es ist wohl bekannt, dass die indigene Bevölkerung in Sabah, das wegen der vor Taifunen geschützten Lage auch „das Land im Windschatten" genannt wird, Hemmungen davor hatte, beim Ackerbau tiefe Löcher in die Erde zu graben. Diese Hemmungen und dieses Verhalten haben sicher mit ihrem alten Glauben zu tun. Denn die Erde darf nach ihrem ursprünglichen Glauben nur aufgegraben werden, wenn jemand gestorben ist. Man kann nicht leugnen, dass dieses Verhalten ihre wirtschaftliche Entwicklung behindert hat. Ich möchte diese Vorstellung sicher nicht als Aberglauben herabsetzen, weil sie auch einen wertvollen Aspekt hat. Ich möchte sie aber auch nicht unbedingt Respekt vor der Natur nennen. Viele westliche Menschen, die sich vom westlichen Christentum distanzieren möchten, weil sie genug haben oder enttäuscht sind, meinen in der Ferne eine andere reizvolle, ideale Form der Religiosität zu finden, ohne die Realität, die damit verbunden ist, verstanden zu haben. Solche Menschen würden dieses Verhalten sicher als umweltfreundliche Haltung schätzen. Aber nach meiner eigenen allgemeinen Erfahrungen hat dieses Verhalten eher mit Angst vor bedrohlichen Gottheiten zu tun.

67 Nicht nur wegen theologischen Defiziten, sondern auch wegen der vielfältigen Wechselwirkungen und Verflechtungen bin ich skeptisch gegenüber dem Entwurf einer linearen und stufenweisen Entwicklung des menschlichen Gottesverständnisses, wie sie zuletzt vorgelegt wurde von: Marion Küstenmacher/Tilman Haberer/Werner Tiki Küstenmacher, Gott 9.0: Wohin unsere Gesellschaft spirituell wachsen wird, Gütersloh, 2010, 171.

5 Schlussfolgerung

Die gegenwärtige koreanische Gesellschaft ist in religiöser Beziehung ausgesprochen tolerant, sodass bei wichtigen öffentlichen Zeremonien, staatlichen Anlässen, staatlichen Beerdigungen und in der Spitalseelsorge alle großen religiösen Einrichtungen – manchmal auch schamanistische Rituale – vorkommen.[68] Das hat mit den langen religiösen Traditionen zu tun, die tief in der Kultur verwurzelt sind. Es gibt gute historische und gegenwärtige Beispiele der interreligiösen Zusammenarbeit: z.B. die Unabhängigkeitsbewegung gegen die japanische Kolonialherrschaft im Jahr 1919, woran einige Religionen, wie Donghak, Christentum und Buddhismus stark beteiligt waren. Oder die Zusammenarbeit von Frauen unterschiedlicher Religionen bei Aktionen für die Trostfrauen[69] und gegen Kriegsgewalt. Darüber hinaus gab es humanitäre Hilfsaktionen für Nordkorea, gemeinsame Vorbereitungen für eine Wiedervereinigung von Nord- und Südkorea, eine Protestaktion gegen den Flussentwicklungsplan[70] der Regierung usw. All diese Beispiele zeigen, wie die religiösen Gemeinschaften bei wichtigen Anlässen zusammenarbeiten können. Diese positiven Beispiele bedeuten allerdings nicht, dass die Religionen wirklich miteinander leben. Sie koexistieren vielmehr. Es ist also trotz religiöser Vielfalt nicht üblich, einen anderen Blick auf Gott – über den eigenen hinaus – zu wagen. So wird das eigene Gottesverständnis unverändert über Generationen hinweg weiter tradiert. Es gibt deshalb große Gruppen, die sich wegen ihrer eigenen stark dogmatischen Überzeugungen Andersdenkenden und Andersgläubigen gegenüber sehr unaufgeschlossen verhalten. Ausschließlichkeit ist in allen Religionen und religiösen Einrichtungen stärker betont als einladender Einbezug. Dies gilt auch für die christlichen Kirchen – im Verhältnis untereinander und zu anderen Religionsgemeinschaften. Angesichts der Zersplitterung unter den Protestanten ist ein Dialog auch unter ihnen nicht einfach, weil die theologischen Positionen vielfach starr vertreten werden und eigennützige Machtinteressen den Weg versperren. Es braucht also dringend neue Initiativen für einen interreligiösen, intrareligiösen und nicht zuletzt innerchristli-

68 Es gab jeweils Epochen des Märtyrertums, wenn eine neue Religion ins Land eingeführt wurde. Aber nach einer Integration ist ein friedliches Nebeneinander möglich.

69 Vgl. das Kap. Die Trostfrauen – Comfort Women.

70 Das Vier Flüsse Projekt ist unter dem Motto „Wiederbelebung der vier großen Flüsse“ genannt. Beim Protest gegen dieses größte Bauprojekt in der Geschichte Südkoreas geht es um die Umweltverträglichkeit und ökologische Konsequenzen.

chen Dialog. Nur so kann es gelingen, Haltungen der Angst vor Gott zu überwinden und neue Zuversicht auf Gott zu begründen.

Es geht – um auf die Unterscheidung am Anfang dieses Kapitels zurückzukommen – darum, ein Verständnis von Gott im Sinn von Hananim zu entwickeln und zu fördern. Gott als Hananim trennt die Menschen nicht nach Geschlecht, Rasse, Konfession oder sozialen Schichten, sondern verbindet und umfasst, weil sich Gott so konkret als Macht-in-Beziehung[71] erweist. Damit tritt das Angenommen-Sein von Gott und die Zusage bedingungsloser Liebes Gottes in den Mittelpunkt. Zugangsbeschränkungen und Zugangsbedingungen zu Gott, ein starres Gottesbild aufgrund eines einseitigen Geschlechterbilds, Zubilligung von Rechtgläubigkeit aufgrund von Religions-, Denominations- und Konfessionszugehörigkeit sind von Menschen gemacht, nicht aber von Gott gegeben.

71 Vgl. Dorothee Sölle, Endlichkeit und Ewiges Leben. Zur Mystik des Todes, in: Fromm Forum, deutsche Ausgabe, No. 6, Tübingen, 2002, 30ff.

Jesus Christus oder Bari?

1 Einführung

Meine Großmutter war eine traditionelle Anhängerin des Schamanismus; sie erlangte mit den schamanischen Ritualen göttliche Kraft für besondere Aufgaben. Durch meine Mutter, die in der Christlichen Missionsschule die Frohe Botschaft gehört hatte, wurde auch meine Großmutter zur Christin. Nach ihrer Konversion besuchte sie regelmäßig den Gottesdienst und achtete sehr darauf, kontinuierlich zu beten und den Pfarrer als Laiin zu unterstützen. Ich habe eine besonders lebendige Erinnerung an sie. Sie besaß ein Jesusbild, das sie sehr sorgfältig in rote Seide wickelte und in einer Schublade aufbewahrte. Es war das bekannte Bildnis des 30jährigen Jesus als gutaussehender westlicher Mann mit langem blondem Haar.

Die Koreanische Kirche ist stolz darauf, dass ihre erste protestantische Kirche von einem Koreaner gegründet wurde, der das Evangelium in China kennengelernt hatte. Bevor eine organisierte Missionstätigkeit in Korea einsetzte, kannte man dort bereits schon eine protestantische Bewegung. Aber man darf nicht vergessen, dass das Christentum in erster Linie von amerikanischen Missionaren verbreitet wurde. Es waren eben diese amerikanischen Missionare, die das Jesusbild nach Korea brachten, wo es in christlichen Häusern, Schulen, Spitälern und Kirchen eine weite Verbreitung fand. Natürlich zeigt dieses Bild nicht so sehr den historischen Jesus der Bibel, sondern vielmehr das Christusbild des koreanischen Christentums, übernommen aus der westlichen Welt.

Meine Großmutter kannte es sehr gut und liebte es. Wenn sie das Bild aus der Schublade nahm, fragte ich sie: „Was siehst du da und was denkst du?“ und sie antwortete „Jesus Christus“. Nachdem sie Christin geworden war, wurde das Bild dieses blonden Mannes Gegenstand ihres Glaubens. Diese westliche männliche Figur nahm die Position eines göttlichen Wesens im Schamanismus ein. Ich denke, dass nicht nur meine Großmutter so dachte, sondern viele andere koreanische Christen ebenfalls – besonders Frauen. Das Bild von Jesus, ein weißes Gesicht mit euro-amerikanischen Zügen und blauen Augen, bestimmte die Christologie des koreanischen Christentums. Dieses Bild trat für viele KoreanerInnen an die Stelle eines göttlichen Wesens des Schamanismus.

Ich möchte an dieser Stelle den berühmten koreanischen Schamanenmythos der Prinzessin und Göttin Bari vorstellen. Außerdem möchte ich über Christologie im koreanischen Kontext und aus feministisch-theologischer Perspektive heraus nachdenken.

1.1 Der Mythos der Prinzessin Bari

Von der Geschichte der Prinzessin Bari[1] existieren verschiedene Versionen. Der Kern der Geschichte ist aber immer gleich: Baris Vater, ein König ohne Sohn, sollte in einem bestimmten Jahr keine weiteren Nachkommen zeugen, denn es war ihm vorausgesagt worden, dass er sonst wieder eine Tochter bekommen sollte. Die Prophezeiung erfüllte sich und so wurde auch sein siebtes Kind eine Tochter. Wütend setzte der König seine Tochter Bari aus. Ein Kranich fand das Kind und brachte es zu einem alten Paar, das es aufzog. Der Vater wurde zur Strafe für seine herzlose Tat sehr krank.

Das einzige Mittel, das den todkranken Vater hätte retten können, war das wunderbare Wasser des Westzauberlandes im Himmel. Aber die sechs Schwestern, die im Luxus des Palastes aufgewachsen waren, wollten das wunderbare Wasser nicht holen; sie scheuten die Anstrengungen, die damit verbunden waren. Schließlich fand der todkranke König seine siebente Tochter und bat sie darum, das wunderbare Wasser für ihn zu holen. Bari, die verstoßene Prinzessin, hatte Mitleid mit ihrem kranken Vater und versuchte, das Westzauberland zu erreichen. Buddha war von ihrem Mut beeindruckt und er schenkte ihr für die Reise drei lebenspendende Blumen.[2]

Nach vielen Gefahren erreicht Bari das wunderbare Wasser, das von dem Götterwesen Mujangseng, bewacht wurde. Um an das Wasser zu gelangen, musste Bari harte Arbeit für Mujangseng erledigen. Sie musste ihn sogar heiraten und ihm drei Söhne gebären, die sie aufzog. Schließlich erlaubte er ihr, von dem wunderbaren Wasser zu nehmen und sie kehrte nach Hause zurück. Dort fand gerade die Beerdigung ihres Vaters statt. Aber Bari erweckte ihren Vater mit den Blumen von Buddha und dem wunderbaren Wasser

1 Cf. Sungrae Kim, Christianity and Shamanism, Seoul, 1998, 113–118.

2 Im koreanischen Schamanimus und Buddhismus ist die Blume das Element, das Fleisch verwandeln kann.

wieder zum Leben. In der koreanischen Mythologie wird eine Frau, die das schwere Leiden überwunden hat, zur Göttin. Bari erfüllte diese Bedingung und wurde eine Göttin. Man verehrte sie als Trösterin der toten Seelen und als Begleiterin der Toten in die Unterwelt.

1.2 Bari und die Koreanerinnen

Die Dichterin Haesoon Kim glaubt, dass diese Geschichte in der patriarchalen koreanischen Gesellschaft überleben konnte, weil sie wenigstens auf den ersten Blick der Moral der Hyo-Ideologie[3] entspricht.[4] Die Hyo-Ideologie spricht von den Pflichten der Kinder gegenüber den Eltern. Aber das eigentlich Bemerkenswerte an dieser Geschichte ist der Geist des stillen Widerstands einer Frau gegen ein herrschendes System.

Die Geschichte von Bari schließt auch diesen Aspekt mit ein und zeigt daneben die Bevorzugung eines Sohnes gegenüber einer Tochter in der patriarchalen Gesellschaft. Der Grund für Baris Verstoßung ist ihre mangelnde Eignung, als Mädchen zum Wohlergehen der Familie im patriarchalen System beitragen zu können. Prinzessin Bari wird meistens Baridegi genannt. Der Suffix „Degi" bezeichnet im Koreanischen jemanden, der verstoßen und geringgeschätzt wird. Ihre Existenz und ihre Persönlichkeit werden von Anfang an negiert. Bereits Baris Geburt wurde negiert, weil sie weiblich war. Aber sie gab sich nicht damit zufrieden, ein negatives Geschöpf zu sein.

Bari überwand alle Probleme, alles Leid und alle Gefahren und wurde eine Göttin. Sie zeigte die Kraft einer koreanischen Frau, die selbst unter den

3 Neben der Bari-Geschiche erzählt auch die Geschichte von Simchung von der Hyo-Ideologie. (Tochter-Sohn-Pflicht-Ideologie) Die Geschichte von Simchung handelt ebenfalls von einer Tochter, die sich für ihren Vater aufopfert. Simchung, die ihre Mutter bereits bei der Geburt verlor, kämpft mit ihrem blinden Vater gegen die Armut. Um ihrem Vater Geld zu verschaffen, verkauft sie sich an die Matrosen eines Handelsschiffes, die mit der Opferung eines jungen Mädchens den Ozean besänftigen wollen. Die Matrosen werfen sie über Bord und ein großer Fisch zieht sie hinab zum Meeresboden, wo der Drachenkönig regiert. Wegen ihrer außerordentlichen Schönheit nimmt er Simchung wie ein eigenes Kind auf. Mit der Hilfe des Drachenkönigs, der von ihrer Geschichte sehr beeindruckt ist, kann sie den Meerespalast verlassen und auf einer Lotusblüte sitzend das Festland erreichen. Als sie an der Wasseroberfläche auftaucht, sieht sie der Prinz eines Königreiches und verliebt sich in sie. So wird sie schließlich Königin und lädt alle Blinden des Landes zu einem großen Festessen in den Palast ein. Dabei sieht sie auch ihren Vater wieder, der durch die wunderbare Begegnung sein Augenlicht zurückgewinnt. In Korea gibt es viele ähnliche Geschichten. Später überwindet sie alles Leid und alle Gefahr und beweist Mitgefühl und hyo; Immer ist das Hauptthema die Hingabe der Tochter für ihren Vater und mündet die Geschichte in Versöhnung oder Wiedersehen mit dem Vater

4 Haesoon Kim, „Why should be Bari?" in: The Newspaper of Ewha Graduate School, Seoul 27.Nov. 2002, 5.

schwierigsten Bedingungen nicht aufgibt. Bari verließ das familienorientierte System und begegnete der Welt dahinter. Im Gegensatz zu Bari weigerten sich ihre Schwestern, die im Luxus aufgewachsen waren, ihre Welt zu verlassen und sich auf die Suche nach dem wunderbaren Wasser zu begeben. Bari ist ihren eigenen Weg gegangen und besaß den Mut, um ihres Vaters Willen in die andere Welt zu gelangen. Sie geht ihren Weg mit Mut und bereist und erfährt diese andere Welt. Sie scheut keine harte körperliche Arbeit und ist sogar bereit, in eine Ehe einzuwilligen, um an das wunderbare Wasser zu gelangen. Sie wird von diesem patriarchalen System zweimal zum Opfer gemacht, zuerst von ihrem Vater und später von ihrem Ehemann durch die Heirat.

In den meisten schamanischen Mythen wird die Heirat hingegen von der Frau in die Wege geleitet. Im Vergleich zu ihrer eher passiven Rolle in der patriarchalen Gesellschaft, in der die Ehe vom Vater arrangiert wird, kann sie im Schamanismus mehr Initiative zeigen. Um ihre eigenen Ziele zu erreichen, beschließt eine Frau eine Ehe einzugehen, so wie wir es an Baris Beispiel sehen. Bari heiratet ein göttliches Wesen jenseits der realen Welt. Aber sie bleibt nicht dort und kommt mit ihren Söhnen zurück zur Erde. Sie wird also für ihre körperliche Mühe und die sexuelle Aufopferung während der Ehe belohnt. Sie findet einen neuen Ort und eine neue Aufgabe, indem sie die Seelen der Toten zu ihrer Bestimmung und damit zu ihrem Ursprung begleitet. Sie hilft den Menschen, das Negative des Todes zu überwinden und ihren Weg nach dem Lebensende zu finden. Sie ist eine, die unsere bekannte Welt verlassen hat. Damit ist es ihr gelungen, das Leiden zu überwinden und sie erhält die göttliche Aufgabe, tote Seelen zu führen. Sie wurde selbst ein göttliches Wesen, das die bekannte und die kommende Welt miteinander verbindet, Erde und Himmel. Sie erreicht diese Fähigkeit, indem sie in die andere Welt reist. Deshalb führt sie die Toten über den Fluss, der Leben und Tod voneinander trennt.

Baris Geschichte ist nicht nur von buddhistischer, sondern auch von schamanischer Bedeutung. Je nach Anlass sind verschiedene schamanische Rituale bekannt, wobei die meisten dazu dienen, materielle seelische Segnungen herbeizuführen. Dem Bari-Mythos kam in den schamanischen Ritualen aber die Bedeutung zu, bei ungerechten, unglücklichen Todesfällen und bei „Han (恨)“ Trost zu finden. Han ist ein Ausdruck für das tiefe Erleben einer Ungerechtigkeit, ein Motiv, das in vielen schamanischen Ritualen der südkoreanischen Provinzen[5] bekannt ist. Man kann sagen, dass Han bei den meisten Koreanern tief verwurzelt ist. So wird Han[6] auch häufig als „typisches Element des koreanischen Nationalcharakters“[7] beschrieben. Für die koreanische Geschichte bedeutet Han das Gefühl, das durch „fremde Invasion, Krieg, Volksaufstände, Rebellion, Krankheit und Hungersnöte“ verursacht wird.[8] Die Kolonialisierung sowie der Koreakrieg mit der darauffolgenden Teilung des Landes verursachten zahlreiche soziale Probleme in der koreanischen Gesellschaft. In dieser Situation konnte Han gären und sich in den Seelen der KoreanerInnen festsetzen.

Bari, deren eigenes Erleben von Han sehr tief gewesen war, gelang es später, selbst die Toten dazu zu bringen, sich mit Han auszusöhnen. Für diese Menschen wurde Bari eine Schlichterin, die ihnen half, einen neuen Platz zu finden und die Bedeutung des Todes anzuerkennen. Für sie war Han nicht Rache, sondern es erneuert die Beziehungen und macht die Dinge neu.[9] Als Belohnung dafür machten die Menschen sie zu einer Göttin, die der positiven Kraft dient und dabei hilft, die dunklen Seiten des Leidens und des Todes zu vertreiben. So gesehen wurde Bari zur Pionierin für die verstoßenen und unterdrückten Koreanerinnen. Baris Kraft bedeutet besonders für die Frauen eine Befreiung von Han.

Bei der Weitergabe der schamanischen Mythen waren die meisten Erzählenden und Zuhörenden Frauen. Die Frau wurde das Subjekt der Geschichte und war nicht länger passives Objekt. Grundsätzlich waren die Frauen in den etablierten institutionalisierten Religionen der koreanischen Geschichte marginalisiert. In Folge dessen wandten sie sich dem Schamanismus zu, von dem sie Kraft beziehen konnten, um das männerdominierte System zu überwinden. An die Stelle von Vernachlässigung und Negierung der Frauen traten im Schamanismus Fülle und Bestätigung. Die schamanischen Rituale eigneten

5 Cf. Yookyung Nam, „The Goddess of Death: the story of Bari“, in: Feminist theological reflection on the Goddess of Korean folk belief, ed. by Korean Association of Women Theologians, Seoul, 1992, 56–62.

6 Der bekannte koreanische Dichter Kim Chi-Ha sagte „Han ist ein Gefühl, das durch das Leiden und die Trauer eines hungrigen, verfolgten und verdammten Volkes entsteht.“ Cf. Kim Chi-Ha wird so zitiert in Kim Chung-Choon, „God's suffering in man's struggle“, in: Living Theology in Asia ed. by J.C. England, London, 1981, 20.

7 Kim Chung-Choon, ibid, 20.

8 Kim Chung-Choon, ibid, 20.

9 Indem die Opfer die Schwächeren sind, sind sie den Tätern ethisch nicht überlegen. Denn „wer Ungerechtigkeit erlitten hat, kann seinerseits Ungerechtigkeiten begehen.“ Ivone Gebara, Die dunkle Seite Gottes. Wie Frauen das Böse erfahren, Freiburg i.Br., 2000, 129.

sich ausgesprochen gut dazu, sich von Han zu befreien; das galt besonders für Frauen. Soviel zur Bedeutung des koreanischen Schamanismus für die Frauen. Er stellte für die traditionellen koreanischen Frauen eine Alternative dar – und das tut er bis zu einem gewissen Grad auch heute noch.

1.3 Versöhnung nach dem Tod

Die Titelzeile „Jesus Christus oder Bari?“[10] symbolisiert und benennt mein Verständnis von Übereinstimmung und von Verschiedenheiten im Dialog zwischen Christus und Kultur. Wären Christus und Bari zwei Möglichkeiten, die einander ausschließen, so wäre nur Konfrontation statt eines Dialogs möglich. Für koreanische Christen besteht ein solches „Entweder-Oder“ zwischen Jesus Christus und Bari tatsächlich.

Wie beurteile ich als koreanische feministische Theologin Baris Bedeutung? Kann ich Bari als die große Hoffnung interpretieren, als Pionierin und Akteurin der Selbstbefreiung und der Befreiung der Menschheit? Kann sie wie „Jesa Christa“ als Retterin verstanden werden?

Um diese Frage beantworten zu können, möchte ich auf die Typologie von H. Richard Niebuhr zurückgreifen.[11]

Wenn ich dieser Typologie folge, so ergeben sich die folgenden Schritte daraus: Wenn ich sage „Christus oder Bari“, dann gehört diese Position weder in H. Richard Niebuhrs Typologie im Sinne von „Christus gegen die Kultur“ noch „Christus über der Kultur“. Wenn ich hingegen sage „Christus und Bari“, gehört das zu „Christus und die Kultur als Paradox“. Wenn man Baris Figur als koreanischen weiblichen Jesus versteht, dann kann sie als „Christus der Kultur“ angesehen werden. Baris Geschichte müsste somit neu interpretiert und bewertet werden.

Bari war eine aufopferungsvolle und leidende Heldin, die für den koreanischen Schamanismus[12] die an der Spitze stehende Göttin in der koreanischen

10 Die Titelzeile „Jesus Christus oder Bari?“ ist eine Adaption des Titels „Christus oder Prometheus?“ von Jan Milic Lochman. Ich danke ihm für seine Idee. Cf. J. M. Lochman, Christ and Prometheus? Genf, 1988, 24.

11 Die fünf Thesen zu Christ und Kultur sind: 1. Christ gegen Kultur, 2. Christ der Kultur, 3. Christ über Kultur, 4. Christ und Kultur im Paradox, 5. Christ umwandelnde Kultur, Vgl. Helmut Richard Niebuhr, Christ and culture, New York, 1951; Volker Küster, Die vielen Gesichter von Jesus Christus, Interkulturelle Christologie, London, 2002, 15ff.

12 Vgl. Carsten Wippermann, Zwischen den Kulturen: Das Christentum in Südkorea, Münster, 2000, 49–55; 175–177.

Kultur darstellte. Dadurch, dass sie ausgesetzt wurde und dennoch ihr Leid überwand, wurde Bari mit der göttlichen Stellung belohnt, die sie zwischen Leben und Tod innehatte und in der sie die Versöhnung von Leben und Tod bewirken konnte. Von diesem Standpunkt aus kann Bari verglichen werden mit Jesus als Vermittler oder mit dem Prometheus der griechischen Mythologie, der anstelle der Menschen litt. Tatsächlich hat Bari viele Gemeinsamkeiten mit Jesus im Hinblick auf sein Leben und seine Arbeit, seine Opferbereitschaft und sein Leiden. Bari wurde wie Jesus eine Siegerin, weil sie vorher ein Opfer war (victor quia victima).

Aber es gibt auch Unterschiede.

Während Bari den Tod in den Mittelpunkt stellte, betont Jesus nachdrücklich das Leben gegenüber dem Tod. Jesus legt den Schwerpunkt auf das lebenspendende Wasser (Joh 4,14; 6,35; 7,37f.). Die Auferstehung ist für Jesus wichtiger als der Tod. „Auferstehung ist Macht. Die Macht der Auferstehung ist so groß, daß sie den Tod besiegt."[13] Der Tod hat nicht das letzte Wort.[14] So liegt die Betonung nicht auf der Unsterblichkeit der Seele, sondern auf der Auferstehung des Leibes. Zwischen Bari und Jesus geht es nicht um das Problem der „Verschmelzung der Horizonte". Es geht auch nicht darum, dass Baris Platz von dem Jesus des männlichen weißen Porträts übernommen werden könnte. Auch ist es kein Problem eines überlegenen oder unterlegenen Konzepts.

Ich möchte gerne die Einzigartigkeit von Jesus Christus hervorheben, die nicht gleichbedeutend ist mit der Überlegenheit des Christentums. Jesus zu verstehen bedeutet weder Baris Bedeutung zu ersetzen noch ihren Ausschluss, sondern vielmehr ihren Einbezug. Daraus folgt eine beiderseitige Wandlung sowohl von Bari als auch von dem verwestlichten Jesus-Konzept als Mann mit blauen Augen. Mir geht es darum, dass es die Rettung durch Jesus gibt, der das gesamte Universum umarmt und sich als Gottes Liebe offenbart. Es geht um die Verkörperung der Liebe, die lebenspendendes Wasser gibt. Das letzte Wort hat nicht der Tod, symbolisiert durch die Kreuzigung an Karfreitag, sondern das Leben und die Überwindung des Todes in der Auferstehung an Ostern. Gott ließ Jesus von den Toten auferstehen und möchte auch uns vom Tode befreien. „Gott ist biblisch – nicht auch, sondern zentral-identisch mit Verhei-

13 Luise Schottroff (et.al.), Das Kreuz, Baum des Lebens, Stuttgart 1987, 55.

14 Hier ein Beispiel, die die koreanische Angst vor dem Tod zu veranschaulichen. In der Regel werden die persönlichen Dinge der Toten verbrannt und aus Angst vor dem Geist der Toten von den Hinterbliebenen nicht weiter benutzt. Es verhindert eine Weiterbenutzung der materiellen Güter.

ßung des Lebens, mit Einbruch des Lebens in die Todeswelt.“ [15] Deshalb besiegt die Hoffnung alles Negative, auch den „letzten Feind“, den Tod. Wir sind aufgefordert, den Tod aufzuheben und nicht das Leben.

Wenn wir Jesus als wahren Gott und wahren Menschen betrachten, so umarmt Jesus die ganze Menschheit als Versöhner. „Dem Gott des Biblischen Glaubens geht es nicht darum, Menschen in autokratischen Ketten festzuhalten, der Gott des Exodus und der Auferstehung ebnet den Weg für alles menschliche Vermögen, auch für die Möglichkeit des Todes. Gott ist der Gott der Freiheit, der befreiende Gott.“[16] Wir müssen uns von unserem autoritären Gottesbild, wie es etwa im traditionellen Theismus vorliegt, befreien und die authentische, befreiende und biblische Vision Gottes in Jesus Christus wiederentdecken. „Das Evangelium ist Zusprache größter Hoffnung über das Nein des Todes hinaus.“[17]

Die Erlösung durch eigene Anstrengung und Werkgerechtigkeit anstelle von Gnade stellt ein Charakteristikum der asiatischen Religionen dar. Mit anderen Worten: Wer genügend Anstrengungen unternimmt und ausreichend wohltätig ist, erreicht sein Ziel. Deshalb muss Bari auch versuchen, das lebenspendende Wasser zu finden. Dank ihrer Bemühungen erreicht sie ihr Ziel. Im Gegensatz dazu stellt die Frohe Botschaft den Glauben an Jesus, der als Ausdruck Gottes Gnade Mensch wurde, in den Mittelpunkt. Das lebenspendende Wasser wird von Jesus gegeben; Jesus selbst ist das lebenspendende Wasser. Die Bedeutung Gottes, der sich in Jesus Christus offenbart, hat nichts mit Strafe, Rache oder Drohung zu tun.[18] Die christologische Botschaft von der Transzendenz der Gnade befreit uns von unserer Angst. Die christliche biblische Botschaft spricht von Gnade. Das bedeutet, dass unsere Erlösung nicht vom Erfolg oder Misserfolg unserer Anstrengungen abhängt. „Die letzte ist nicht unser Misserfolg und nicht einmal unser Tod. Die allerletzte, unsere eschatologische Zukunft, ist die Gnade.“[19] Hiermit meine ich weder gnadenlose Werkgerechtigkeit, noch werklose billige Gnade.

15 Cf. Helmut Gollwitzer, Krummes Holz – aufrechter Gang: Zur Frage nach dem Sinn des Lebens, München, 1970, 284.

16 Cf. J.M. Lochman, ebd., 29.

17 Helmut Gollwitzer, a.a.O., 7.

18 Bei den Göttern des Schamanismus ist die Hierarchie ein entscheidender Faktor. Der Theismus des Schamanismus unterscheidet sich nicht wesentlich von der Vorstellung von Gott als strengem Richter.

19 Cf. J.M. Lochman, ebd., 36.

1.4 Das postkoloniale Verständnis der Christologie im koreanischen Kontext[20]

Ich werde im Folgenden drei Prozesse beschreiben, die für das Verständnis des Verhältnisses von Kultur und Christus wichtig sind. Der erste Prozess ist der Orientalismus. Orientalismus ist eine westliche Vorstellung. Es ist der Ausdruck für die im Westen verbreiteten Vorstellungen über die östliche Kultur, wie E. Said sie beschrieben hat.[21] Diese Art des Denkens dominiert weite Teile der Welt. Es besagt, dass die westliche Gesellschaft, Kultur und die westlichen Völker denen des Ostens überlegen sind. Es erschöpft sich nicht in der Vorstellung des überlegenen „weißen" Westlers, sondern weitet sich aus auf den damit verbundenen Glauben an die Minderwertigkeit der „farbigen" östlichen Völker. Gemäß dieser Philosophie sind Okzidentalen akademisch, wissenschaftlich, männlich und vernunftbegabt während Orientalen emotional, unakademisch, weiblich und abergläubisch sind. Als Resultat dieses Denkens haben die zahlreichen koreanischen Christen Jesus als blonden, blauäugigen Westler verinnerlicht.

Okzidentalismus[22] ist das Gegenteil von Orientalismus. Es ist die östliche Art zu Denken. Es ist ein ostzentrierter Gedankenprozess. Dazu gehören

20 Es geht hier nicht darum, dass die koreanische Religiosität vorwiegend problematisch und das Christentum vorwiegend als vorbildlich eingestuft wird. Es ist auch nicht möglich, beim Christentum nur den Bereich des bedachten Umgangs im Alltag an sich darzustellen und im koreanischen Bereich nur den archaischen Umgang. Meines Erachtens sind die Punkte, die ich über die koreanische Religiosität anführe, auch für das Christentum gültig; auch hier gibt es archaische Züge. Aber was hier im koreanischen religiösen Bereich zu beschreiben ist, ist nicht nur der archaischen Umgang. Z.B. sind viele schamanistische Rituale in der Öffentlichkeit verschwunden. Aber das Prinzip ist geblieben und auch unter den jungen Leuten per Internet neu verbreitet und aktuell. Es ist nach wie vor wichtig, einen emanzipierten Umgang mit der tradierten Religion zu pflegen. Eine vielschichtige Betrachtung und Bewertung sowohl für das Christentum als auch für die traditionelle Religion tut not.

21 Vgl. Orientalismus ist eine westlich orientierte Denk- und Verhaltensweise der Herabsetzung von anderen. Edward W. Said, Orientalismus. Aus dem Englisch übersetzt von Hans Günter Holl, Frankfurt a. M., 2009.

22 Cf. Xiaomei Chen, Occidentalism: A Theory of Counter – Discourse in Post-Mao China, Lanham,, 2002; Ian Buruma & Avishai Margalit, Occidentalism. A Short History of Anti-Westernism, London, 2005. Kulturwissenschaftlich beinhaltet der Begriff Okzidentalismus unterschiedlich geprägte Bedeutungen. Als Gegensatz von Edward Saids geprägtem Begriff Orientalismus wird Okzidentalismus gebraucht. Das wird als Abneigung, als eine Ideologie des Hasses gegenüber dem Okzident, westlicher Werte und westlichzentrierten Strukturen verstanden. Ian Buruma und Avishai Margalit sind führende Figur bei dieser Strömung. Vgl. Ian Buruma und Avishai Margalit, Der Okzidentalismus. Der Westen in den Augen seiner Feinde, München, 2005.

Im Gegensatz zu dieser Interpretation ist Okzidentalismus gleichgesetzt mit westlichem Ethnozentrismus, wobei die anderen kulturellen Werte herabgesetzt werden, während die westliche Werte universalisiert sind. Vgl. Fernando Coronil: „Jenseits des Okzidentalismus. Unterwegs zu nichtimperialen geohistorischen Kategorien." In: Jenseits des Eurozentrismus. Postkoloniale Perspektiven in den Geschichts- und Kulturwissenschaften, hrsg. von Sebastian Conrad und

nationalistische Haltungen, die den westlichen Einfluss auf die östlichen Gesellschaften kritisieren. Okzidentalismus geht davon aus, dass die östliche Art der westlichen Art überlegen ist. Es ist durchaus sinnvoll, den Wert der asiatischen Lebensweise neu zu überdenken. Aber die Menschen, die die Werte und die Kultur Asiens im Okzidentalismus beurteilen, idealisieren die asiatische Kultur und Religion manchmal zu sehr. Das ist ein weiterer Hinweis auf vergleichendes Denken, wenn auch unter anderen Vorzeichen. Als Resultat eines solchen Denkens entstand eine schamanisierte Christologie und Göttinnen wie Bari traten im koreanischen Christentum vermehrt an die Stelle von Jesus Christus.

Der dritte Prozess ist der Postkolonialismus. Er ist eine neue Methode des Denkens, die den Dualismus der ersten beiden Herangehensweisen zu überwinden versucht. Er befürwortet eine Begegnung von Subjekt zu Subjekt, während die beiden anderen Methoden ausschließlich eine Begegnung von Subjekt und Objekt in Betracht ziehen. Das bedeutet, dass alle kulturellen und philosophischen Ideen einer beliebigen östlichen Kultur aus ihrer eigenen kognitiven Perspektive interpretiert werden müssen, auch wenn sich der Einfluss westlicher kultureller Traditionen nicht leugnen lässt. Indem wir die Erkenntnisse des Postkolonialismus anwenden, können wir sowohl in unserem östlichen wie auch in unserem westlichen kulturellen Kontext ein neues Christentum entwickeln, das sich von vergangenen Sichtweisen unterscheidet.

Ich gehe nun auf einige Beispiele ein. In der Frühzeit der Geschichte der koreanischen protestantischen Kirche, im späten 19. Jahrhundert, taten amerikanische MissionarInnen viele gute Dinge in Korea. Sie gründeten christliche Kirchen, Schulen und Krankenhäuser. Aber sie untermauerten viele Punkte des Orientalismus, den E. Said beschrieb. So verurteilten sie die ursprüngliche koreanische Kultur und Religion und lehnten sie ab. Sie versuchten zu „entschamanisieren“. Aus dieser Art konnte eine imperialistische Form des Orientalismus, die die koreanische Kultur herabsetzt, entstehen.

Gegen diese Entwicklung ist eine neue Betrachtungsweise der koreanischen Kultur und Religion entstanden. Einige Minjung-Theologen versuchen das Christentum zu reschamanisieren, wobei es darum geht, die koreanische

Randeria Shalini, Frankfurt am Main, 2002, 177–218. Kritik des Okzidentalismus. Transdisziplinäre Beiträge zu (Neo)Orientalismus und Geschlecht, hrsg. von Gabriele Dietze, Claudia Brunner, Edith Wenzel, Bielefeld, 2009. Das Okzidentalismuskonzept des zweiten Buches stützt sich auf Fernando Coronil, der zu den postkolonialen Kritiker und Theoretiker zählt.

christliche Spiritualität mit dem Schamanismus zu verbinden. Auf der Suche nach einer landeseigenen, befreienden Spiritualität für das koreanische Christentum stießen sie wieder auf den Schamanismus. So legt zum Beispiel David Suh großen Wert darauf, dass der Schamanismus das koreanische Christentum positiv beeinflusst hat. Entgegen der Bemühungen der Missionare, den Schamanismus zu verbannen und das Christentum davor zu verteidigen, nennt er das koreanische Christentum ein „schamanisiertes" Christentum.[23] „Das Christentum wurzelt tief in der landestypischen koreanischen Religiosität und ist so stark und lebensfähig geworden."[24] Meiner Meinung nach stellt es allerdings eine Form von Okzidentalismus dar, weil er die asiatischen und koreanischen Werte kritiklos idealisiert.

Rita Gross hat festgestellt, dass koreanische Christinnen Jesus leicht mit Schamaninnen gleichsetzen, weil Schamaninnen eine ähnliche Rolle spielen wie Jesus, indem sie heilen, Dämonen vertreiben und Menschen beruhigen. Allerdings unterscheidet sich die Wirklichkeit in der Regel vom Ideal.[25] Die koreanische christliche Realität reicht an die Vorstellungen und Erwartungen von Gross nicht heran.[26] Für die durchschnittliche koreanische Christin ist es nicht leicht, das weibliche Bild von Jesus Christus aufrecht zu erhalten. Die evangelikalen Tendenzen herrschen im koreanischen Christentum vor und so interpretieren viele koreanische Christinnen die Bibel wörtlich. So ist es trotz des Schamanismus nicht einfach, sich ein weibliches Bild von Jesus zu machen. Der Schamanismus hat überhaupt keinen Einfluss auf ein weibliches Jesusbild. Meiner Meinung nach ist es keine echte Alternative, die weiblichen Charakterzüge von Jesus zu betonen, wenn dies auch dazu beitragen mag, das männer-

23 Meiner Meinung nach gehört neben Suh auch Chung Hyunkyung zu der Gruppierung, die den koreanischen Schamanismus allzu positiv idealisieren. Cf. Chung Hyunkyung, Han Pu-ri, Doing Theology from Korean's Women's Perspective. in: We dare to dream. Doing Theology as Asian Women, ed. by Virginia Fabella and Sun Ai Lee Park, AWRC and EATWOT, New York, 1989, 135–146. Muriel Orevillo-Montenegro, The Jesus of Asian Women, New York, 2006, 97–103. Volker Küster, Einführung in die interkulturelle Theologie, Göttingen, 2011, 240ff.

24 Cf. David Kwang-sun Suh, Liberating Spirituality in the Korean Minjung-Tradition – Shamanism and Minjung Liberation" Asian Christian Spirituality. Reclaiming Traditions, ed. by Virginia Farbella, Peter K.H. Lee, David Kwang-sun Suh, New York, 1992, 31–32.

25 Im Gegensatz zu Jesus verlangen Schamaninnen Geld und Nahrung für das Durchführen ihrer Rituale und Beschwörungen.

26 Rita M. Gross, Feminism and Religion: An Introduction, Boston, 1996, 129f; Chung Hyunkyung, Struggle to be the Sun Again: Introducing Asian Women's Feminist Theology, New York, 1990, 66: Cf. Kwok Pui-lan, Introducing Asian Feminist Theology, Ohio, 2000, 86–89. Gemäß Chung Hyunkyung erwähnt Gross, wie Jesus Dämonen vertreibt, die man sich am besten als Frau vorstelle. Dem gegenüber stehen die hauptsächlich weiblichen koreanischen Schamanen, die die Aufgabe der Dämonenvertreibung auch im heutigen Korea noch wahrnehmen.

dominierte Jesus-Verständnis zu korrigieren. Auch die Vorstellung von Jesus im Han-bok (koreanische Nationaltracht) ist keine automatische Alternative für die Integration in die Landestraditionen (indigenization). Es geht darum, wie Christus die Kultur im Lichte der Auferstehung bestimmte. D.h. die kulturellen Werte könnten auch als Prüfstein angesehen werden. Dabei handelt es sich um die transformierende Kraft der Auferstehung als Norm.

Erhält die koreanische Christenheit lebensumfassende und lebensintegrierende Kraft aus dem Schamanismus? Offensichtlich kann der schamanische Einfluss auf das koreanische Christentum nicht geleugnet werden, was sich auch über alle anderen Bereiche der koreanischen Religion und Kultur sagen lässt. Er ist natürlicher Bestandteil des Koreanisch-Seins. Es stellt sich aber die Frage, ob er gegen das befreiende Evangelium von Jesus Christus ist.

Vielleicht ist Han (恨), der „Knoten im Herzen" natürlich und in gewissem Maße sogar nützlich. Allerdings ist es nicht tugendhaft, den eigenen Han unreflektiert wachsen zu lassen. Um natürlich und nützlich zu bleiben, braucht Han „Dan (斷)" (um ihn zu beschneiden) und „Entknoten" (um ihn zu lösen), wie die chinesischen Schriftzeichen für Versöhnung (和解) heißen. Denn der Knoten soll gelöst und losgelassen werden, um neue Lebenskraft zu empfangen, um einen Zustand des Friedens herzustellen. Wenn Han zu viel gewachsen ist, muss der überschüssige Teil beschnitten werden. Han und Dan bilden eine Dialektik, einen Prozess, in dem unsere Lebensgeschichte deutlich wird und keine Last darstellt. Dieses Ziel können wir nicht ausschließlich durch unseren Freiheitskampf und Selbstbestimmung erreichen. Wir müssen uns auf Jesus Christus und die Heilige Geisteskraft, die Kraft der Erneuerung und das nährende Wasser der Transformation, beziehen. Dieses energiespendende Wasser gibt uns den Mut und das Vertrauen, einzeln und kollektiv gegen die Ursachen von Han zu kämpfen.[27]

27 Schamanismus oder schamanistische Rituale waren wichtig, um unterdrückte und unausgesprochene Gefühle ausdrücken zu können. Weil der Geistertransfer durch Gesänge und Tänze erfolgt und der Schamane die Geister verkörpert, ist der Umgang mit dem Körper ein besonderer. Die Sprache des Körpers ist zu beachten. Damit die Gesellschaft transformiert werden kann, braucht es aber mehr als solche Rituale. Wohl ist Pathos, d.h. Leidenschaft, im Schamanismus groß geschrieben; doch hat Ethos, d.h. ethische Grundsätze, gleichzeitig zu wenig Bedeutung, um das Thema der Befreiung gesellschaftlich zu bearbeiten oder um die „Spirale der Gewalt" zu beenden. Eher kleine Versuche von Christen und Christinnen, der gesellschaftlichen Wirklichkeit ins Gesicht zu sehen, hatten jedoch zur Folge, dass viele Missstände und sozial-politische Themen (z.B. Trostfrauen im zweiten Weltkrieg, Chechu Aufstand 1948, Kwangju Massaker 1980 usw.) endlich Sache des öffentlichen Diskurses wurden, und damit begann der Demokratisierungsprozess. Vgl. Lutz Drescher, Ethik und Ekstase. Beobachtungen über den Einfluss von Konfuzianismus und Schamanismus auf die koreanischen Kirchen, in: Zeitschrift für Missionswissenschaft und Religionswissenschaft, Nr. 78. 1994, 279ff.

Die Christologie war im Verlauf der Tradition immer wieder auch eine Ideologie die Menschen an den Rand stellte, die besonders Frauen unterdrückte.[28] Der in der Bibel beschriebene Jesus dagegen war ein Erlöser der Frauen. Als die Christologie unter dem imperialistischen und patriarchalen System Gestalt annahm, spiegelte auch das Christusbild das patriarchale Bild dieser Gesellschaft. Der Ungehorsam gegenüber dem Mann, der die beherrschende Macht in der Gesellschaft besaß, wurde leicht mit dem Ungehorsam gegen Christus gleichgesetzt. Die Kreuzigung Christi, bei der dieser Leiden auf sich nahm, wurde in der Erwartung missbraucht, dass unschuldige Opfer Leid und Ungerechtigkeit still zu erdulden hätten. So wurde die großartige Energie der Befreiung und Auferstehung durch Jesus Christus falsch verstanden und verdreht. Diese Ideologie unterstützt bis in unsere Gegenwart die Diskriminierung von Frauen und rechtfertigt die männliche Dominanz. Diese Kritik ist legitim und darf nicht ignoriert werden.[29]

28 „Und das Christentum hat sie [sc. Frauen] gelehrt, ihr Kreuz zu tragen und anzunehmen, anstatt nach Wegen zu suchen, es zu überwinden." Ivone Gebara, Die dunkle Seite Gottes. Wie Frauen das Böse erfahren, Freiburg i.Br., 2000, 150.

29 Es gehört zu einem masochistischen, gewalttätige Bild von Gott als Vater, wenn man den Tod Jesu nur als Genugtuung für den Vater versteht. Wenn man von diesem Gedanken ausgeht, dann war Jesus' Tod das Ergebnis des Entwurfs eines gewalttätigen männlichen Gottes. Die Betonung von Jesus' Männlichkeit unterstützt auch das männliche Bild von Gott, die patriarchale Ideologie und die männerdominierten Strukturen. Deshalb wandten sich die feministischen Theologinnen des späten zwanzigsten Jahrhunderts gegen die traditionelle Logos-Sohn-Christologie und entwarfen eine Weisheit-Sophia-Christologie, die Jesus' Weiblichkeit einbezieht. So versuchten sie, den Sexismus der Christologie zu überwinden und die Christologie zum Universum hin zu öffnen. Wir müssen die biblische, authentische Vision von Gott in Jesus Christus wiederentdecken. Vgl. E. Schüssler Fiorenza, Jesus-Miriams Kind, Sophias Prophet: kritische Anfragen feministischer Christologie, Gütersloh, 1997; Elisabeth A. Johnson, Consider Jesus: Waves of renewal in Christology, New York, 1991, 104–113. Inzwischen sind viele Bücher über Christologie bei den unterschiedlichen Kulturen verfasst worden. Darunter siehe: Manuela Kalsky, Christaphanien: Die Revision der Christologie aus der Sicht von Frauen in unterschiedlichen Kulturen, Gütersloh, 2000; Volker Küster, Die vielen Gesichter Jesu Christi: Christologie interkulturell, Neukirchen-Vluyn, 1999; Margit Ernst, Jesus ist Herr: Christologie oder Christolatrie? in: Reformierte Kirchenzeitung, 7/1999, 291–299.

Ist die Vorstellung vom Sühnetod Christi heute überholt und unzumutbar? Fördert der Sühnopfergedanke Destruktion, Todessehnsucht und unbegründete Gewalt?

Ich kehre nicht unkritisch zu den von Männern dominierten Denkmustern der traditionellen Theologie zurück. Daher möchte ich mich nicht gegen die westliche feministische Theologie stellen, geschweige denn ihre Bemühungen herabsetzen oder abschwächen. Ganz im Gegenteil! Aber trotzdem hat für mich manches Element dieser Theologie nach wie vor ihre erhellende Kernaussage und Bedeutung. Darum unterscheide ich mich von vielen westlichen feministischen Theologinnen, die die Bedeutung der Kreuzes-Theologie von vorn herein verneinen, oder von den gutsituierten Theologinnen im Süden, die die euro-amerikanische feministische Theologie unkritisch nachahmen. Die befreiungsorientierten westlichen Theologinnen, die die Kreuzes-Theologie ablehnen, erwähnen zwar z.B. die Probleme der Campesinas in Lateinamerika, die ausgebeuteten Fabrikarbeiterinnen in Asien, die Rohmaterial herstellenden Frauen in Afrika usw. Sie meinen, dadurch die Bedeutung des Kreuzes aufzunehmen. Aber sie wissen nicht, dass es gerade für diese Frauen, die keine Belastung durch die Wirkungsgeschichte des Kreuzes kennen,

Vom Standpunkt der Trinität aus hat Gott selbst am Kreuz gelitten. Jesus' Tod war kein passives Ereignis.[30] In Jesus war Gott am Kreuz den Unterdrückten in Solidarität und Mitgefühl verbunden. „Gott läßt sich aus dieser Welt herausdrängen ans Kreuz. Gott ist ohnmächtig und schwach in der Welt und gerade und nur so ist er bei uns und hilft uns. Es ist bei Matthäus 8, 17 ganz deutlich, daß Christus nicht hilft kraft seiner Allmacht, sondern kraft seiner Schwachheit, seines Leidens! Hier liegt der entscheidende Unterschied zu allen Religionen. Die Religiosität des Menschen weist ihn in seiner Not an die Macht Gottes in der Welt, Gott ist der Deus ex machina. Die Bibel weist den Menschen an die Ohnmacht und das Leiden Gottes; nur der leidende Gott

das Kreuz eine zentrale Bedeutung besitzt, um ihren Überlebenskampf zu bewältigen. Vom Kreuz her wird eine gelebte christliche Spiritualität entwickelt, die man mit einem westlichen Massstab nicht abschätzig beurteilen darf.

In vielen global südlichen Ländern gibt es keine geschichtliche Belastung des Begriffes Mission, weil sie mit diesem Begriff verbundener Ideologie und der kapitalistischen Expansion nicht zu tun haben. Im Gegensatz zu Westlichen sogenannt früheren christlichen Ländern, mit dieser geschichtlichen Belastung und daraus folgenden negativen Konsequenzen, sind die Leute im Süden viel freier, den Begriff Mission im herkömmlichen Sinne zu gebrauchen, sei es bei der Kirchenmitgliederwerbung oder sei es als engagiertes Glaubenszeugnis in einem säkularisierten Milieu. Es ist keine Zumutung, davon zu sprechen. Darum kann man wesentlich unbefangener damit umgehen.

Das gleiche gilt auch für die Christologie im klassischen Sinne. Die Leute in südlichen Ländern sind dem Erbe der früheren Missionstätigkeit sehr treu geblieben, während die Theologie des Westens und der sogenannten früheren Missionsländer sehr geändert hat. Daher ist eine unterschiedliche theologische Vorstellungen und Verständnisse zwischen hier und dort stark zu spüren. Ähnlich läuft es mit der Kreuzes-Theologie zwischen „hier und dort". Mit großer Berechtigung kritisieren feministische Theologinnen die Kreuzes-Theologie bzw. Opfer-Theologie, wenn auch die Auffassungen unter diesen sehr unterschiedlich sind. Wegen der negativen Wirkungsgeschichte des Kreuzes und der daraus folgenden Theologie im westlichen Imperialismus und Kolonialismus ist es verständlich, warum sie dieser Theologie sehr kritisch gegenüberstehen. Daraus folgt, dass bei den an der Mittelschicht orientierten Theologinnen aus der westlich geprägten Wohlstandsgesellschaft Ostern im Vordergrund steht, der Karfreitag dagegen einen geringeren Stellenwert besitzt. Darüber hinaus sehe ich nicht, dass der Tod Jesu Christi am Kreuz etwas mit der Brutalität des Vatergottes zu tun hat, der das Blut seines Sohnes verlangt. Die Entschlossenheit Jesu basierte auf seiner Freiwilligkeit. Die Vulnerabilität Jesu ist Entrypoint und Quelle der Kraft für diejenigen, die das Leiden tragen und überwinden wollen.

Um mit Elisabeth Moltmann-Wendels Worten zu sprechen. „Das Kreuz war keine Verherrlichung des Leidens, aber eine Hilfe, mit Leiden, Verlassensein, Schmerzen umzugehen." Elisabeth Moltmann-Wendel, Wer die Erde nicht berührt, kann den Himmel nicht erreichen. Autobiographie, Zürich, 1997, 205 auch 202, 271; Anne Carr, Transforming Grace, San Francisco, 1988 und Martha Schull Gilliss, Resurrecting the Atonement, in: Feminist and Womanist Essays in Reformed Dogmatics, ed. by Amy Plantinga Pauw, Serene Jones, London, 2006, 125–138.

30 Das Thema der Dreifaltigkeits-Christologie (Sprüche 8, 22ff) lädt zu weiteren Nachforschungen ein. So möchte ich die Einheit der drei erwähnen, die im Hanismus vorkommt. „Han(韓)" ist in diesem Zusammenhang nicht Wut über Ungerechtigkeit oder bittere Trauer. „Han" bedeutet Einheit als Ganzes, Einheit in Vielfalt und Vielfalt in Einheit. Siehe zum Thema Weisheits-Christologie und Dreifaltigkeit: E. Johnson, She who is. The Mystery of God in Feminist Theological Discourse, New York, 1993. Siehe zum Thema Hanismus: Cf. Sangyil Kim, www.hanism.org.

kann helfen."[31] Das Kreuz ist in diesem Sinne nicht nur Negation, sondern auch Versprechen und Verheißung. Durch Jesus Christus sind alle Geschöpfe für die Liebe und nicht für die Verdammnis bestimmt. Die Betonung des kosmischen Christus, der alle Geschöpfe vom Tod zum Leben erweckt (Kol 1,16–20) hilft uns, die problematische Vorstellung der doppelten Vorsehung und des menschenzentrierten Denkens zu überwinden. „Der als Richter kommende Herr hat bereits alle Verfluchung und Verdammnis von sich aus getragen."[32]

Der entscheidende Unterschied zwischen den östlichen Religionen und dem Christentum ist ihr Verständnis des Glaubens.[33] Verallgemeinernd ist es das Ziel der östlichen Religionen, dass jedermann und -frau durch eigene Bemühungen gottähnlich werden soll, denn jeder Mensch ist in der Lage, Göttlichkeit zu erlangen. Im Gegensatz dazu glaubt die Christenheit, dass die Erfahrung, die wir mit Jesus machen, ein Akt der Versöhnung durch Gnade ist und nicht etwa der Vorgang, selbst Jesus zu werden. Weil Jesus diese Versöhnung als „einer für alle" (Heb 10,14) zur Vollendung gebracht hat, müssen wir keine weiteren Opfer erbringen. Ein weiteres Opfer ist nicht nötig: Sein Opfer war das eine für alle Ewigkeit. Eigene Leistung und Befindlichkeit ist nicht Voraussetzung oder Bedingung für die Rechtfertigung, sondern Gottes Liebe und die darauf gründende Gnade. Diese Einmaligkeit von Jesus Christus ist entscheidend. Es hat nichts mit dem Absolutheitsanspruch des Christentums zu tun. Deshalb darf sie auch nicht dazu benutzt werden, die Überlegenheit des Christentums über andere Religionen durchzusetzen.

Darüber hinaus darf das Opfer Jesu auch nicht dazu missbraucht werden, um Vergebung für ungerechte Taten zu erlangen. Es verherrlicht auch nicht ungerechtes Leiden. Irdisches Leiden ist kein himmlischer Verdienst. Es gibt

31 Dietrich Bonhoeffer, Widerstand und Ergebung. Briefe und Aufzeichnungen aus der Haft, hrsg. von Eberhard Bethge, Gütersloh, 1998, 534.

32 Meehyun Chung, Fatale Trennlinien, in: Zeitzeichen, 8. Jg., 2007, 43.

33 In der westlichen Gesellschaft findet man unter religiös interessierten Frauen großes Interesse für östliche Religiosität. Vermutlich sind viele von ihnen so fasziniert, weil sie von der westlichen Christenheit enttäuscht oder gar verletzt sind. Ich denke hier als asiatische Theologin kritisch an westliche Frauen, die in der Versuchung stehen, ihre Frustration durch das Christentum mit einem Gegenmodell zu kompensieren, das durch die Abkoppelung asiatischer traditioneller Religionen von ihren Zwängen idealisiert wird. Es ist leicht, ein ideales Bild woanders hin zu projizieren. Es geht mir v.a. um einen Dialogbeitrag unter ChristInnen im Kontext unterschiedlicher Kulturen und Kontinente. Darüber hinaus setze ich mich kritisch mit asiatischen Theologinnen auseinander.

uns die Kraft, im Licht von Ostern ungerechtes Leiden zu überwinden. D.h. Leiden soll weder ausgeblendet, noch heilsnotwendig verherrlicht werden.[34]

Die Solidarität von Jesus Christus mit marginalisierten und unterdrückten Menschen schließt einen umfassenden Liebesbegriff ein. Dieser liebende Gott ist sogar in seiner Vollkommenheit vertraut mit dem Leid (vgl. Jesaja 53,3). Es ist ein Zeichen der Gnade Gottes, der mit uns allen leidet und geduldig auf die Wiederherstellung aller Geschöpfe, so wie eine Mutter die Geburt in Leiden erwartet.

Dieses Angebot von Jesus Christus hilft uns asiatischen Frauen, uns von den Fesseln der doppelten oder dreifachen Unterdrückung unter dem Joch einer negativen Tradition und eines patriarchalen christlichen Machtsystems zu befreien. Wenn die Frauen jedoch gezwungen sind, Jesus' aufopfernder Liebe nachzueifern, wird die schöpferische Kraft des Todes am Kreuz ausgeblendet.

Die Asiatinnen und Asiaten können sich kaum von ihren kulturellen und religiösen Hintergründen befreien. Viele asiatische Theologinnen behaupten, dass die frauenorientierte traditionelle Religiosität und der entsprechende Kult durch das westliche Christentum zerstört worden sei. Das erweckt den Eindruck, als ob die herkömmliche Tradition und Religion für die Frauen besser gewesen wären. So kam es, dass die Wiederbelebung der asiatischen Göttinnen, welche dem männlich geprägten westlichen Christentum gegenüber stehen, hochaktuell wurde.[35] Asiatische Spiritualität wird von den Theologinnen häufig als ganzheitlich, kosmisch orientiert, körperbejahend und naturfreundlich bezeichnet.[36] Hingegen wurden die Umweltzerstörung, die Körperverachtung, binäres Denken und die Unterdrückung von Frauen allgemein als Ergebnis eines männlich orientierten westlichen Christentums dargestellt. Aber auch die Verehrung der asiatischen Göttinnen muss kritisch betrachtet werden. Denn „Wo das Weibliche (als Wert an sich) erhöht und verklärt und ihm pauschal eine universale Rettungs- und Heilungskompetenz zugetraut wird, werden die tatsächlichen Geschlechtermissverhältnisse verschleiert, wird

34 Vgl. Manuela Kalsky, Christaphanien: die Re-vision der Christologie aus der Sicht von Frauen in unterschiedlichen Kulturen, Gütersloh, 2000, 327.

35 Vgl. Hyun Kyung Chung, Schamanin im Bauch – Christin im Kopf. Frauen Asiens im Aufbruch, Stuttgart, 1992.

36 Dazu kommt z.B. Kwan In, eine buddhistische Göttinnengestalt in China und Korea. Auf den Philippinen ist es Ina, die Göttin der Mutter Erde und in Indien Shakti, die große Mutter, um einige der Göttinnen zu nennen.

der Protest von Frauen gegen sie unterlaufen."[37] „Wer Frauen vergöttert und zum Ideal stilisiert, macht sich an ihnen ebenso schuldig wie einer, der sie zu Dämonen stempelt."[38] Daher dürfen die weiblichen Symbole nicht ohne weiteres verherrlicht werden. Kritische Differenzierung tut auch beim feministischen Diskurs im interreligiösen und interkulturellen Dialog not.

Ein biologischer Wechsel von Gott zu Göttin, oder von männlicher zu weiblicher Jesus-Gestalt bedeutet wenig,[39] wenn der Grundmechanismus, die Menschen durch Angst, Anschuldigung, Selbstverherrlichung oder einen Machtapparat anzuketten, bestehen bleiben. Hauptsache ist die Fesseln des Fatalismus zu brechen und befreiende Elemente durch die Frohe Botschaft zu unterstreichen und zu verbreiten. Um mit Rosemary Ruethers Worten zu sprechen: „Wenn patriarchalische Theologie die Lüge der entstellten Beziehungen dadurch sakralisiert, dass sie die männliche Seite des weltanschaulichen Dualismus als gut anerkannte und die weibliche Dimension als böse abwertete, dann läuft die moderne Religion der Göttin Gefahr, diesen Dualismus bloß umzukehren. Befreiungsfeminismus glaubt nicht, dass man die Widersprüche des Patriarchats verbannt, indem man alle kulturellen Mittel und Methoden zum Zwecke einsetzt, eine Identifizierung mit dem mütterlichen statt mit dem väterlichen Pol des traditionellen Dualismus zu fördern. Er ruft vielmehr zu einer ethischen Anstrengung auf, die sowohl das Selbst als auch das soziale System, welches ausbeuterische Beziehungen untermauert, verwandelt."[40]

2 Schlussbemerkung

Dieser Artikel fing mit der Geschichte der Konversion meiner Großmutter an. Im Allgemeinen genoss die Konversion häufig einen schlechten Ruf, weil sie mit der christlichen Missionsgeschichte in Zusammenhang gebracht wird und so in Verbindung mit Imperialismus und Expansionsbemühungen steht. Im

37 Magdalene L. Frettlöh, Gott Gewicht geben. Bausteine einer geschlechter-gerechten Gotteslehre, NeukirchenVluyn, 2006, 247.

38 Susanne Heine, Wiederbelebung der Göttinnen, Göttingen, 1989, 160.

39 Denn es muss mehr als Wiedergutmachung der vergangenen Schäden oder Zurückgewinnung verlorener Rechte sein. Vgl. Aloysius Pieris, Feuer und Wasser. Frau, Gesellschaft, Spiritualität in Buddhismus und Christentum, Basel, 1994, 190f.

40 Übersetzung in: FAMA, Feministisch-theologische Zeitschrift, August, 1985, Basel, zit. nach Isabel Carter Heyward, Und sie rührte sein Kleid an: eine feministische Theologie der Beziehung, übersetzt von Hildegard Schneck, Stuttgart, 1986, 8.

Fall meiner Großmutter geschah die Konversion ganz selbstverständlich als selbstbestimmte Entscheidung. Niemand zwang sie dazu, Christin zu werden. Es war vielmehr eine Konversion in ihrem Herzen, ihrem Denken und Verhalten. Die Konversion hat ihrem Fall eine Veränderung des Lebens bedeutet.

Meine Kritik dabei ist das Jesusbild, das nach der Konversion zum Gegenstand ihres Glaubens wurde. Ich habe diesen Text mit dem Blick auf diesen Kontext entwickelt und dabei die Beziehung zwischen Christus und Kultur, unter der besonderen Berücksichtigung von Bari reflektiert.

Um eine postkoloniale Christologie zu entwerfen, habe ich eine bestimmte Art des im Orient verbreiteten Bildes von Jesus als blondem, blauäugigen Westler kritisiert und ebenso ein bestimmtes okzidentales Bild von Jesus als koreanische Göttin Bari in der schamanisierten Christologie. Den blonden, blauäugigen und männlichen Jesus habe ich methodisch als Symbol für „Christus gegen Kultur“[41] benutzt und Bari als Symbol für „Christus der Kultur“. Ich persönlich bevorzuge im postkolonialen Diskurs das Modell „Christus als Transformator der Kultur“, weil es weder eine parallele Idee noch eine Synthese in der Beziehung zwischen Jesus Christus und der Kultur beinhaltet. Es reflektiert vielmehr eine umwandelnde Annäherung, wie sie in der Dialektik benutzt wird.

Die koreanische feministische Christologie muss kritisch betrachtet werden, wobei das Erbe der koreanischen Frauen nicht aus den Augen verloren werden darf. Als Symbol des koreanischen Schamanismus ist Bari eine nützliche Figur, die zum Verständnis der koreanischen Identität – besonders dem der Frauen – verhilft. Dabei steht die Kontextsensibilität im Vordergrund. Darüber hinaus kann die Figur Baris dazu beitragen, unseren Blick wieder auf die koreanische Religiosität zu richten. Es ist sehr wichtig, religiöses und kulturelles Erbe zu reflektieren, besonders für die asiatische feministische Theologie.

Aber hier geht es um die nachhaltige Kontinuität der reformierten Transformation. Bei Bari gibt es keine soteriologische Dimension wie bei Jesus Christus. Es fehlt die Kraft der Transformation, die vom Tod zum Leben.[42] Kein kultureller oder sozio-politischer Kontext kann aus sich heraus die Bedeutung Christi veranschaulichen. Der Prozess der Aufnahme in eine Kultur

41 Cf. K. Barth, Die Kirchliche Dogmatik II/2, 33, Zürich, 1988, 175–185.

42 Deshalb konnten die koreanischen Ahnengeister im Allgemeinen keine Symbole für den Heiligen Geist darstellen. Auch der Han-besessene Geist von Bari war nicht dafür geeignet.

ist sehr wichtig aber Christus ist Transformator der Kultur und nicht nur deren Ausdruck.

Ich habe kein bestimmtes Bild der Christologie für ein postkoloniales Modell verwendet, weil diese Bilder und Metaphern einschränkend wirken, unabhängig davon, ob sie männlich oder weiblich sind. Aus diesem Grund habe ich das Bild des lebendigen Wassers als einziges auf die Figur Jesus Christus übertragen. Das lebendige Wasser, das Bari suchte, war ein Geschenk der Gnade Gottes.

Als lebendiges Wasser offenbarte uns Jesus Christus Gottes Liebe als die eigentliche Quelle des Lebens. Wir sind durch Gottes Gnade zu diesem Wasser eingeladen. Diese Gnade, die wir geschenkt bekommen, lädt uns ein, das lebenspendende Wasser zu teilen.

Wenn man es grammatikalisch ausdrücken wollte, so wäre Christus das Subjekt und die Kultur das Objekt eines Satzes. Es gibt keine Kultur, die Christus interpretiert. Christus hingegen interpretiert und transformiert die Kultur. Anders gesagt: Unsere Kultur und unser Kontext dürfen nicht zum Subjekt gemacht werden, denn Christus ist bereits sowohl in der Kultur als auch im Kontext als Subjekt aktiv.[43] Wir müssen mit der Tatsache leben, dass nicht nur ein neues Licht gebracht wird, sondern auch eine materielle Veränderung. „Alles nicht nur neu beleuchtenden, sondern real verändernden Tatsache, dass Gott ist.“[44]

Jede Begegnung zwischen Kulturen muss als Begegnung zwischen Subjekten stattfinden, weil jede Kultur ihren eigenen Wert hat. Bari als kulturelle Idee

43 Das asiatische Christentum nahm seinen Anfang mit den Thomas Christen im ersten Jahrhundert und den darauffolgenden Osterchristen sowie den sogenannt „ketzerischen“ Nestorianern im fünften Jahrhundert in Indien. Während der Tang-Dynastie kamen die Nestorianer ungefähr im siebten Jahrhundert nach China. Im Asien dieser Zeit stand der Begriff „Nestorianer“ eher für geistliche und geografische Unterscheidung als für die Unterscheidung in Bezug auf Lehre und Ritus. Das Thomas Evangelium war nicht in den Schriftenkanon integriert und die Vorstellungen der Nestorianer wurden von der damaligen Hauptkirche abgelehnt. Daraus folgt, dass die asiatische Kirche zu Beginn als unorthodox und ketzerisch galt. Der Mission der Nestorianer war kein Erfolg beschieden, weil sie keinerlei Unterstützung durch die etablierten Kirchen erfuhr und von dieser Gemeinschaft ausgeschlossen wurde. Als im siebten Jahrhundert die Verbreitung des Islam einsetzte, verschwanden die Nestorianer allmählich aus China und Zentralasien.

Die Nestorianer versuchten sich schnell an die asiatischen Religionen anzupassen und so einen Synkretismus zu etablieren. Aber in der Folge verloren sie ihre christliche Identität. Dieses Beispiel zeigt uns meiner Meinung nach, wie schnell die christliche Gemeinde ihre Identität verlieren kann, wenn sie zu schnell bereit ist, ihre Kernbotschaft an einen sozio-kulturellen oder religiösen Kontext anzupassen. Also bedeutet Integration an vorhandene Verhältnisse für mich nicht, dass es wünschenswert wäre, rasche kulturelle Anpassungen vorzunehmen, wenn das Ergebnis der Verlust der christlichen Kernbotschaft ist.

44 K. Barth, Die Kirchliche Dogmatik, II/1, 28, Zürich 1987, 289.

kann als Objekt oder Prädikat der koreanischen Christologie verstanden werden aber nicht als Ersatz oder Alternative zu Jesus Christus, der uns alle befähigt, in Bezug auf die neue Erde und den neuen Himmel zu leben und zu handeln.

Ich setze, anders ausgedrückt, Gottes Inkarnation in Jesus Christus voraus, nicht aber die Vergöttlichung Baris. Ich ergreife nicht Partei für die Erhebung oder den Aufstieg eines gewöhnlichen Menschen für die koreanische Christologie. Bari erreichte ihr Ziel durch ihr Leiden und ihr Opfer. Die Selbstaufopferung in Baris Geschichte ist bezeichnend, nur dient sie ausschließlich dazu, das weibliche Leiden zu untermauern während der „ein-für-allemal"-Charakter des Schicksals Jesus' kein weiteres menschliches mehr Leiden verlangt. Jesu Opfer darf nicht dafür missbraucht werden, Gehorsam in ungerechten Situationen zu erzwingen, denn das Opfer Jesu verherrlicht kein ungerechtes Leid.

Obwohl sich Baris Leiden nicht als überflüssig herausstellte, unterstützt es doch das Leiden als solches durch die Idealisierung der „guten Tat". Wir handeln nicht, um möglichst viele „gute Taten" zu sammeln und uns so als menschliche Wesen zu erhöhen. Wir sind vielmehr aufgerufen, jegliche Art von Unterdrückung in unserem Zeitalter der Globalisierung zu bekämpfen. Unser Glaube an Jesus Christus befähigt uns, Ungerechtigkeiten zu überwinden, die sich hinter Sexismus, Rassismus und einer ungerechten sozialen Schichtungen verbergen. Der christliche Glaube hat im Kampf um das Zerbrechen der Fesseln des Schicksals erste Erfolge erzielt.

Ist die Heilige Geisteskraft zu beeinflussen?

1 Einleitung

Meine religiöse Prägung lässt sich ein Stück weit auf meine Großmutter zurückführen. Ich bin oft mit ihr auf den Gebetsbergen der Pfingstbewegung gewesen, wo überwiegend Frauen als Leiterinnen fungierten und Besucherinnen inbrünstig und emotional beteten, indem sie sich auf die Brust schlugen und die Arme zum Himmel hochstreckten. Oft haben die Frauen dadurch ihre privaten Offenbarungserfahrungen zum Ausdruck gebracht.[1] Das hat in mir grundsätzliche theologische Fragen ausgelöst, wie: Was heißt Offenbarung und Offenbarungen? Inwiefern sind persönliche mystische Erfahrungen, die in der Pfingstbewegung häufig vorkommen, als Offenbarungen legitim? Darf fest daran geglaubt werden? In den koreanischen Mythen und Religionen, die zum Teil für Träume bedeutsam sind, gibt es häufig Berichte von Offenbarungen und Erscheinungen. Gerade die Lebensgeschichten wichtiger historischer Personen gelten als Erfüllung von Offenbarungen und göttlichem Willen. Das trifft z.B. auf die Geburtsgeschichte von Chewoo Choi (1824–1864) zu, des

1 In diesem Zusammenhang Karl Barths Meinung im Auge zu behalten, ist für mich sehr wertvoll.

Barth erläutert in seinen Prolegomena zur Kirchlichen Dogmatik die Problematik des menschlichen Selbstbewusstseins mit einer ad hoc Formulierung. Er spricht vom „indirekten Cartesianismus“ beim frommen, christlichen Ich. Hier geht es um das Bewusstsein, um menschliche Gefühle, um Erfahrungen und um das Gewissen, Quelle und Mass der Aussagen über Gott und das Wort Gottes. Barths Warnung, im Bewusstsein Quelle und Maß der Gotteserkenntnis zu sehen, ist bemerkenswert. Das gleiche gilt natürlich für Gewissen und Gefühl. Sie verdienen nicht als solche Kritik, sondern die Entscheidung ist zu kritisieren, ihnen die ihnen nicht zukommende Rolle als Quelle und Mass der Gotteserkenntnis zuzusprechen.

„… Dasselbe wäre natürlich zu sagen, wenn von anderer Seite nun etwa das Gefühl oder das Gewissen als Ort möglicher Erfahrung vom Worte Gottes diskreditiert und ausgeschlossen werden sollte. Müssen wir es als mehr als verdächtige Zwängerei ablehnen, die christliche Erfahrung ausgerechnet und vorzüglich als Erfahrung des Gefühls oder des Gewissens zu interpretieren, so können wir selbst verständlich auch einem Ausschluss nun gerade dieser anthropologischen Orte unmöglich zustimmen …“ (Karl Barth, Die Kirchliche Dogmatik, I/1, Zürich, 1986, 212. Barth hat das Misstrauen gegen die Rolle des Intellekts in der Gotteserfahrung kritisiert. Es ist klarzustellen, dass die gleiche Kritik sich auch gegen eine Missachtung der Rolle des Gefühls oder des Gewissens in der Gotteserfahrung richten müsste. Stellt man nur in Rechnung, dass das Wort Gottes „stark genug“ ist, mit dem Intellekt – aber auch mit dem Gewissen oder dem Gefühl „fertig zu werden“, dann ist Misstrauen gegenüber diesen drei Erfahrungs-Vermögen und Erfahrungs-Feldern des Menschen und gegen alle, die sonst noch in Frage kämen, unberechtigt.

An dieser Stelle bedanke ich mich bei Hans-Anton Drewes für seine Anregungen.

Begründers der koreanischen Donghak Religion,[2] die als Offenbarungsreligion gilt. Der Gedanke der Offenbarung war also den KoreanerInnen schon bekannt, bevor das Christentum ins Land kam. Der Austausch von Glaubenserfahrungen zwischen Frauen war immer populär und lebhaft. Man kann sich allerdings fragen, ob nicht die subjektiven Erfahrungen zu viel Platz einnehmen und logisches Nachdenken behindern. Diese intuitive Wahrnehmung hat aber auch mit der mündlichen Kultur zu tun, wurde doch in Korea das Meiste mündlich weiter gegeben.[3] Vor diesem Hintergrund ist es nicht erstaunlich, dass sich eine der weltweit größten Pfingstkirchen in Korea befindet.

Zwar bringen Pfingstkirchen eine gewisse Problematik zum Ausdruck, etwa die starke Orientierung an materiellem Segen oder den Gedanken an die Verfügung und Beeinflussbarkeit der Heiligen Geisteskraft für eigene Zwecke. Doch die Pfingstkirchen gehen weltweit deutlich unverkrampfter und unkomplizierter auf die menschlichen Grundbedürfnisse ein als andere Kirchen. Sie sprechen eine einfache, leicht verständliche Sprache und haben eine optimistische, positive Ausstrahlung, sodass sich viele Menschen von ihnen angezogen fühlen.

In diesem Kapitel lege ich zunächst biblischen Hintergrund zur Heiligen Geisteskraft dar. Dann gehe ich auf das Phänomen der Pfingstbewegung in Korea in Zusammenhang mit der koreanischen Kultur ein[4], besonders dem Schamanismus, und versuche, einen neuen Horizont zu eröffnen.

2 Chewoo Choi hat im Jahr 1860 die Donghak Religion gegründet. Damals herrschte der europäische Imperialismus in Asien und hat u.a. auch China sehr getroffen. Auch Korea stand unter Druck, seine Grenzen dieser Expansionsmacht zu öffnen. Das katholische Christentum konnte als westliche Wissenschaft unter pragmatisch reformorientierten Konfuzianern Platz finden. Im Gegensatz dazu galt die Donghak Religion als östliche Wissenschaft mit dem Ziel, die Identität Koreas zu bewahren und dem eine nationale Krise verursachenden Öffnungsdruck von außen zu widerstehen. Das Grundprinzip dieser Religion ist „innaechun", wörtlich übersetzt: der Mensch ist der Himmel. Diese humanistische Religion weckt den Volksgeist, der mit Treue und Tüchtigkeit die neue Welt und den neuen Himmel aufbauen möchte und eine egalitäre Gesellschaft anstrebt. Als die Zahl der Anhänger und Anhängerinnen sich sehr rasch vermehrte, wurde die Religion als Gefahr für den Staat angesehen. Choi wurde 1863 verhaftet und 1864 enthauptet. Trotzdem entwickelte sich diese Religion weiter und wurde 1905 in Chongdogyo (http://www.chongdogyo.or.kr) umbenannt. Unter diesem Namen spielte sie eine wichtige Rolle in der Unabhängigkeitsbewegung gegenüber der japanischen Kolonialherrschaft. Heute gehören ihr in Korea etwa 30 000 Gläubige an.

3 Dies könnte als ein großer Unterschied zur europäischen Frauenmystik im Mittelalter angesehen werden, wo viele Erscheinungen und Visionen schriftlich festgehalten wurden.

4 Vgl. Karl-Fritz Daiber, Schamanistisches Erbe in der religiösen Praxis protestantischer Frauen: die Kidowon (Gebetshäuser), in: Modernisierung und Religion in Südkorea. Studien zur Multireligiosität in einer ostasiatischen Gesellschaft, hrsg. von Siegfried Keil (et.al.), Köln, 1998, 219–236.

Obwohl Ruah (hebr.) im Alten Testament und Pneuma (griech.) im Neuen Testament nicht direkt mit der Heiligen Geisteskraft identifiziert werden können, besitzen sie doch mit ihr verwandte Eigenschaften. Ruah kann oft übersetzt werden mit Atem, Wind, Geisteskraft usw. oder ist die Kraft, die das Universum im Inneren zusammenhält. Sie steht im Gegensatz zum natürlichen Trägheitsprinzip in Dingen und Menschen. Sie ist die Energie, die dynamische Kraft, die Anderes in Bewegung bringt. Die Wirkungsgeschichte der Bibel und die kirchengeschichtliche Entwicklung von Ruah (weiblich) über Pneuma (sächlich) zu Spiritus (männlich) zeigt, wie die weibliche Dimension abgeschwächt und zusehends ignoriert wurde und schließlich verschwand.

Im Alten Testament ist Ruah die „Kraft der Integration", die Totes wieder zum Leben erweckt (vgl. Ez 37) und Dynamik erzeugt. Sie ist im Zusammenhang mit der Schöpfungsgeschichte zu verstehen, denn sie ist in einer Beziehung die Kraft der Verbindung, die auch Getrenntes wieder verbindet und Leben ermöglicht. Einzelteile werden durch die Ruah verbunden und die Beziehung zwischen Gott und Menschen sowie zwischen Menschen und Mitgeschöpfen wird neu konstituiert.

Die Kraft der Ruah ist unberechenbar und undefinierbar (vgl. Joh 3,8), was mit der Freiheit Gottes zusammenhängt. Zwischen Gottes Wort und der Ruah besteht keine Rangordnung, keine Unter- oder Überordnung, sondern eine Ergänzung oder Komplementarität.[5] „Überall dort aber, wo der Zusammenhang mit schöpferischem, Leben schaffendem bzw. belebendem Handeln deutlich wird, ist Ruah ausnahmslos weiblich. Auch dort, wo Ruah im Sinn von Inspiration oder Begeisterung mit dem Prophetischen zusammenhängt, ist sie feminin konstruiert, ebenso wo sie als schöpferische Lebenskraft und Geisteskraft auftritt. Der weiblich geprägte, lebensfreundliche und lebensbejahende Aspekt von Ruah ist somit überaus offenkundig."[6]

Den Geist am Pfingstfest auszugießen machte die neue Gemeinschaft und damit die Geburt der Kirche möglich. Dies war keine egalitäre Arbeitsgemeinschaft zur Produktion, sondern eine Gemeinschaft, in der geteilt wurde. Die Struktur und der Inhalt der durch die Heilige Geisteskraft neu geschaffenen

5 Vgl. Helen Schüngel-Straumann, Ruah bewegt die Welt. Gottes schöpferische Lebenskraft in der Krisenzeit des Exils, Stuttgart, 1992, 65.

6 Helen Schüngel-Straumann, a.a.O., 69f.

Gemeinschaft sind demokratisch und partizipativ. Ein Anzeichen dafür war, dass alle in ihrer eigenen Sprache redeten und einander doch verstanden. An diesem Ereignis wurde ein Wort des alttestamentlichen Propheten (Joel 3,1f.) zitiert, worin soziale, Alters- und Geschlechterdiskriminierung aufgehoben sind: „Gott, da will ich von meiner Geisteskraft ausgießen auf alle Welt, dass eure Söhne und eure Töchter prophetisch reden, eure jungen Leute Visionen schauen und eure Alten Träume träumen. Auch auf meine Sklaven und auf meine Sklavinnen will ich in jenen Tagen von meiner Geisteskraft ausgießen, dass sie prophetisch reden (Apg 2,17–18)." Die lebensfördernde Kraft schafft weder Uniformität noch Homogenität, sondern integrierende Einheit. Diese neue Gemeinschaft entwickelte sich aus der alttestamentlichen Ruah-Tradition. „An allen zentralen Stellen im Alten Testament, an denen von Ruah geredet wird, hat der Begriff etwas mit Bewegung bzw. in Bewegung setzen zu tun. Ruah ist das, was Dinge und Menschen, Einzelne oder sogar ganze Gruppen in Schwung, in Bewegung bringt."[7] Gottes Ruah ist trennungsüberwindende Kraft. Das bedeutendste Beispiel hierfür ist der Gegensatz zwischen dem Turmbau zu Babel (Gen 11) und der Ausgießung des Geistes an Pfingsten (Apg 2), also zwischen Trennung, sich gegenseitig nicht Verstehen und Verbindung, einander Verstehen. Helen Schüngel-Straumann betont mit Recht die weibliche Verbindungskraft von Ruah, die Kraft der Brückenfunktion zwischen Gott und den Menschen, zwischen oben und unten, Himmel und Erde, anstelle des Trennens aus androzentrischem Blickwinkel.[8]

Karl Albrecht beschreibt, was bei Hebräern und Semiten männlich und weiblich bedeutet, folgendermaßen: „… männlich alles Gefährliche, Wilde, Mutige, Geachtete, Grosse, Starke, Mächtige, Tätige, Herrschende, Hervorragende, Feste, Schädliche, Lästige, Verwundende, Scharfe, Harte; weiblich alles mütterlich Umfassende, Gebärende, Erhaltende, Ernährende, Gelinde, Schwache, Kleine, Furchtsame, Zierliche, Dienende, Beherrschte, unten Liegende, Schwankende, Lasten Tragende, minder Geachtete."[9] Zusammenfassend ist zu sagen: Die Heilige Geisteskraft ist fließend, ganzheitlich, schöpferisch, weiblich, konstruktiv, integrierend und verbindend, nicht trennend.[10]

7 Helen Schüngel-Straumann, a.a.O., 96.

8 Helen Schüngel-Straumann, a.a.O., 70ff.

9 Karl Albrecht, Das Geschlecht der hebräischen Hauptwörter, ZAW, 1896, 120f., zit. nach Helen Schüngel-Straumann, a.a.O., 19.

10 Vgl. Joh 3, 8; Ps 104; Gen 1,1 1f, 2;Tim 1, 7.

Die Heilige Geisteskraft ist eine Vertrauenskraft, die nie wirkungslos werden kann. Sie wirkt im Menschen und durch ihn wie eine Energie, dank deren sie Liebe und lebenspendende Wärme weiterstrahlen können. Sie ist keine Fesselung zur Knechtschaft, sondern eine Entfesselung zur Freiheit und zum Leben. Großer Respekt oder Ehrfurcht vor Gott ist etwas anderes als sklavische Angst vor einer Gottheit. Gedanken an die Auferstehung, die zentrale Botschaft des Evangeliums, können dazu verhelfen, die Angst zu überwinden. Die Vollendung dieses Ostergeschehens wurde an Pfingsten Tatsache. Durch die Heilige Geisteskraft wird für das Ostergeschehen jede Rangordnung aufgehoben. Sie wirkt über Rassen, Geschlechter und Altersgrenzen hinweg. Jeder und jede hat Zugang zu dieser Kraft. Denn Gott sendet diese Kraft vom „himmlischen Thron" auf die Erde für die neue Schöpfung (Joh 20, 22), damit Gemeinschaft in dieser Welt auf das Reich Gottes hin möglich wird (vgl. Jes 11,6ff.).

Die Heilige Geisteskraft schafft aus dem Chaos heraus die verbindende Ordnung. (Gen 1,1f). Diese schöpferische, wegweisende Kraft verheißt den Menschen das Leben (Spr 8,35). Sie verwandelte den Tod in Leben und das Leiden an Karfreitag in die Auferstehung an Ostern. Die Heilige Geisteskraft ist ein wertvolles Geschenk der Gnade und nicht etwas, das durch Manipulation erreicht werden kann (Vgl. Apg 8,18). Sie verlangt keine Opferbereitschaft, ist aber auch keine „billige Gnade". Diese Geisteskraft ist von anderen Geistern zu unterscheiden.[11] „Denn Gott hat uns nicht einen Geist der Verzagtheit gegeben, sondern den Geist der Kraft und der Liebe und der Besonnenheit" (2Tim 1,7). Dieser Geist der Freiheit (2Kor 3,17) lässt sich nicht von Menschen manipulieren, weil Gott sich selbst voraussetzt. Darum kann die menschliche Erfahrung mit diesem Gottesgeist nicht verabsolutiert werden. Denn die Universalität Gottes ist durch die Gegenwart der Heiligen Geisteskraft immer erneuerbar und undefinierbar (Joh 3,8). Diese zum Leben ermunternde Kraft ist keine herrschende, patriarchale Macht, sondern eine sanfte, dienende, fördernde Macht (Sach 4,6). Wenn diese Heilige Geisteskraft unter den Menschen als Trost und Energie spendende Quelle immanent ist, so ist und bleibt sie doch ein transzendentes Wesen.

11 Die Frage nach dem Unterschied zwischen der Heiligen Geisteskraft und Geistern ist in Korea nicht gründlich bearbeitet und beantwortet. Es wirkt nach, dass diese Frage vor allem in der ersten Phase der protestantischen Mission im 19. Jh. nicht geklärt worden ist, der Umgang mit Geistern war im Alltag der Menschen tief verankert, während sich die Missionare eher davon abgrenzten und sich abschätzig äußerten. Ihr Schwerpunkt bei der Christologie hinterließ ein Defizit bei der Pneumatologie, die innerhalb der trinitarischen Dimension heute neu zu thematisieren ist.

Darum liegt die Betonung nicht auf der menschlichen Verfügungsmacht über diese Kraft, sondern auf der Bitte um Erneuerung und Korrektur (vgl. Ps 51, 12f.) der Gemeinschaft mit den Mitgeschöpfen.

3 Das Verhältnis zwischen Schamanismus und Pfingstbewegung[12]

3.1 Schamanismus

Grob könnte man das schamanistische Ritual[13] in vier Schritten beschreiben: Erstens die Anrufung des göttlichen Wesens; zweitens, Gott mit Singen und Tanzen gnädig stimmen; drittens, im Zustand der Ekstase Wahrsagungen und Lösungsansätze empfangen und das Nötige aus der göttlichen Kraft herausholen; viertens, das göttliche Wesen verabschieden.[14]

Das koreanische Christentum kann vom Schamanismus im Hinblick auf Festlichkeit, Einbezogen-Sein, Verschwisterung des Mitgeschöpfs, das vernetzte Denken, Reziprozität, Ganzheitlichkeit und gewisse Heilungsprozesse lernen. Die Rituale werden nicht nur mit Fokus auf den Menschen abgehalten, auch die Umwelt wird mit einbezogen. Dadurch wird die Festlichkeit der Gemeinschaft gestärkt. Dabei sind ebenfalls gewisse alttestamentliche Gedanken zur Schonung der Natur (vgl. Lev 25,4–6) zu entdecken. Während das weibliche Priesteramt in der koreanischen Kirche immer noch nicht allgemein anerkannt ist, waren die Frauen niemals davon ausgeschlossen, im Schamanismus eine tragende öffentliche Rolle zu spielen.

Der koreanische Schamanismus hat aber auch in negativer Weise zur koreanischen Kultur und Religion beigetragen. Er ist eng verbunden mit dem Gedanken des materiellen Wohlstands, der für die Familie von zentraler Bedeutung ist. In der Praxis besitzt der Schamanismus allerdings keine ausformulierte soziale Ethik. Und obwohl für den koreanischen Schamanismus die Orientierung auf die Gemeinschaft ein Ziel ist, gibt es einige negative

12 Der Begriff Pfingstbewegung ist hier verallgemeinernd gebraucht und nicht aufgeschlüsselt in z.B. Pfingstbewegung, Charismatische Erneuerung und Neu Pfingstliche.

13 Vgl. Dongsik Yoo, Die Geschichte und die Struktur des koreanischen Schamanismus, Seoul, 1986.

14 Der Schamane, die Schamanin haben als verbindende Person die Verfügungsmacht, das göttliche Wesen festzuhalten und wieder gehen zu lassen. D.h. im Schamanismus steht die Verfügungsmacht über Gott im Vordergrund. Vgl. Magdalene L. Frettlöh, Gott Gewicht geben. Bausteine einer geschlechter-gerechten Gotteslehre, Neukirchen-Vluyn, 2006, 15–53.

Auswirkungen auf die Gesellschaft. Es tut sich ein Graben zwischen Wirklichkeit und Ideal auf.

Es ist eine Tatsache, dass schamanische Rituale nicht ausschließlich dazu dienen, Kranke zu heilen, verlorene Seelen zu trösten und zerstrittene Familien wieder zusammenzuführen. Häufig geraten sie in Konflikt mit medizinischen Methoden und verursachen so zusätzlichen Familienstreit. Noch problematischer ist es, wenn schamanische Rituale aus Rache, Vergeltung oder Hass praktiziert werden. Schamanische Rituale kommen also bei verschiedenen Gelegenheiten zur Anwendung, nicht ausschließlich zum Wohle des Gemeinschaftslebens.[15]

Der koreanische Schamanismus hat wenig Einfluss auf die Entwicklung eines gesellschaftlich orientierten Geistes, weil er sich hauptsächlich mit Privatangelegenheiten beschäftigt und familienzentriert ist. Er sorgt sich um das Wohlergehen der Familie, indem er Geister austreibt, Krankheiten heilt und Gebete für den Schutz vor Unfällen und Tod anbietet. Das Wichtigste sind Gesundheit und beruflicher Erfolg, sowie materielle Segnungen.[16] Schamanismus wird zum Trost und zur Befreiung von Han (sc. Häufung von ungerecht empfundenem Gefühl) angewendet. Das Ritual hat eine therapeutische und psychologische Wirkung.[17] Es ist eine spirituelle Hilfe, wenn auch von kurzer Dauer. Obwohl es sehr wichtig ist, trägt es nicht dazu bei, den Han eines Einzelnen oder den kollektiven Han eines Volkes wirklich zu überwinden. Schamanismus verstärkt den Widerstand gegen Fatalismus nicht. Stattdessen wird passives Annehmen des Schicksals gefördert. Es gibt einen Mangel an Selbstkontrolle, ethischer Verantwortung und Widerstandskraft gegen die Ursachen von Han durch den Willen der Menschen.

Im koreanischen Schamanismus spielen, im Unterschied zu Afrika, personifizierte göttliche Gestalten (sog. Menschengötter) eine viel wichtigere Rolle als Kräfte, die mit einer Tiergestalt gekoppelt sind. Besonders unglücklich Verstorbene oder ermordete große geschichtliche Figuren spielen dabei eine

15 Lee Chunghee hat die Bedeutung eines dörflichen Schamanenrituals des „Daedong Gut" beschrieben. Darin hat die Gemeinschaft eine bedeutende Rolle, verglichen mit individuellen Schamanenritualen. Aber Daedong Gut verschwindet immer mehr. Vgl. Lee Chunghee, Liberation Spirituality in Dae-dong Gut, in: Asian Christian Spirituality. Reclaiming Traditions, ed. by Virginia Fabella, Peter K.H. Lee, David Kwang-sun Suh, New York, 1992, 36–43.

16 Das koreanische Christentum hat diese Ansichten des Schamanismus übernommen. Deshalb stellen Individualismus, Familie und Materialismus bedeutende Bestandteile des Christentums in Korea dar. Diese Schwäche der koreanischen Kirche müsste reformiert werden.

17 Choon-Ho You-Martin, Hanpuri der Frauen, in: Menschwerden im Kulturwandel, hrsg. von Thomas Schreijäck, Luzern, 1999, 424–444.

zentrale Rolle.[18] Das leidende Volk identifiziert sich mit solchen Figuren und schöpft daraus Trost. Es gibt im Schamanismus unter den göttlichen Wesen eine Rangordnung: Der höchste Gott ist allmächtig, unfehlbar, unnahbar, souverän, während z.B. Ahnen Götter niederen Rangs sind. Je nach dem Rang des göttlichen Wesens besitzen sie unterschiedliche Fähigkeiten.

Der Sinn des schamanischen Rituals (und es gibt hier einen gewissen Einfluss auf die Pfingstbewegung) ist es, die Gottheit für die eigenen Zwecke günstig zu stimmen. Aber „… der Gott der Apostel und Propheten ist kein vorhersehbarer, berechenbarer, manipulierbarer Gott."[19]

3.2 Pfingstbewegung

Offenbarung als Glaubenserfahrung hat im Konfuzianismus keine große Bedeutung. Im Schamanismus hingegen sind Aussagen über Glaubenserfahrungen wichtig. Im christlichen Umfeld hat solche Glaubenserfahrung etwas Überschwängliches an sich, das mit der Erfahrung der Heiligen Geisteskraft zu tun hat. Gerade in den presbyterianischen Kirchen ist solcher Überschwang suspekt; man distanziert sich davon oder ignoriert ihn. Denn solch emotionale Erfahrungen und Ausdrucksformen gelten als pfingstlerisch. Dabei wird übergangen, welche Bedeutung die Heilige Geisteskraft bei Johannes Calvin, dem Begründer der presbyterianischen Theologie und Kirche, hat.[20] Calvin verknüpft den Gedanken der Kirche als Leib mit der Wirkung der Heiligen Geisteskraft. Diese Kraft belebt alle Glieder dieses Organismus unterschiedslos. „Der den Organismus durchwirkende Geist bedingt seine Einheit, aber gleichzeitig auch seine Differenzierung."[21] Diese Dimension und Hervorhebung der Heiligen Geisteskraft durch Calvin ist wenig bekannt, sodass der Anschein entsteht, als ob Pneumatologie nur eine Sache der Pfingstler und Pfingstlerinnen wäre, während die presbyterianischen Kirchen in Nüchtern-

18 Vgl. Lee Nam-Beck, Protestantismus und Ahnenverehrung in Korea. Entwurf einer Theologie der Erinnerung, Münster, 2001, 15ff.

19 Vgl. J.M. Lochman, Christ and Prometheus? A Quest for Theological Identity, Geneva, 1988, 43.

20 Vgl. Peter Opitz, Leben und Werk Johannes Calvins, Göttingen, 2009, 70–87.

21 Joachim Staedtke, Johannes Calvin. Erkenntnis und Gestaltung. Göttingen, 1969, 48. Karl Barth greift in seiner Ekklesiologie auf Calvins Gedanken zurück. Bei Barth spielt das gemeinsame, organische Prinzip der Gemeinschaft der Christen im Leib Christi eine zentrale Rolle. „Aber die Gemeinschaft als solche muß ihren Weg gehen, nicht der Einzelne ohne die Gemeinschaft in seiner Selbstbehauptung gegenüber den Andern. Solche Selbstbehauptung gibt es in keinem Sinn im Christus." Karl Barth, Der Römerbrief (Erste Fassung 1919), hrsg. von Hermann Schmidt, Zürich, 1985, 554.

heit verharren. Umgekehrt haben die Pfingstgemeinden in ihrer Struktur gewisse maskuline presbyterianische Ordnungen übernommen, z.B. dass die Ältesten fast ausschließlich Männer sind.

Ob es in der koreanischen Pfingstbewegung eine schamanistische Prägung gibt, ist schwer belegbar.[22] Aber dass die emotionale Frömmigkeit und die Sinnlichkeit des Gottesdienstes schamanistisch beeinflusst sind, ist kaum zu bestreiten.[23] Die Stärken des Schamanismus wie seine partizipative Methoden, Flexibilität, Elastizität, Betonung der Wechselseitigkeit, Reziprozität im Ritual und Mündlichkeit sind auch als pfingstkirchliche Phänomene erkennbar.[24] Eine Abgrenzung, die Raum für eigene Identitätsbildung schafft, wird selten vorgenommen. Positive Aspekte anderer Glaubensgemeinschaften werden absorbiert und integriert. Doch diese Flexibilität hat sich da als Stärke erwiesen, wo die Pfingstgemeinde verschiedene religiös-kulturelle Komponenten in ihren Aufbau übernommen hat. Durch die Offenheit und Flexibilität ist eine aktive wechselseitige Bereicherung (cross-fertilization), eine dynamische Kreuzung (Hybridisation) möglich.[25]

Ich möchte zunächst auf die Entstehung der koreanischen Pfingstbewegung eingehen.

Lehrt Not beten? Inwiefern ist Not für das Erwecken resp. der Stärkung religiöser Interessen ausschlaggebend? Am Anfang des 20. Jahrhunderts, als in der westlichen Gesellschaft die Säkularisierung begann, haben die Menschen in Korea gerade angefangen, sich mit dem Evangelium auseinander zu setzen. Als das Christentum ins Land kam, hatten die etablierten Religionen für die Menschen in Korea an Bedeutung verloren. Im Gegensatz dazu interessierten sie sich sehr für die westliche Kultur, für den westlichen Wohlstand und für die damals neu eingeführte Religion, das Christentum. Und aufgrund der politischen und sozialen Unsicherheiten der damaligen Umbruchszeit wurde das Christentum relativ kritiklos rezipiert. In ihrer hoffnungslosen Situation haben

22 Zum Einfluss des Schamanismus auf das koreanische Christentum: Vgl. Younghoon Lee, The Holy Spirit Movement in Korea. Its Historical and Theological Development, Oxford, 2009, 13f.

23 Vgl. Younghoon Lee, a.a.O., 111–115. – Harvey Cox, Fire from Heaven: the rise of Pentecostal Spirituality and the reshaping of religion in the twenty-first Century, Cambridge, 2001, 228.

24 Hollenweger erläutert den Kontrast zwischen westlichen und nicht westlichen Merkmalen. Vgl. Walter J. Hollenweger, a.a.O., 10. zit. nach Lee Hong Jung, Minjung and Pentecostal Movements in Korea, in: Pentecostals after a Century. Global Perspectives on a Movement in Transition, ed. by Allan H. Anderson and Walter J. Hollenweger, London, 1999, 140.

25 Aber diese Gruppendynamik hat auch Nachteile, denn es entsteht schnell ein Gruppenzentrismus, der anderes ausschließt. Darum mangelt es an ökumenischem Denken und Handeln.

die Menschen im Evangelium etwas Neues und zugleich die Hoffnung auf das Reich Gottes gefunden, was von ihrer traditionellen Religiosität her leicht nachvollziehbar war. Daher haben die Bibel und die biblischen Geschichten einen sehr autoritären Platz eingenommen. Die Geschichte des Auszugs aus Ägypten (Exodus) wurde als Geschichte der Befreiung von Japan erlebt. Das Christentum war geradezu ein Zufluchtsort, der Sicherheit und Trost bot.[26]

Zwei Ereignisse sind im 20. Jahrhundert kirchengeschichtlich besonders bedeutsam. Erstens: Es gab in der politisch schwierigen Umbruchszeit nach 1905 im Jahr 1907 eine berühmte Erweckungsbewegung (The Great Revival of 1907) in Wonsan (heutiges Nordkorea).[27] Ein paar Gründe sprechen dafür, dass dieses große Ereignis durch die Heilige Geisteskraft geschehen ist. Die politische Gefangenschaft durch Japan löste den Ruf nach einer Gegenkraft aus.[28] Den alten religiösen Kräften gelang es allerdings nicht, diesen Wunsch der Gesellschaft zu erfüllen. Darum herrschte eine gewisse Sehnsucht nach einer neuen Religion. Gewisse Anknüpfungspunkte zwischen dem Christentum und den traditionellen koreanischen Religionen waren bereits vorhanden, sodass die Menschen das Christentum nicht als vollkommen fremd empfanden und es annehmen konnten.[29] Das Christentum war verhältnismäßig anpassungsfähig und in der Lage, in diesem Umbruch die alten Religionen zu ersetzen. Die heilige Geisteskraft macht es Menschen und Kirchen immer wieder möglich, sich zu bekehren, umzukehren und sich zu einigen. Denn sie ist eine verbindende, keine trennende Kraft.

Zweitens: Während in der westlichen Gesellschaft das Problem der Säkularisierung an Deutlichkeit zunahm, litten die Menschen in Korea unter den Erfahrungen der japanischen Kolonialherrschaft (1905/10–1945) und denen des Koreakrieges (1950–1953). In diesen schwierigen Zeiten haben sie ihren Glaubenseifer und ihre Sehnsucht nach Gott nie verloren. Ganz im Gegenteil:

26 Walter J. Hollenweger, After Twenty Years Research 12, 1988, 119–129. Zit. nach: Lee Hong Jung, Minjung and Pentecostal Movements in Korea, in: Pentecostals after a Century. Global Perspectives on a Movement in Transition, Ed. by Allan H. Anderson and Walter J. Hollenweger, London, 1999, 141.

27 Vgl. Younghoon Lee, Korean Pentecost: The Great Revival of 1907, in: Asian Journal of Pentecostal Studies 4/1, 2001, 73–83; William Blair, Bruce Hunt, The Korean Pentecost and the Suffering which Followed, Carlisle, 1977, 71–74.

28 Weil Korea von Japan als nichtchristliches Land kolonialisiert wurde, fällt die Kolonialismus-Erfahrung in Korea nicht auf das Christentum zurück. Über christlich geprägten koreanischen Nationalismus an der Edinburgher Konferenz von 1910. Vgl. Brian Stanley, The World Missionary Conference, Edinburgh 1910, Grand Rapids, 2009, 118ff.

29 Vgl. Yonghoon Lee, Korean Pentecost: The Great Revival of 1907, in: Asian Journal of Pentecostal Studies 4/1, 2001, 79.

Zuflucht und Geborgenheit bei Gott zu finden war wichtig. So wurde im Jahr 1958 – unter den Trümmern des Koreakrieges – die koreanische Pfingstkirche (Assembly of God) gegründet, die später zu einem weltweiten Phänomen geworden ist.[30]

Zu den Hauptfiguren der koreanischen Pfingstkirche gehören Jashil Choi[31] und Yonggi Cho.[32] Sie haben zur selben Zeit eine Bibelschule besucht. In der Wohnung von Choi wurde der erste Gottesdienst gefeiert und im Jahr darauf wurde eine Zeltgemeinde erbaut. Beide haben von Anfang den Schwerpunkt auf Gebet und Körperheilung gelegt. Danach ist die Gemeinde so rapid gewachsen, dass sie innerhalb weniger Jahre mehr als 100 000 Mitglieder zählte und wegen zu knappen Räumlichkeiten immer wieder umziehen musste. 1973 konnten sie ihr heutiges Gebäude beziehen. Heute zählt diese Pfingstkirche (Yoido Full Gospel Church) in Korea 750 000 registrierte Mitglieder.[33]

Während Choi als Frau allgemein viel Vor- und unsichtbare Detailarbeit geleistet hat, fand sie innerhalb der kirchlichen Strukturen wenig Beachtung. Ihr Schwiegersohn Cho wurde offiziell als Gründer wahrgenommen und institutionell in der Kirche verankert. So erging es ihr ähnlich wie Maria Magdalena, der „Apostelin der Apostel" und ersten Missionarin nach dem Johannesevangelium. Diese hatte vom auferstandenen Jesus explizit den Auftrag bekommen, die Osterbotschaft weiterzutragen. Aber erst als männliche Jünger diesen Auftrag übernahmen, wurde die Sache offiziell. Dieses Phänomen taucht bis zum heutigen Tag auf: So sind auch in den etablierten Pfingstkirchen wie in vielen anderen Denominationen mehrheitlich Männer als klerikale Personen tätig, während man Frauen eher als Leiterinnen von Gebetshäusern antrifft. In diesen Gebetshäusern gibt es wenig konventionelle oder strukturell fest verankerte Formen. Flexibilität nimmt nach wie vor einen großen Raum ein. Während Frauen in den etablierten Kirchgemeinden in städtischen Verhältnissen ihren institutionellen Platz noch nicht recht gefunden haben, ist es ihnen eher gelungen, in Gebetshäusern auf dem Land oder auf den Bergen, als leitende Kraft zu fungieren und zu beeinflussen. Es gibt

30 Das Christentum entwickelte sich mit dem wachstumsorientierten Denken. Beides ist miteinander verzahnt.

31 Vgl. Jashil Choi, Wunder in Korea, Karlsruhe, 1981.

32 Vgl. http://davidcho.fgtv.com/ (besucht am 15. August 2010)

33 Vgl. Edinburgh 2010. Witnessing to Christ Today. Vol. II, ed. by Daryl Balia and Kirsteen Kim, London, 2010, 233f. Über die nähere geschichtliche Entwicklung dieser Kirche: Vgl. Younghoon Lee, The Holy Spirit Movement in Korea. Its Historical and Theological Development, Oxford, 2009, 91–117.

eine gewisse Affinität zwischen Gebetshäusern und schamanistischen Ritualen, was die äußere Lage und den Führungsstil anbelangt.

Harvey Cox machte auf eine Megagemeinde aufmerksam und stellte die berechtigte Frage, ob sie als synkretistisch kritisiert oder als Zeugnis für das Positive, Transformierende der Heiligen Geisteskraft dargestellt werden soll.[34]

Als Spezifikum kennen sie in ihrem Gemeindeleben den Gebetsberg, wo sie inbrünstig beten und fasten. Mystische Gottesoffenbarungen im Gebet und beim Fasten und andere Erfahrungen mit der Heiligen Geisteskraft sind keine Seltenheit. W. J. Hollenweger bezeichnet diesen Punkt als Phänomen der Pfingstbewegung auch „… den Einbezug von Träumen als eine Art von Ikonen für das Individuum und die Gemeinschaft."[35]

Diese Kraftwirkungen haben auch eine Schattenseite, die mit Werkgerechtigkeit zu tun hat. Fasten und Beten werden als Instrumente verstanden, mit denen der Gläubige zu Gott gelangt. Für dieses Verständnis werden gewisse Bibelverse instrumentalisiert, wie z.B. Psalm 109, 22–26. Sie besagen, David fastete und betete immer, wenn er von Gott eine Antwort erhalten wollte. Auch Esther fastete und betete, um Gottes Hilfe zu erlangen, Esther 4,16. D.h. „do-ut-des"-Gedanken sind weit verbreitet.[36] Als Folge davon gibt es einen gewissen verpflichtenden Zwang, zu spenden oder den Zehnten zu opfern. Diese Handlungen geschehen nicht unbedingt aus Dankbarkeit, sondern eher aus Angst vor Gott oder als Präventionsmaßnahme, um Gottes Zorn abzuwenden oder sich seines Segens zu versichern.

So ist auch der berühmte „Dreifach-Segen" der koreanischen Pfingstkirchen zu verstehen: Er wird erbeten für die Prosperität der Seele, für Prosperität in allen Dingen, für Gesundheit. Darin könnte man eine negative Seite entdecken, weil Gott, wie im Schamanismus, auf den eigenen Wunschkatalog projiziert und für menschliche Bedürfnisse manipuliert, verfügbar gemacht werden. Dahinter steckt die Grundidee der „Beati Possidentes" im Christentum des Kapitalismus, alles für sich sichern und beherrschen zu wollen. Man

34 Vgl. Harvey Cox, Fire from Heaven: the rise of Pentecostal Spirituality and the reshaping of religion in the twenty-first Century, Cambridge, 2001, 219ff.

35 Englischer Original-Wortlaut: „… inclusion of dreams as a kind of icon for the individual and the community", Walter J. Hollenweger, After Twenty Years' Research 12, 1988, 119–129. Zit. Nach: Lee Hong Jung, Minjung and Pentecostal Movements in Korea, in: Pentecostals after a century. Global Perspectives on a Movement in Transition, Ed. by Allan H. Anderson and Walter J. Hollenweger, London, 1999, 140. Eine Ikone ist ein Bild, in dem und durch das Gott entgegenkommt und mithilfe dessen Gott begegnet werden kann.

36 Vgl. Jashil Choi, Wunder in Korea, Karlsruhe, 1981, 24f.

meint, Gottes Geist könne in Beschlag genommen wie irdischer Besitz. Darum erzählt man von dem Tag, an dem die Person die Heilige Geisteskraft empfangen hat. Es geht dabei nicht um Reue, die Bitte um Vergebung oder um Umkehr. Gott wird zum privaten Besitz bestimmter Menschen. Dabei stehen eher das Bild des autonomen Menschen und sein Wollen ins Zentrum. Dagegen gilt mit Karl Barth „Gott ist ganz unser Gott, aber er ist gerade darin ganz unser Gott, daß er nicht nur unser Gott ist."[37]

Das Problem ist im Bereich des Personenkultes angesiedelt. Man könnte die Rolle der Pfarrerin oder des Pfarrers mit der Rolle des Schamanen vergleichen, die jeweils eine autoritäre Vermittlungsfunktion übernehmen.[38] Denn die Rolle der VermittlerInnen zwischen Gott und den Menschen wird sehr stark bewertet und betont. Es scheint, als hätten die VermittlerInnen Verfügungsgewalt über die göttliche Kraft. Damit besteht die Gefahr, dass Gläubige manipuliert, abhängig gemacht und fremder Kontrolle unterworfen werden. Das aber stellt das Gegenteil zum reformierten Grundprinzip des allgemeinen Priestertums aller Gläubigen dar. Darüber hinaus teilt sich Heilige Geisteskraft nach ihrem Willen mit und aus, aber nicht nach dem des Menschen.

Personalisierung und hierarchisches Denken stehen mit dem Charisma einer Person in Zusammenhang und können auch im Christentum vorkommen bzw. auf Pfarrer übertragen werden. „Es hat den Anschein, als ob die priesterliche Funktion einer Mudang (Schamanin), eine Verbindung zwischen Himmel und Erde herzustellen, auch auf die Pfarrer in normalen Gemeinden übergegangen ist."[39] Mit anderen Worten: Es besteht die Gefahr, dass jemand abhängig gemacht und beeinflusst wird.[40] Das kann auch dazu führen, dass Menschen in einem Verhältnis der Abhängigkeit und Verstrickung mit dem

37 Karl Barth, Die kirchliche Dogmatik, II/1, Zürich, 1986, 593.

38 Lee Hong Jung schreibt, dass der weltweit bekannte Pfingstler Yong Gi Cho mit einem Schamanen verglichen werden könnte. Vgl. Lee Hong Jung, Minjung and Pentecostal Movements in Korea, in: Pentecostals after a Century. Global Perspectives on a Movement in Transition, ed. by Allan H. Anderson and Walter J. Hollenweger, London, 1999, 147.

39 Lutz Drescher, Ethik und Ekstase. Beobachtungen über den Einfluss von Konfuzianismus und Schamanismus auf die koreanischen Kirchen, in: Zeitschrift für Missionswissenschaft und Religionswissenschaft. Nr. 78. 1994, 283.

40 Sich als Mitglied in einer Gemeinde anzumelden, bedeutet, alle Verpflichtungen, inklusive die Teilnahme am Gottesdienst, als verbindlich anzuerkennen. Eine solche Verbindlichkeit hat eher etwas mit Gesetzeserfüllung zu tun als mit innerer Verpflichtung. Zugehörigkeit zu einer Gemeinde bedeutet verantwortliche Zugehörigkeit, schließt aber eine Verbindlichkeit ein. Wenn man sich selber eine Gemeinde oder einen Pfarrer/eine Pfarrerin aussucht, ist die Motivation, sich verbindlich zu beteiligen, größer. Ein parochiales System gibt es nur in der katholischen Kirche in Korea.

Schicksal leben. Deshalb geschieht es dann häufig, dass den Verhältnissen nicht auf den Grund gegangen wird, dass man die Schuld im Umfeld sucht, bei anderen Menschen, in Gegenständen und Umständen, aber nicht bei sich selbst. Die innere Geschlossenheit der Gemeinschaft („Uri" auf Koreanisch, „Wir-Gemeinschaft" auf Deutsch) verstärkt zwar die Konformität einer Gruppe oder eines Stammes, ermöglicht allerdings keine Öffnung des eigenen Horizonts.[41] In den Stämmen selbst bleibt der Zusammenhalt stark, während intergruppale Gedanken eher schwach vertreten sind.

4 Die Herausforderung und neue Orientierung der Pfingstbewegung in Korea

Nordostasien gehört (noch) nicht zum Gebiet der Islamophobie,[42] sondern ist nach wie vor Ort des Ideologiekonfliktes zwischen Kommunismus und Antikommunismus.[43] Dieser Systemgegensatz ist jedoch nicht religiös begründet. Das bedeutet, dass die Religionen in Nordostasien tendenziell nicht gegeneinander, sondern nebeneinander leben. In Anlehnung an den Grundsatz „cuius regio, eius religio" wird die Religion innerhalb einer Familie häufig von den Mächtigen, bzw. den Ältesten bestimmt. Wenn zwei oder mehrere Religionen oder Konfessionen in ein und derselben Familie existieren, führt dies sehr häufig zu Konflikten und Spannungen. Deshalb wird eine einheitliche religiöse Zugehörigkeit innerhalb einer Familie bevorzugt.

Wie in vielen Ländern im globalen Süden, wo die traditionelle Religiosität stark im Bewusstsein, wie auch im Unbewussten des Volkes verankert ist, werden religiöse Fragen nach wie vor engagiert öffentlich verhandelt. Dabei geht es z.B. darum, wie das Evangelium innerhalb des traditionellen religiösen Verständnisses als transformierende Kraft wirkt, wie das Evangelium den Platz

41 Die Betonung der Gemeinschaft ist in dem Sinne kein Allheilmittel, während die Individualisierung der westlich orientierten Gesellschaft auch nicht als absolutes Übel angesehen werden darf. Am Gemeingut orientierte Individualisierung ist jedoch besser als abgegrenzte Gemeinschaft gegenüber dem Anderssein. Über die Exklusivität und den Gruppenegoismus des Konfuzianismus und deren Einfluss auf das Christentum. Vgl. Younghoon Lee, The Holy Spirit Movement in Korea. Its Historical and Theological Development, Oxford, 2009, 18.

42 Der Geist des Kalten Krieges setzt sich fort in Gestalt der Islamophobie. Sobald man sich selbst verabsolutiert, werden die anderen als Gottesgegner oder Dämonen abgestempelt.

43 Vgl. Jan Milic Lochman, Die Bedeutung geschichtlicher Ereignisse für ethische Entscheidungen, Zürich, 1963, 17.

der traditionellen religiösen Werte einnimmt oder wie sich das Evangelium mit diesen Religionen auseinandersetzt.

4.1 Erweiterung des Horizonts

Der Nachfolger von Yonggi Cho in der Pfingstkirche Yoido Full Gospel Church in Korea macht folgende Beobachtung im Vergleich zur Minjung[44]-Theologie: „Die theologische Bewegung Minjung kümmert sich auch um die Armen und die Unterdrückten. Aber die sozialen Aktivitäten der Minjung Bewegung und der Yoido Full Gospel Church sind sehr verschieden voneinander. Die erste hat als Schwerpunkt soziale Partizipation und gesellschaftliche Reformen wie die Befreiungsbewegung, während die Yoido Full Gospel Church sich mehr auf karitative Arbeit und Almosen für die Armen konzentriert."[45]

Mit der Minjung-Theologie, die in den 70er Jahren unter der Diktatur als eine Spielart der Befreiungstheologie entstanden ist, wurde ein Stück koreanische Theologie auf der Weltbühne vorgestellt. Wortwörtlich übersetzt heißt Minjung Masse und Menschen. Doch im Land selbst hat sie sehr wenig Echo hervorgerufen. Sie hat die Stimme des Minjung zwar vertreten, aber die Minjung selbst hat nicht die Minjung-Theologie gewählt, sondern die Theologie der Prosperität der Pfingstbewegung. Es ist der Minjung-Theologie nicht gelungen, eine Sprache zu gebrauchen, welche die einfachen Christen im Lande selbst repräsentiert. Diese Aufgabe haben die Pfingstgemeinden übernommen und besser erfüllt, weil sie die schlichte Sprache des Volkes antizipiert haben und auf diese Weise Trost und Ermutigung spenden konnten. Ihre Beteiligung am alltagsbezogenen Dialog geht in vielen Fällen tatsächlich aus den praktischen Tätigkeiten und Notwendigkeiten hervor. Es geht ihnen also nicht um die Entwicklung abstrakter Theorien. Der Glaube an die Heilige Geisteskraft als Stellvertreterin, als Trösterin oder Anwältin (Joh 14,16) ist in

44 Abgeleitet aus den biblischen Begriffen ochlos (griech. Menschenmenge, Masse) und am haaretz (hebr. Landbevölkerung). Zu Minjung-Theologie, vgl. Volker Küster, A Protestant theology of passion: Korean Minjung theology revisited, (Leiden: Brill), 2010.

45 Übersetzung auf Deutsch von Meehyun Chung, "The Minjung theology movement also is concerned about the poor and the oppressed. However, the social activities of the Minjung movement and the Yoido Full Gospel Church are quite different. The former focuses on social participation and the reform of society like the liberation movement, while the Yoido Full Gospel Church is more concerned about charity and the direct relief for the poor." Vgl. Younghoon Lee, The Holy Spirit Movement in Korea. Its Historical and Theological Development, Oxford, 2009, 115.

den Pfingstgemeinden sehr stark verankert. Dieser Beistand gibt ihnen das Gefühl, nicht verwaist zu sein. Während der Gefahren des Alltags eine schützende Kraft bei sich zu wissen, ist sehr wichtig.

Die Pfingstbewegung bedient sich der Methode, materiell Arme mit hoffnungsweckenden Worten anzulocken. Dabei werden die sozio-ökonomischen Bedingungen, sozio-politische strukturelle Erkenntnisse und die strukturelle Sünde der Gesellschaft häufig außer Acht gelassen. Die Beziehung zu Gott wird eine rein private Angelegenheit oder höchstens auf eine Angelegenheit der eigenen Denomination reduziert.[46] Daher ist der Blick auf die gesamte Ökumene und Gesellschaft getrübt. Wie beim Stammesdenken ist die Konzentration auf die eigene Kirche und die eigene Denomination weit verbreitet.

Zungenreden, Erlösung, Heilung und Prosperität sind einige Leitbegriffe und Merkmale der Pfingstgemeinden. Damit wird die innere Gemeinschaft gestärkt. Diese Merkmale können aber gleichzeitig bewirken, dass man sich von anderen Gruppen abgrenzt, wenn sie diesen Kriterien nicht entsprechen. Anders ausgedrückt: Das Fehlen von Zungenreden, Ungewissheit über die eigene Erlösung, Krankheit, Armut usw. können als Mangel an Glauben ausgelegt werden und die Betroffenen anprangern. So sind denn auch Beziehungen nach außen und das Interesse an Entwicklungen und Glaubensverständnissen außerhalb der eigenen Gemeinschaft nur in abgeschwächter Form vorhanden. D.h. die Dimension der grenzüberschreitenden Ökumene muss erweitert werden.

4.2 Auseinandersetzung mit dem Bösen

Die Auseinandersetzung mit dem Bösen ist ein gemeinsames Merkmal des Schamanismus und der Pfingstbewegung. Das Böse hat in der Pfingstbewegung größeres Gewicht als in anderen christlichen Denominationen. Daher spielen Exorzismen bei ihnen eine große Rolle. Aber alle Schuld „dem Bösen", „personifizierten Mächten des Bösen" oder „Satan" zuzuschieben, ist eine bequeme Methode, dem Ursprung der Schuld nicht auf den Grund gehen zu müssen. Vom Bösen zu sprechen ist unangenehm. Darum will man bzw. frau sich davon fernhalten.[47] Aber das Böse ist eine Realität, ob Menschen absicht-

46 Vgl. Meehyun Chung, Weaving the Web of Knowledge and Empowerment. With special Reference to Jan Amos Comenius, in: Theologische Zeitschrift. Reconciliation and Transformation. Ed. by Meehyun Chung (et.al). Basel, 2009, 168f.

47 Karl Barth macht ebenfalls deutlich, dass die Rede vom Bösen eher vermieden wird. Vgl. Karl

lich oder unabsichtlich, bewusst oder unwissentlich Böses tun; ob Menschen es in sich oder in den Systemen erkennen oder nicht.

Die Heilige Geisteskraft könnte in diesem Zusammenhang von Bedeutung sein. Obwohl beide Seiten dies bestreiten, können gewisse Erscheinungen des Schamanismus mit Phänomenen der pfingstkirchlichen Bewegung verglichen werden. Es gibt eine gewisse Affinität zwischen beiden, z.B. im Glauben an eine übernatürliche Kraft, im Hinblick auf die Existenz des Bösen und der Dämonen sowie bei der Bedeutung von Heilungen. Darin liegt ihr gemeinsames Fundament. Die Methode diese Macht darzustellen ist allerdings äußerlich verschieden. Durch das Gebet kann Satans Macht neutralisiert werden. Durch schamanistischen Rituale können die Dinge in harmlose Gegenstände zurückverwandelt werden.

Es ist jedoch wichtig, das strukturell Böse beim Namen zu nennen und ihm entgegenzutreten. Wie aber lässt es sich umschreiben? Carter Heyward sagt, das Böse sei als Verrat der Gegenseitigkeit zu verstehen.[48] Mit Recht betont sie „Gott als Beziehungskraft“ in Anlehnung an die kappadokischen Kirchenväter. Diese Dimension der Gottheit wird in der patriarchalisierten, wie auch in der matriarchalisierten Theologie verweigert und ignoriert. „Das Patriarchat ist ein System sozialer Kontrolle und somit ein Beziehungssystem ohne Gegenseitigkeit, weshalb Liebe und Patriarchat unvereinbar sind. Liebe ist gegenseitige Beziehung. Das Patriarchat ist seine autoritäre Antithese, die keine Gegenseitigkeit tolerieren kann, außer in Angelegenheiten, die als trivial und folgenlos erachtet werden können wie Frauenarbeit und Kinderspiel.“[49] Mary Daly schlägt die Macht der Schwesterlichkeit als alternative Macht und als Gegeninstanz zum Patriarchat vor. „Die Macht der Schwesterlichkeit ist keine Kriegsmacht. Es gibt Konflikte, und es wird sie immer geben, aber die letzte Ursache wirkt nicht durch Konflikte, sondern durch Anziehung. Nicht durch die Anziehung eines großen Magneten, der überall ist, sondern durch die schöpferische Anziehungskraft des Guten, welches das sich selbst mitteilende Sein und das ‚Verb‘ ist, aus dem, in dem und mit dem alle wahren Bewegungen sich entfalten.“[50] Ivone Gebara problematisiert in ihrer Erläuterung über das

Barth, Die Kirchliche Dogmatik, IV/3, 299ff.

48 Carter Heyward, Jesus neu entwerfen. Die Macht der Liebe und der Gerechtigkeit, Luzern, 2006. 106ff.

49 Carter Heyward, a.a.O., 90.

50 Mary Daly, Jenseits von Gottvater Sohn und Co: Aufbruch zu einer Philosophie der Frauenbefreiung, München, 1980, 220.

Böse die Einseitigkeit der weißen Normativität. „Der Gender-Begriff, Kern einer neuen vorwiegend feministischen Hermeneutik, hat uns geholfen, die dualistische Sicht vom Menschen sowie eine bestimmte anthropologische Naivität zu überwinden, die den männlichen Teil der Menschheit als Norm für die gesamte Menschheit betrachtet. Er hat uns gezeigt, dass die Beziehungen zwischen männlich und weiblich, zwischen Männern und Frauen, die auf einem hierarchischen Verständnis der männlichen Vorherrschaft beruhen, ein kulturelles, soziales und politisches Konstrukt sind, das das Böse begünstigt und nährt."[51] Die verschiedenen Formen des Bösen müssen in ihrer Komplexität erfasst und unter Rücksicht auf die Verflochtenheit verschiedener Aspekte behandelt werden.

Das Sichtbarmachen des Bösen und die eigene Verflochtenheit mit diesem Bösen anzusprechen[52] heißt, diese unangenehme Dimension deutlicher zu machen. Man soll das Böse weder leugnen noch es ignorieren, sondern ihm mithilfe der Heiligen Geisteskraft ins Gesicht sehen und die Stirn bieten. „Dieser Geist ist unsere Macht in gegenseitiger Beziehung, durch die wir die Strukturen einer selbstbezogenen Spiritualität in Frage stellen können, weil sie immer damit einhergehen, dass wir im eigenen Verständnis von ‚Rechthaben' stecken bleiben."[53]

Die Pfingstbewegung brachte auch ökonomische Erneuerungen wie die Gütergemeinschaft mit sich (Apg 2,44f; 4,32ff). Sie bezieht sich auch auf soziopolitische Gerechtigkeit und lässt sich nicht in die Geisteserlebnisse des privaten Bereiches einpassen. „Der Heilige Geist ermuntert und befähigt uns, in gegenseitiger Verbundenheit mit anderen Geschöpfen zu leben."[54] Die Praxis des Exorzismus in der Pfingstbewegung könnte also eine Gelegenheit sein, sich mit dem Bösen der eigenen Gesellschaft und der Weltgemeinschaft auseinanderzusetzen.[55]

51 Ivone Gebara, Die dunkle Seite Gottes. Wie Frauen das Böse erfahren, Freiburg i.Br., 2000, 218.

52 Carter Heyward, a.a.O., 140ff.

53 Carther Heyward, a.a.O., 24.

54 Vgl. Meehyun Chung, Gender und Entwicklungspolitik, in: Theologie und Geschlecht. Dialoge querbeet, hrsg. von Heike Walz (et.al.), Berlin, 2008, 264.

55 Aus verschiedenen Gründen könnten die beiden Blumhardt hier wichtige Impulse geben. Sie waren auch Teil einer charismatischen Bewegung und haben Heilungen bewirkt. Sie haben die Dimension des individuell-materiellen Segens gekannt, aber auch die soziale gesellschaftliche Verpflichtung unterstrichen. Heilung der Gesellschaft und der Struktur durch das Wirken und die Kraft des Heiligen Geistes, so könnte man sagen. Diese Komponente könnte auch von der feministischen Theologie her ohne weiteres aufgenommen werden. Es ist nach wie vor sehr wichtig, gesellschaftliche Erneuerung, Transformation und soziales Engagement zu ermöglichen. Aber der

4.3 Die Transformation durch versöhnte Vielfalt

Im Gegensatz zum Süden und Osten wird der Rationalität im Norden und Westen seit der Aufklärung große Bewertung beigemessen. Es ist nötig, in der westlich-nördlichen Welt der Entzauberung der Welt etwas entgegenzuhalten, während dies im Rest der Welt eher wenig betont zu werden braucht. Im ekklesiologischen Diskurs ist es ähnlich: Gerade die pfingstlerische Tendenz nimmt im Süden, im Osten und teilweise auch im Westen zu.

Merkmale dieser Tendenz sind die Intensität des Gebetes, die Vertrautheit mit spirituellen Erfahrungen und das Erlebnis der Begeisterung, das mit der Heiligen Geisteskraft und mit Erwartungen verbunden ist.[56] Dieses Erlebnis könnte zum Austausch von Erfahrungen beitragen und ein wechselseitiges Lernen ermöglichen. Dabei tritt zutage, dass die materiell Armen im globalen Süden nicht unbedingt spirituell arm sind und bei ihnen Fröhlichkeit und Dankbarkeit für die kleinen Dinge des Lebens stark ausgeprägt sind. Bei den materiell Reichen im globalen Norden ist das nicht immer der Fall. Die Begeisterung im Glauben dieser sogenannt „Unaufgeklärten“ könnte für die sogenannte „Überaufgeklärten“ ein Ansporn sein. Wie sich Begeisterung übertragen kann, beschreibt die Bibel an verschiedenen Stellen, zum Beispiel in Erzählungen vom Ostergeschehen (Joh 20,18) oder in der Erzählung von der Samaritanerin am Brunnen (Joh 4). Die Frauen ohne gesellschaftliche Anerkennung haben ihre Stimme erhoben und ihre Begeisterung verbreitet. Die Einfachheit und die spontan geäußerte Begeisterung, die positive Energien erzeugen und neues Leben bewirken können, stellen potenziell ein Heilmittel gegen eine depressive, negative Lebenseinstellung dar, welche die Folge der Überbetonung und Überbewertung des Rationalen ist.[57]

Wie der Schamanismus, der sowohl positive wie negative Momente in sich vereint, so sollte auch die Pfingstbewegung differenzierter eingeschätzt werden. Dabei könnte die Frage, ob die Pfingstkirchen zur Loslösung von der Schicksalsergebenheit beiträgt und zur christlichen Freiheit führt, das entscheidende Kriterium sein.

andere Aspekt des grundlegenden menschlichen Bedürfnisses sollte dabei nicht ignoriert werden. Über die Pneumatologie als Horizont Feministischer Theologie. Vgl. Lucia Scherzberg, Sünde und Gnade in der Feministischen Theologie, Mainz 1992, 241–246.

56 Außerdem kann man in der Pfingstgemeinde folgende positiven Aspekte wahrnehmen: optimistische, positive Einstellung, integrierte Denk- und Handlungsweise, beharrliche konstruktive Entfaltungsorientierung.

57 Vgl. Lutz Drescher, a.a.O., 287.

Ein wichtiges Merkmal des Pfingstlerischen ist die geistliche Beweglichkeit, die sich in mündlichen Zeugnissen und spontanen Äußerungen zeigt. Für das Kirche-Sein aber ist Kontinuität und Stabilität nach wie vor entscheidend.[58] Der institutionellen Kirche mit ihrer stark traditionellen Verankerung fehlt es aber an Beweglichkeit, sodass sie daran gehindert wird, neue Impulse für kontextuelle und situationsbezogene Veränderungen wahrzunehmen.[59] Dies ist die Schwäche der reinen Schriftlichkeit, die feste Formen in sich birgt, gegenüber der Mündlichkeit, die Lebendigkeit mit sich bringt. Wenn die institutionellen Kirchen in starren Dogmen und in einer nicht mehr hinterfragten Autorität verharren, dann werden sie zwar Stabilität und Tradition bewahren, aber dem Bedürfnis vieler Menschen nach Beweglichkeit und Lebendigkeit nicht gerecht werden.[60] Die westliche Schultheologie mit ihrer traditionellen Schriftkultur könnte von der alternativen Theologie des globalen Südens und ihrer mündlichen Kultur neue Impulse erhalten. „Übertragung und Aneignung des christlichen Glaubens“[61] ist dann möglich, wenn Offenheit besteht, ein Anderssein zu akzeptieren und durch eigene Reflexion zu verinnerlichen. So könnte der Austausch zwischen beiden Theologien für beiderseitig sehr bereichern.

Kirche-Sein sollte Wort und Tat, Geist und Handlung, Theorie und Praxis zugleich betonen, sollte die tiefe Verankerung in Jesus Christus einerseits und die Bereitschaft für Aktionen und Mobilität andererseits verbinden. Jede Institutionalisierung birgt die Gefahr der Erstarrung, des Verlusts von Rhythmus und Bewegung. Eine Kirche, die unterwegs ist, ist eine mobile Kirche. Die Heilige Geisteskraft ist Katalysator für diese Mobilität. Die Kirche kann also communio viatorum und als Segensgemeinschaft „wartend und pressierend“[62] auf dem Weg in das Reich Gottes unterwegs sein.

58 Es ist für die ekklesiologische Entwicklung wichtig, die Harmonie zwischen der paulinischen, petrinischen und johanneischen Linie herzustellen. Während die paulinische und die petrinische Linie in der etablierten Kirche relativ gut vertreten sind, ist die johanneische Linie, die tendenziell als östlich und weiblich empfunden wird, schwach. Diese johanneische Linie hat – im Vergleich mit den anderen beiden Linien – mehr mit integrierter Denkweise zu tun; in den etablierten Kirchen wird sie jedoch eher wenig geschätzt.

59 Vgl. Veli-Matti Kärkkäinen, Pneumatology: the Holy Spirit in ecumenical, international and contextual perspective, Grand Rapids/Michigan, 2002, 72.

60 Vgl. das Kap. Das Geschrei der Stummen hören.

61 „The transmission and appropriation of the christian faith.“ Andrew F. Walls, The Cross-cultural Process in Christian History. Studies in the Transmission and Appropriation of Faith, Maryknoll N.Y., 2002, ix.

62 Vgl. Aus einer Predigt des jüngeren Blumhardt in Bad Boll unter Verweis auf die Initialen des Königspaares am Kurhaus: W(ilhelm) und P(auline). Bei der Geschichte um W und P handelt es

Das Pfingstereignis leugnet die Vielfalt nicht und nimmt die Peripherie ernst.[63] Die Heilige Geisteskraft will sogar Vielfalt. Sie „… ermöglicht, die Fremdheit des Anderen zu akzeptieren, die fremden Sprachen zu verstehen [… und] setzt die Menschen in Bewegung zum anderen, zum Fremden.“[64] Die Erkenntnis der Vielschichtigkeit und der Vielfalt der Inspiration und der Kommunikation sind wichtige Merkmale dieses Vorgangs. Unterschiedlichkeit innerhalb der Einheit ist möglich. Versöhnte Vielfalt unterscheidet sich von einer homogenen, künstlichen Einheit.[65]

Die Globalisierung tendiert zu erzwungener Einheit und Einheitlichkeit, die vom Zentrum aus von Mächtigen und Großen in Gang gesetzt wird. Verschiedenheiten werden ausgeblendet. Die periphere Sphäre, in der sich die Schwachen und Unterdrückten befinden, wird dadurch kontinuierlich geschwächt. Um dieser Entwicklung entgegenzuwirken, ist es notwendig, Gegenseitigkeit und Aufeinanderangewiesen-Sein zu betonen.[66]

---

sich um die Ansprache, die Friedrich Zündel bei der Tauffeier für Johann Georg Blumhardt, den Sohn von Christoph Blumhardt (Sohn), am 1.11.1885 gehalten und die Christoph Blumhardt nach Zündels Tod in seinen „Vertraulichen Blättern“ (1891, Nr. 5) mitgeteilt hat. Die Ansprache ist wieder abgedruckt in: Christoph Blumhardt und Friedrich Zündel über Johann Christoph Blumhardt, hrsg. von Robert Lejeune, Zürich, 1969, 51–55. So sei unsere Haltung zum einbrechenden Reich Gottes, wir erwarten es „wartend und pressierend“, d.h. beschleunigend durch Glaubensgehorsam.

63 Es gab viele Sprachen, welche die Apostel im Pfingstereignis sprachen, nicht nur die Hauptsprachen, griechisch und hebräisch usw.

64 Theo Sundermeier, Den Fremden verstehen. Eine praktische Hermeneutik, Göttingen, 1996, 211.

65 Vgl. dazu auch: Manuela Kalsky, Christaphanien: die Re-vision der Christologie aus der Sicht von Frauen in unterschiedlichen Kulturen, Gütersloh, 2000, 327. „An die Stelle einer totalitären Auffassung von Universalität, die auf der Verabsolutierung der eigenen Partikularität zugunsten eines einheitlichen Ganzen beruht, tritt die Suche nach einer auf Begegnung hin angelegten interaktiven Universalität, die die Vielfalt und die Opazität der Anderen zulässt und die damit verbundenen Differenzen und Dissonanzen zum Ausgangspunkt der gemeinsamen Reflexion und Praxis macht.“

66 Während Religionen im individuellen und persönlichen Bereich nach wie vor eine gewisse Bedeutung haben, ist das Interesse an religiösen Institutionen, jedenfalls in der westlichen Gesellschaft kleiner geworden. Die Gefahr der Konzentration auf das Individuum ohne Kontakt zu anderen nimmt beständig zu. Das chinesische Schriftzeichen für Mensch heißt Ingan (人間) und bedeutet gegenseitige Unterstützung und Austausch von Gefälligkeiten. Gegenseitigkeit und Mit- und Aufeinanderangewiesen-Sein werden im Asiatischen besonders betont.

Auch die Ekklesiologie soll auf dem Aufeinanderangewiesen-Sein zwischen Mensch und Mensch in der Vielfalt basieren. Eine Mission, die diese mobilisierende Kernaufgabe wahrnimmt, kann im 21. Jh. dazu beitragen, voneinander zu lernen, das Wort Gottes wie andere Menschen aus anderem Kontext und aus anderen Kulturen zu verstehen, sich gegenseitig zu achten und die Verbindung untereinander zu stärken.

5 Schlussfolgerungen

In Übereinkunft mit der feministischen Tradition lässt sich formulieren: Die Heilige Geisteskraft wirkt in uns, mit uns, durch uns und durch unsere Füße und Hände. „Der Geist, der über der Schöpfung weht, der Eine, der die Mächtigen von ihren Thronen stürzt, dieser Gott ist die Bewegung, die uns alle und die ganze Schöpfung verbindet, durch alles, was war und sein wird, jetzt und ewiglich. Diese Energie für Gerechtigkeit und Mitleiden durchdringt uns in allen Richtungen, nimmt uns mit sich, überschreitet Grenzen – springt über zwischen uns, verbindet alle mit allem, wo immer sie fliesst, heute und immer."[67]

Die Pfingstbewegung in Korea hat dazu beigetragen, Glauben als gelebte Praxis zu fördern, damit dieser kein abstraktes Konstrukt bleibt. Die Pfingstbewegung ist in der Lebenswirklichkeit vieler Menschen verankert. Sie nimmt sich der Heilung sowie dem materiellen und seelischen Wohl an. Allerdings muss sie ihr Bemühen von der privaten Sphäre auf die soziale, gemeinschaftliche ausdehnen. Sie muss sich der Frage stellen, inwieweit ihre gesellschaftlich transformierende Kraft für Veränderungen und Versöhnung dienlich werden könnte, v.a. im Hinblick die durch Ideologiekonflikte verursachten offenen Wunden, mit denen die koreanische Gemeinschaft immer noch zu kämpfen hat. Die Überbewertung der Theologie der Prosperität innerhalb der Pfingstbewegung muss mithilfe der Heiligen Geisteskraft durch eine Neuentdeckung der sozialen Verantwortung ausgeglichen werden, um eine erneuerte Pfingstbewegung entstehen zu lassen.

67 Carter Heyward, Jesus neu entwerfen. Die Macht der Liebe und der Gerechtigkeit, Luzern, 2006, 85.

Anregung für eine ganzheitliche Ekklesiologie[1]

1 Einführung

Während meines Auslandstudiums in den 80er Jahren habe ich zum ersten Mal entdeckt, dass es protestantische Diakonische Werke gibt. Zu einem solchen Werk gehört eine protestantische Schwestergemeinschaft in Riehen, einem Vorort von Basel in der Schweiz, wo ich zu jener Zeit studierte. Ich war überrascht, als ich diesen Ort entdeckte, weil ich zuvor gedacht hatte, es gäbe nur katholische Nonnenklöster. Aber es war tatsächlich eine protestantische Schwestergemeinschaft, die einem katholischen Kloster ähnelte, sich aber von ihr unterschied. Was mich überdies überraschte, war, dass diese Schwesterordensgemeinschaft vollständig aus Frauen zusammengesetzt war, unter ihnen einige ausgebildete Theologinnen. Und obwohl die Oberin Doktorin der Theologie war, gab es zwei männliche Pfarrer, die mit der Verkündigung des Wortes und des liturgischen Dienstes beauftragt waren.[2]

Die erste Überraschung, diesen mir unüblichen Ort gefunden zu haben, verwandelte sich in wohlwollende Zustimmung, während eine weitere in bitterer Enttäuschung mündete, da eine gewisse alte kirchliche Struktur überlebt hatte, die eher an ein katholisches Frauenkloster erinnerte. Die Regeln dieser protestantischen Kommunität waren nicht extrem streng und vor allem offen zur Gesellschaft hin. Zu meiner Frustration waren die Frauen jedoch beim Dienst der Wortverkündigung auf der Kanzel nicht so aktiv, wie sie es hätten sein können.

Anscheinend wurde ich Zeugin eines Widerspruchs und einer Begrenzung wie ich sie aus Korea kenne, wo es ebenfalls extrem schwierig ist, eine weibliche Pfarrerin in einer städtischen Gemeinde zu finden. Dies ist nicht nur in den meisten koreanischen Kirchen so, in denen ungefähr siebzig Prozent der

1 Dieser Aufsatz ist geschrieben auf der Basis eines Textes: Meehyun Chung, Korean Feminist Ecclesiology: A Wholistic Approach, in: Madang, International Journal of Contextual Theology in East Asia, Vol. 5, 2006, 83–104.

2 Das war meine Erfahrung in den 80er Jahren. Aber mittlerweile hat sich die Situation auch dort geändert. Gegenwärtig erlebe ich diesbezüglich bei den Diakonissen in Riehen viele weitere Veränderungen.

Mitglieder weiblich sind, sondern auch in den christlichen Universitäten, welche behaupten, dass sie Verständnis für die feministische Theologie oder den Feminismus hätten.

Es ist für Theologinnen des 21. Jahrhunderts in Korea immer noch sehr schwierig, obwohl die Pfarrerinnen in koreanischen Kirchen theoretisch zugelassen sind. Trotzdem sind sie doch nicht wirklich in das geistliche Amt integriert. Deshalb möchte ich hier auf eine ganzheitliche Ekklesiologie der feministischen Theologie eingehen.

Warum ist der Weg beschwerlich? Die Antwort lautet, dass manche der als Alternativen deklarierten Vorschläge bis heute auf viele Schwierigkeiten stießen, was die praktische Akzeptanz in den heutigen etablierten Kirchen angeht. Eine akzeptierte Alternative mag also eigene Widersprüche und Begrenzungen haben, wie die oben erwähnte protestantische Schwesterngemeinschaft zeigt.

Dennoch will ich versuchen, ein Bild einer Kirche zu entwerfen, das mit der feministischen Theologie weiterentwickelt werden kann.

2 Theologische Dimension

2.1 Kerygma, Koinonia, Diakonia und Didache

Es gibt verschiedene Definitionen dafür, was eine kirchliche Gemeinschaft ist. Ich will sie als einen Ort definieren, wo das Wort Gottes verkündet wird (Kerygma), wo es die Gemeinschaft einer Gemeinde im Glauben gibt, in welcher die Sakramente geteilt werden (Koinonia), und wo die Dienste in der Gesellschaft (Diakonia) und die Bildung in der Kirche (Didache) geleistet werden.

Kirchen können gesund und schön sein, wenn diese vier Faktoren zueinander in Harmonie und Ausgewogenheit stehen. Ich befürchte, dass in den koreanischen Kirchen diese Harmonie und Ausgewogenheit auseinanderzubrechen droht, wenn nur eine oder zwei dieser Faktoren hervorgehoben werden. Speziell aus der Perspektive der feministischen Theologie unterstützen und stärken diese Faktoren traditionelle biologische Rollenverteilung im hierarchischen Sinne. Traditionellerweise ist die Verkündigung des Wortes als Monopol des Mannes manifestiert.

Das Herz der christlichen Botschaft ist die Auferstehung. Der wichtigste Teil des christlichen Glaubens war stets zu verkündigen und zu feiern, dass „Jesus Christus Sieger ist, weil er Opfer ist" (victor quia victima). Frauen waren die ersten Zeuginnen der Auferstehung (Mt 28,1–10, Lk 24,1–12, Joh 20,11–18), doch trotzdem wurde schon in der neutestamentlichen Zeit der öffentliche Auftrag der Wortverkündigung den männlichen Jüngern übertragen. Es ist genügend darauf aufmerksam gemacht worden, dass Frauen, obwohl diese mehr als 70 Prozent der Gemeindemitglieder bildeten, sie dennoch vom Amt der Wortverkündigung ausgeschlossen waren.[3] Dies ist ein wichtiger Punkt, der theologisch und historisch betrachtet werden muss: Das Recht der Frauen und der Laien, das Wort zu verkünden.

Die europäischen Theologen haben die Reformation von Johannes Hus als „die erste Reformation"[4] bewertet. 100 Jahre vor Luthers Reformation waren ihre Inhalte gehaltvoller, da sie mit einem reformatorischen Geist beseelt waren, der in den unteren sozialen Schichten entstand. Nachdem Johannes Hus am 6. Juli 1415 durch das Konzil von Konstanz den Tod auf dem Scheiterhaufen erlitten hatte, gaben die Anhänger von Hus, Hussiten genannt, die Vier Artikel von Prag heraus.[5] Sie beinhalten:

1. Die freie Predigt des Wortes.
2. Beiderlei Gestalt bei der Kommunion für die Laien.
3. Die Armut der Kirchendiener und die Säkularisation des kirchlichen Besitzes.
4. Die Bestrafung von öffentlichen Verfehlungen einschließlich der Simonie.

Der erste und der zweite Artikel haben für mich besonderes Gewicht. Wenn das Wort frei von jedermann verkündigt werden kann, bedeutet dies für Laien und Frauen das uneingeschränkte Recht zu predigen. Es war der Wunsch der hussitischen Reformation, das Recht zu predigen für weibliche Laien öffentlich bekannt zu machen und anzuerkennen. Das war ein Grundstein für die Weiterentwicklung der Reformation durch Luther in Bezug auf das „allgemeine Priestertum".

3 Siehe Christian Women's Peace Research Center, Preaching that Women Want, Seoul, 1992.

4 Meehyun Chung, The First Reformation, in: Theological Thought, Seoul, Sep., 1996, 165–191.

5 Jan Milic Lochman, Living Heritage, übersetzt von Wonbae Kim und Meehyun Chung, Seoul, 1996, 66–71.

Es ist ebenso bemerkenswert, dass die hussitische Reformation dafür eintrat, dass Laien den Kelch der Eucharistie erhalten und dies tatsächlich in die Praxis umsetzte, obwohl der Kelch bis zu dieser Zeit als Privileg der Priester betrachtet wurde. Das Erbe der „Ersten Reformation" ist der Zweifel am Unterschied zwischen Priestern und Laien und die Betonung der Wichtigkeit der Laien. Dieses Erbe zieht die Aufmerksamkeit der feministischen Theologie auf sich.[6]

Das Problem der geteilten Hierarchie zwischen Klerikern und Laien wird häufig erwähnt, wenn über eine alternative Ekklesiologie der feministischen Theologie gesprochen wird. Karl Barth, ein reformierter Theologe, der von feministischen Theologinnen im Allgemeinen hart kritisiert worden ist, hat ebenfalls deutlich darauf hingewiesen.

Karl Barth beginnt mit der problematischen Definition der Laien. Nach ihm ist es eine sehr alte, aber schlechte Unterscheidung. „‚Laien' – und was dann noch? Hierarchie oder Theologen oder Priestertum … Also, das gibt es gar nicht. Ich bin auch ein Laie. ‚Laie' heißt einfach ‚ein dem Volk Zugehöriger'. Wir alle können nur dem Volk angehören. Ich meine jetzt: dem Volke Gottes, welches die ganze Menschheit umfasst. In diesem Volke Gottes stehen wir nebeneinander; der eine hat Theologie studiert und der andere nicht; aber deshalb ist auch der, welcher Theologie studiert hat und noch studiert, nichts besseres und anderes als auch nur eben Laie."[7]

In der Diskussion um die Perspektive einer feministischen Theologie der Ekklesiologie muss der konventionelle Klerikalismus mit Barths Ansicht korrigiert werden. Damit soll nicht die funktionale Unterscheidung zwischen Klerikern und Laien aufgehoben werden, aber ihr hierarchische Ursprung. Die Aufgaben von Klerikern und Laien im wechselseitigen Verstehen und im kirchlichen Dienst darf nicht von Beherrschung geprägt sein. Es ist heute nicht überall selbstverständlich, zu betonen, dass Frauen auch in der Lage sein müssen, das Evangelium zu verkünden. Wenn die Frauen bestrebt sind, sich

6 Es ist nicht allgemein gesichert, dass die hussitische Reformation als „erste Reformation" anerkannt wird. Im nicht-professionellen Sinn ist es im allgemeinen Gemeingut, dass die Reformation mit Luthers Reformation beginnt. Daher wird der deutsche Pietismus als „zweite Reformation" bezeichnet, in der Kirchengeschichte nach Luthers Reformation die Reformation der Reformation. Vor einiger Zeit bezeichnete die Times (23. 11. 1992) die Zustimmung zur Frauenordination in der Episcopal Church als die zweite Reformation. Auch hier wird Luthers Reformation als Beginn der Reformation betrachtet. In diesem Fall ist es nicht möglich, dass dieser in der hussitischen Reformation zu findende Aspekt, der besonders von der feministischen Theologie als wichtig für das theologische Erbe eingestuft wird, richtig zum Leuchten kommt.

7 Karl Barth, Letzte Zeugnisse, Zürich, 1969, 36.

anzupassen und dadurch eine Männerrolle einnehmen, so ist das nur ein biologischer Wechsel bzw. visuelle Abwechselung, aber keine inhaltliche Veränderung.

Es gibt zwei Arten der Bibelinterpretation, welche zusammen das Herz der Wortverkündigung bilden. Die eine ist die Eisegese, ein Übersetzungsvorgang, bei dem in den Text hineingelesen wird. Diese wird auch „zielstrebige Interpretation“ genannt. Die andere ist die Exegese, eine Übersetzungsmethode, aus dem Text heraus zu lesen. Das heißt, den Text selbst auszulegen.[8] Traditionellerweise ist die Bibel aus einer männlichen Perspektive heraus übersetzt worden. Frauen waren ausgeschlossen oder wurden zu Sünderinnen degradiert. Das führte zu einem negativen Stereotyp der Frau. Vom hierarchischen Blickwinkel aus betrachtet, konnte die Frauenrolle nur als eine dienende wahrgenommen werden. Dies ist eine Art der Eisegese, in welcher männliche Theologen und Pfarrer die Bibel gemäß ihren Absichten und Zielen interpretiert haben.

Der Interpretierende kann jedoch mit einem feministischen Blickwinkel umgekehrt dieselben Fehler machen. Dann ist er ebenfalls bloß auf die Dimension der Eisegese reduziert. Die biblische Übersetzungsmethode der feministischen Theologie muss Schutz beim reformierten Schriftprinzip suchen. Mit feministischer Perspektive soll das sozio-kontextuellen Umfeld der Bibel herauskristallisiert werden.[9]

Eine weitere wichtige Aufgabe der Kirche ist Dienst (Diakonia)[10] und Gemeinschaft (Koinonia).[11] Obwohl das Kirchenvolk weiß, dass dies zwei wichtige Aufgaben und Verantwortlichkeiten der Kirche sind, sind sie heute schwere

8 Vgl. Susanne Heine, Frauen der frühen Christenheit, Göttingen, 1986, 57f, 88.

9 Hier hat die sozialgeschichtliche Bibelauslegung, wie sie aus feministischer Sicht von Luise Schottroff ausgeübt wird, viele neue Erkenntnisse gebracht. Nur wenige Beispiele sind zu nennen. Vgl. Luise Schottroff/Dorothee Sölle, Jesus von Nazareth, München, 2002; Luise Schottroff, Lydias ungeduldige Schwestern. Feministische Sozialgeschichte des frühen Christentums, Gütersloh 1994; Luise Schottroff/Wolfgang Stegemann, Jesus von Nazareth – Hoffnung der Armen. Stuttgart, 1990.

10 Im Neuen Testament ist das Konzept des Dienstes vor allem verbunden mit dem Amtsverständnis. Als die ersten christlichen Gemeinden entstanden, wurde im Neuen Testament das Verständnis der geistlichen Ämter umgeändert in ein hierarchisches und monarchisches Verständnis, mit einigen Klerikern und der Mehrheit der Laien. Aber die Ämter müssen ihren Sinn durch das Vorbild erhalten, das Jesus für seine Jünger war. Jesus sagte ihnen, dass sie sein sollten wie ein Mann, der dem Volk dient (Mt 20,26, Mk 9, 35), nicht wie ein Herr, der sein Volk unterdrückt (Mt 20,25, Mk 10,42). Es muss beachtet werden, dass im Neuen Testament das Wort „Amt“ nie gebraucht wird im Sinne von herrschen, Ehre erlangen, Befehle geben. Das griechische Wort für Amt ist Dienst, diakonia.

11 Christian Women's Research Center, Peace-making People, No. 16, 1993, 46–90.

Lasten für einige Glieder der Kirche. Das ist problematisch.[12] Gewöhnlich sind die Frauen, welche üblicherweise mit Hausarbeiten beschäftigt sind, werktags sowie sonntags auch in der Kirche für ähnliche Dienste verantwortlich. Sie tragen eine doppelte Last, physische Arbeit zu Hause und in ihren Kirchen. Würden die Frauen diese Aufgaben nicht übernehmen, könnten koreanischen Kirchen ihren bisherigen Status nicht aufrechterhalten. Diese aufgezwungene Arbeit muss vermindert werden. Es müssen neue und differenzierte Wege gefunden werden, die noch üblichen gemeinsamen Mahlzeiten zu ersetzen, je nach Situation der einzelnen Kirche. Der Prozess der Demokratisierung muss in Übereinstimmung mit der Situation jeder Kirche getroffen werden und die Rollenverteilung in den Kirchen neu definiert werden.

Als Beispiele kirchlicher Erziehung (Didache), die eine wichtige Aufgabe darstellt, können hier Sonntagschulen und Bibelstudium für Erwachsenen erwähnt werden. Das Problem ist ein ähnliches wie bei der Verkündigung des Wortes. Das Bibelstudium wird abschätzig bewertet und richtet sich gewöhnlich gegen die Frauen. In Predigten oder Bibelstunden werden in den meisten Fällen Modelle von Frauen vorgestellt, die gehorsam dienen. Deshalb ist es aus der Perspektive der feministischen Theologie notwendig, die kirchliche Bildung generationsübergreifend zu erneuern.[13]

Unsere heutige Aufgabe ist, die vier erwähnten Faktoren in Einklang zu bringen und dazu beizutragen, dass die Kirche zu einer gesunden und gleichberechtigten Gemeinschaft wird, in der die Prinzipien des weiblichen Amtes in die Praxis umgesetzt und damit die traditionelle patriarchale Ämteraufteilung überwunden werden kann.[14]

---

12 Democratisation Conference of Church Females (for a sexual equal community in the church), Is the church community good enough?, 1995, 9–10.

13 „Was sollen wir tun mit der kirchlichen Bildung? Vorschau auf die kirchliche Bildung des 21. Jahrhunderts aus der Perspektive der Geschlechtergleichheit)", The Journal of Korean Feminist Theology, No 39, autumn, 1999. Diese ist nicht genau behandelt in Bezug auf die lokalen Kirchgemeinden, aber sie muss breit diskutiert werden in den geschlechtlich diskriminierten Strukturen der koreanischen theologischen Seminarien. Speziell zum Problem der Frauen, die ausgeschlossen werden von theologischer Bildung, Arbeitsstellen in Seminarien und Pfarreien, kann verwiesen werden auf Aae-young Kim, Feminist theology demanding the reformation of the Korean church, in: Feminist Theology and the Korean church, Seoul, 1997. 270–298.

14 Meekang Yang, A ministry seeking to overcome patriarchalism and put the feministic principles into practice, Possibilities of Female Ministry and its Dilemma (International Symposium of Female Ministry), ed. by Hanil Theological Seminary Christian General Institute, 1998, 38–55.

2.2 Kreative Spannung zwischen den petrinischen und johanneischen Traditionen

Zur Zeit der drei koreanischen Königreiche Koguryu, Baekje und Shilla fällte die römisch-katholische Kirche in ihrer Synode von Whitby (664 n. C.), Britannien, eine wichtige Entscheidung. Es ging um die zukünftige Richtung der westlichen Christenheit. Zwei Arten von Mission wurden diskutiert: Die eine war die keltische Mission, die in Johannes wurzelt, der beim letzten Mal in den Armen und Schoß Jesu dem Pulsschlag Gottes lauschte (Joh 13, 23).[15]

Der andere Weg ist derjenige der römisch-katholischen Kirche, die auf der besonderen Autorität von Petrus gegründet ist, zu dem Jesus sagte: „Und ich sage dir: Du bist Petrus, und auf diesen Felsen werde ich meine Kirche bauen, und die Tore des Totenreichs werden sie nicht überwältigen. Ich werde dir die Schlüssel des Himmelreichs geben, und was du auf Erden bindest, wird auch im Himmel gebunden sein, und was du auf Erden löst, wird auch im Himmel gelöst sein." (Mt 16,18–19).

Während der erste Weg das Gute der Schöpfung und die Gottebenbildlichkeit höher wertet als die Erbsünde, betont der zweite Weg die Sündhaftigkeit des Menschen und die Autorität der Kirche. Die keltische Mission, begründet auf der johanneischen Tradition, war von Iona ausgegangen und wurde eingeführt durch Aidan of Lindisfarne. Die römisch-katholische Mission jedoch, welche die Autorität des Petrus behauptet, ging von Rom aus.

Die Synode von Whitby legte das Gewicht auf letzteren, mit dem Resultat, dass künftig die Christenheit vom autoritären Missionsmuster der römisch-katholischen Kirche geprägt wurde. Der keltische Missionsweg wurde in der Geschichte geschwächt, verschwand aber nicht ganz. In der letzten Zeit tritt er häufig wieder in Erscheinung.

Der schottische Theologe J. P. Newell bemüht sich um die Wiederentdeckung der keltischen Spiritualität und er sagte über die Tragödie der Synode von Whitby: „Das tragische Ergebnis der Synode war nicht, dass sie die römische Mission gewählt hat, sondern dass sie weder Raum in der Kirche geschaffen hat für beide Wege, noch festgehalten hat, dass beide in der Tradition der Evangelien fest verwurzelt sind."[16]

Obwohl also beide Traditionen im Evangelium verwurzelt sind, hat nach dem Entscheid der Synode von Whitby die Geschichte der Christenheit die

15 Vgl. J. P. Newell, Listening for the Heartbeat of God. A Celtic Spirituality, New York, 1997.

16 Vgl. J. P. Newell, ibid, 94.

petrinische Tradition verstärkt und die johanneische vernachlässigt.[17] Während letztere sich auf Methoden der Meditation und Kontemplation konzentrierte, hat erstere positive Aktionen betont. Johannes und Petrus aber gingen beide zum leeren Grab Jesu und bezeugten seine Auferstehung. Diese beiden Apostel können als Gegenpart zu Maria und Martha betrachtet werden. Sie symbolisieren die Spannung zwischen Meditation und Aktion.[18]

Die Charakteristik der johanneischen Tradition ist die Sorge darüber zu wachen, dass Gott das ganze Leben umfasst. Sie will die verwandtschaftlichen Beziehungen innerhalb der ganzen Schöpfung betonen. Das Licht des Lebens existiert in jeder Kreatur, es ist nicht reduziert auf eine bestimmte Art oder Person. Nach J. P. Newell haben die Evangelien von Johannes und Matthäus, welche zur Grundlage der johanneischen und der petrinischen Tradition geworden sind, gefühlsmäßig verschiedene Vorgehensweisen.[19]

Ein Beispiel: Bei der Schilderung der Frau, welche das Öl über Jesus ausgießt, spricht das Johannesevangelium vom Geruch des Parfums und der intimen Handlung der Frau bei der Salbung und davon, wie sie Jesu Füße mit ihren Haaren trocknet. Dagegen berichtet das Matthäusevangelium von dieser Handlung ohne Gefühl und Intimität. Gefühle und eine positive Bewertung des Körpers und der Sexualität lassen sich im Johannesevangelium finden, während im Matthäusevangelium die Sündhaftigkeit dieser Aspekte betont wird.

Johannes und Petrus beschreiben verschiedene Arten, auf Gott zu hören. Dementsprechend zeigen sich in den Evangelien die jeweiligen Tendenzen. Während das Bild des Johannes kontemplativ ist, der in der Schöpfung und im Leben auf den Herzschlag Gottes horcht, hat Petrus das Image des extravertierten einigenden Menschen, in welchem sowohl Aktivitäten als auch die Autorität der Kirche gegründet sind. Beide Traditionen sind in der Bibel verwurzelt. Aber weil nur eine dieser beiden Missionswege von der Synode

17 Man hat herausgefunden, dass kirchliche Gebäude, welche die petrinische Tradition betonen, dem Volk das Gefühl von Stein-Architektur geben. Andererseits zielen Gebäude, welche die johanneische Tradition betonen, in ihrer Ausrichtung auf die Harmonie mit der Natur und durch die Verwendung von Holz auf ökologische Methoden.

18 Vgl. J.P. Newell, ibid, 95. In Wahrheit ist es schwierig zu sagen, Johannes sei der Lieblingsjünger, da es darüber unter den neutestamentlichen Gelehrten eine große Diskussion gibt. Dennoch ist die Tatsache wichtig, dass er der Repräsentant der johanneischen Gemeinde gewesen sein muss. Siehe die beiden Bücher über die Beziehung zwischen Petrus und dem Lieblingsjünger: Joonsuk Suh, Interpretation of the Gospels, Christian Literature Society of Korea, 1991, 265–88. Deugjoon Kim, Theology of John, Concordia, 1994, 189–203.

19 Vgl. J.P.Newell, ibid, 96.

von Whitby akzeptiert worden ist, hat dieser Scheideweg die Christenheit in fataler Weise beeinflusst. Wenn beide Wege in Betracht gezogen worden wären, hätte die zwischen den beiden existierende kreative Spannung eine positivere Wirkung erzeugt.

Der neutestamentliche Theologe Eduard Schweizer erläutert die Grundstruktur der johanneischen Theologie folgendermaßen: „Die Kirche, wie Johannes sie verstand, war völlig verschieden. Für Johannes waren auf einer höheren Stufe alle Ämter, Organisationen und Systeme gleichgültig. Für ihn gab es keinen separaten heiligen Ort. Er lässt den Heiligen Geist frei. Wer geistlich neu geboren ist, braucht nicht durch Gesetze und Regeln gebunden zu werden. Die johanneische Kirche besteht aus völlig freien Menschen, Menschen, die mit der Ausgiessung des Geistes leben und keine speziellen Ämter oder Institutionen brauchen.“[20]

Eine johanneische Gemeinde wie diese zeigt neues Kirchenmodell aus, welches im Gegensatz zur institutionalisierten und dogmatisierten Kirche und ihrer Betonung der hierarchischen Ordnung steht. Die Ekklesiologie der johanneischen Gemeinde schafft eine Alternative zum Klerikalismus der entstellten Kirche. Sie repräsentiert Anti-Institutionalismus, Anti-Autoritarismus und Anti-Formalismus, das heißt, dass niemand Sklave kirchlicher Ämter, von Systemen oder Institutionen sein soll.

Deshalb haben Erzählungen eine symbolische Bedeutung für die persönliche Beziehung zwischen Jesus Christus und seiner Gemeinde: Ein Hirt und die Schafe (Joh 10,7–16) oder ein Weinstock und die Schosse (Joh 15,1–17). Dabei lässt sich keine Unterscheidung durch Ämter oder Hierarchien erkennen, sondern die Gabe des Heiligen Geistes, die von der charismatischen Gemeinde betont wird. So bildet die johanneische Ekklesiologie einen wichtigen biblischen Bezugspunkt für eine alternative Ekklesiologie der feministischen Theologie. Zusätzlich bietet die johanneische Gemeinde die Möglichkeit, einer emotional fruchtenden Spiritualität, Jesus Christus mit dem Bild des Wassers zu verbinden, welches die wichtige Quelle des Lebens darstellt (Joh 4,14; 7,38).

Bis heute hat die christliche Tradition übermäßig die Sündhaftigkeit des menschlichen Wesens betont.[21] Heute aber müssen wir, wie Matthew Fox sagt,

20 Sookjung Ahn, „A woman who made the Johannine community come into being, John 4,1–30.39–42“, Peace-making People, No 21, Summer 1995, 54.

21 Vgl. Meehyun Chung, „Seeking Our Last Goodness. Unterstanding Pelagius in Relation to Celtic Spirituality“, in: Korean Journal of Systematic Theology, No 6, 2001, 213–236.

der „ursprünglichen Segnung“ mehr Sinn geben[22] als der ursprünglichen Sünde. Das bedeutet nicht, die Erbsünde selbst abzustreiten. Ich möchte damit allerdings auf Probleme der Geschichte der Kirche hinweisen, in der die Würde von Frau und Mann und sein ursprüngliches Gutes untergraben und Sündhaftigkeit betont wurde. Es ist ein Versuch wert, wiederzuentdecken, was wir verloren haben.

Die Beziehung zwischen Kirche und Staat trat nach der konstantinischen Wende in eine neue Phase. Die Tatsache, dass die Kirche Zugang zur Autorität des herrschenden Staates erlangte, bezweckte, dass die Kirche zu staatlichem Eigentum werden sollte.[23] Danach wurde der Christenheit die nationale römische Religion vom römischen Kaiser Theodosius aufgezwungen. Soweit die christliche Kirche sich im Reich konstituierte und entwickelte, wurde die christliche Theologie, welche die Sündhaftigkeit betonte, dazu missbraucht, das Volk arm und abhängig zu machen. So entstanden politische Verbindungen zwischen der Sündentheologie und politischen Autoritäten.

Wir sollten jedoch nicht bei den Lehren der institutionalisierten und mit den politischen Autoritäten verbundenen Kirche, sondern bei der ursprünglichen Ordnung Jesu Christi mit der Diskussion beginnen. Jesus Christus hat das Werk der Wiederherstellung und Versöhnung vollendet, indem er die Schöpfung in ihren ursprünglichen Zustand zurück verwandelt hat. „Wenn also jemand in Christus ist, dann ist das neue Schöpfung; das Alte ist vergangen, siehe, Neues ist geworden.“ (2Kor 5,17).

Die Geschichte des über die Frau herrschenden Mannes und die Geschichte des über die Natur herrschenden Menschen kann nicht das wahre Bild der Schöpfung sein. Deshalb müssen wir uns auf die Suche nach einer alternativen christlichen Gemeinschaft als Ergänzung zur petrinischen, die Sündhaftigkeit und die institutionellen Autoritäten bevorzugende Tradition, machen. Eine solche Ergänzung stellt die johanneische Tradition dar, die bisher in der Geschichte vernachlässigt worden ist. Aus der Perspektive der feministischen Theologie enthält sie viele innovative Aspekte, unter ihnen die lebendige Spiritualität.

22 M. Fox, Original Blessing. A Primer in Creation Spirituality, Santa Fe, 1983.

23 Vgl. Wolfgang Huber, Kirche, München, 2. Aufl. 1988, 142ff.

2.3 Vom Evangelium zum Gesetz

Ein koreanischer Autor, der eine Untersuchung durchführte, warum junge Menschen nicht in die Kirche gehen wollen, fand heraus, dass einer der Gründe war, dass sie in der Kirche im übertriebenen Maß als Sünder behandelt würden.[24]

Im Allgemeinen betonen die westlichen Kirchen die Gnade der Vergebung und der Auferstehung, während die koreanischen Kirchen ihr Hauptgewicht auf die Sündhaftigkeit und das Leiden unter dem Kreuz richten. Jede Seite hat ihre Berechtigung. Aber wenn die Kirchen durch die Betonung der Sündhaftigkeit und strikte Befolgung des Gesetzes die Autonomie des Volkes unterdrücken und mit Angst quälen, statt Frohe Botschaft des Evangeliums zu verkünden, muss etwas geändert werden.

Gemäß dem Alten Testament gibt es drei Arten von Gesetzen:[25] Das rituelle Gesetz des Alten Testaments, das Strafgesetz des Alten Testamens und das moralische Gesetz des Alten Testaments.

Wir sind heutzutage verbunden mit dem dritten, dem moralischen Gesetz – den Zehn Geboten. Die Aufgabe dieses Gesetzes kann in drei Kategorien unterteilt werden: Zuerst der politische Gebrauch des Gesetzes, welches die Aufgabe hat, Sünden zu verhindern. Dies funktioniert wie ein äußerliches Zwangswerkzeug oder eine Schranke. Zweitens gibt es den erzieherischen oder überzeugenden Gebrauch des Gesetzes, durch welchen Menschen ihrer Sünden bewusst werden. Drittens gibt es den didaktischen Gebrauch des Gesetzes, welches zur Lebensregel des Wiedergeborenen wird.

Der erste und zweite Gebrauch des Gesetzes wurde von der lutherischen Kirche betont, welche das Evangelium vom Gesetz her versteht. Der dritte Gebrauch des Gesetzes wurde von der reformierten Kirche betont, welche das Gesetz vom Evangelium her versteht.

Nach dem reformierten Verständnis verhält es sich folgendermaßen: Wer auf die durch Jesus Christus zum Blühen gebrachte Frohe Botschaft vertraut, wird das Gesetz befolgen, welches zum Meilenstein seines Lebens wird. Es hilft ihm, den rechten Weg einzuschlagen. Deshalb kann das Gesetz nicht so betrachtet werden, als sei es Voraussetzung oder Werkzeug des Evangeliums, sondern muss als eine Regel verstanden werden, welche nach Verkündigung des Evangeliums befolgt werden kann. Es geht nicht darum, durch das ver-

24 Manjae Lee, 77 Reasons not Willing to Go to Church, Seoul, 1997, 172–74.

25 Horst G. Pöhlmann, Abriss der Dogmatik, Gütersloh, 1985, 43f.

bindliche Gesetz den Feiertag zu halten oder den Zehnten zu geben. Durch das Evangelium wird das Volk zur Danksagung, zum Gotteslob, zur Anbetung und zum freiwilligen Geben angeleitet.

Ein materieller Klerikalismus entwickelt eine starke Tendenz, durch die Betonung des Gesetzes die Menschen an die Autorität der Kirche zu binden, anstatt die Freude und Freiheit des Evangeliums zu verbreiten. Diese Haltung kann durch die feministische Theologie geändert werden, indem sie das Gesetz unter dem Vorrang des Evangeliums betrachtet.[26]

3 Die äußere Gestaltung der Kirche

Eine alternative Ekklesiologie der feministischen Theologie anregend, möchte ich einige Vorschläge zum Kirchenbau vornehmen. Das kann eine Möglichkeit sein, Erkenntnisse der feministischen Theologie praktisch umzusetzen, auch wenn er äußere Dinge betrifft.[27]

3.1 Akzeptanz von koreanischer Architekturästhetik in kirchlichen Gebäuden

Die Architektur ist sowohl das überzeugendste symbolische Raummedium als auch ein System, mit der die spirituelle Welt konkretisiert und Erkenntnisse mithilfe von Symbolen übersetzt werden können.[28]

Leider hat sich in der Architektur der meisten koreanischen Kirchengebäude die vorherrschende Verwüstung der modernen Zivilisation manifestiert.[29]

Die meisten koreanischen Kirchen sind eine grobe Imitation westlicher Gebäuden. Die meisten der durch ihre prachtvolle architektonische Schönheit

26 Vgl. K. Barth, Evangelium und Gesetz (1935), in: Gesetz und Evangelium. Beiträge zur gegenwärtigen Diskussion, hrsg. von E. Kinder und K. Haendler , WdF 142, Darmstadt, 1968, 1–29.

27 Um eine Kirche für die örtliche Bevölkerung und Gesellschaft zu sein, müssen die koreanischen Kirchen sich ändern von einer Kirche, die dem Pfarrer nachfolgt, zu einer Gemeindekirche. Bedingt durch die weite Entfernung vom Wohnort zur Kirche ist es für das Kirchenvolk schwierig, eine Vertrautheit zur Gegend zu bekommen, in der das Kirchengebäude lokalisiert ist. Außerdem sind die Kosten, die Energie und die benötigte Zeit zur Fortbewegung zu teuer. Es ist ähnlich vergleichbar mit Freikirche im deutschsprachigen Raum, wobei ein gewisser Personenkult eine wichtige Rolle spielt. Das ist gerade das Gegenteil vom europäischen Parochial System der landeskirchlichen Gemeinden.

28 Sukjae Rhim, Material Civilization and the Role of the Classics, Seoul, 2000, 87.

29 ibid, 85–100.

berühmten kirchlichen Gebäude in Europa, sind im Mittelalter während langen Bauzeiten erbaut und durch fortlaufende Reparaturen erhalten worden und strahlen den Geist des Westens aus. Wir waren närrisch genug, die westliche christliche Kultur filterlos zu rezipieren. Dies spiegelt sich sogleich in der architektonischen Kultur der koreanischen Kirchen wider. Konsequenterweise wurden die in der Form des traditionellen koreanischen Hauses geformten Gebäude gern als buddhistischen Tempel oder als Schrein betrachtet, nicht als Kirchen. Deshalb ist es extrem schwierig, eine Kirche zu finden, die gemäß der traditionellen koreanischen Gebäudeform errichtet wurde.

Aber wenn es künftig um den Bau von kirchlichen Gebäuden geht, muss eine in die Zukunft gerichtete Kirche sich am koreanischen Gefühl und Geist und der Harmonie mit der Natur anlehnen. „Einige behaupten, dass sogar der Versuch selber, die Religion des Christentums mit der östlichen Verschwommenheit zu mischen, erfolglos sei. Aber der Versuch, zwei unvereinbare Faktoren zu mischen, kann als ursprüngliche Idee verstanden werden. In diesem Sinne ist es ein zweischneidiges Schwert."[30]

Natürlich trete ich nicht dafür ein, dass wir bedingungslos den traditionellen koreanischen architektonischen Vorbildern zustimmen. Seit der Zeit der Chosun-Dynastie ist zum Beispiel der traditionelle koreanische Baustil durch den Konfuzianismus beeinflusst worden. Er hat sich zusammen mit konfuzianischen Faktoren, konfuzianischem Patriarchalismus, hierarchischer Ordnung und Hierarchie gegenüber den weiblichen Familienmitgliedern entwickelt. Wie bereits erwähnt, enthalten einige von ihnen negative Elemente, die es zu überwinden gilt. Ich denke, wir sollten die alte architektonische Ästhetik mit der Wirkung der westlichen Architektur kombinieren und so religiöse Geheimnisse mit der für unsere lokalen Gemeinden alltäglichen Nutzbarkeit harmonisch zusammenführen. In dieser neuen Art und Weise sollte kirchliche Architektur den Versuch weiterverfolgen, beide Symboliken zu realisieren sowie das religiöse Geheimnis und die alltägliche Nutzbarkeit zu bewahren.[31]

30 Sukjae Rhim, Discussion of the Korean Abstraction, Seoul, 2000,162.

31 Sukjae Rhim, Criticisme of the Korean Contemporary Architecture – the stay of postindustrial society and contemporary architecture, Seoul, 1998, 53–67; Sukjae Rhim, Our old architecture meets Western architecture, Seoul, 1999.

3.2 Symbolik des Maru (Wohnraum in Korea)

Wenn ich sagen soll, was vergleichbar dem von Letty M. Russell in der Kirche als „Hothouse“[32] erwähnten Symbol sei, würde ich das koreanische „Maru“ benutzen. Ein traditionelles koreanisches Haus enthält eine existentielle Sicht des Raumes, die sich selbst, inklusive seines umgebenden Raumes, als vollständigen Mikrokosmos betrachtet. Es hat also eine offene Struktur für den Raum des gemeinsamen Lebens. Das Gewicht liegt eher auf dem Konzept der Gemeinschaft als auf dem des persönlichen Besitzes oder des individuellen Bewusstseins. Anders als der westliche architektonische Stil, der strikt mit Wänden oder Türen trennt, ist das Maru sehr offen und durch eine flexible Tür (Jangji door) situationsbedingt nutzbar. Ein traditionelles koreanisches Haus verwendet den „Maru“ (Wohnraum) und den „Ondol“ (warmer Fußboden) als natürliche Regelung der Temperatur, um sowohl bei kaltem als auch warmem Wetter verwendbar zu sein.

Das „Maru“ bringt eine offene südliche Kultur zum Ausdruck, das „Ondol“ hingegen eine geschlossene nördliche Kultur. Speziell das „Maru“ ist der Ort, wo Mensch und Gott, Person und Person, Mensch und Natur zusammen kommen. Das „Maru“ war der Begegnungsort von Gott und Mensch, wo früher Hausgottesdienste gefeiert und Familienfeste wie Hochzeiten oder Beerdigungen stattfanden. Außerdem übernimmt das „Maru“ die vermittelnde Rolle zwischen Personen, indem es den Hauptraum, den Schlafraum und den Gästeraum verbindet. Das „Maru“ ist auch Begegnungsort von Mensch und Natur, da es offen zum „Madang“ (Hof) ist.[33]

Wie wir sehen, besetzte das „Maru“ das Zentrum des koreanischen Hauses und damit den kostbarsten Raum, nach dem wir streben können, damit Gott, Mensch und Natur zusammenfinden.[34] Fortan hat das Bild des „Maru“ einen

32 L. Russell, Hot-House Ekklesiology: A feminist interpretation of the church, the ecumenical review, Vol. 53, No 1, January 2001, 48–56, quoted by Sookja Chung, About Being Church movement of WCC, The Journal of Korean Feminist Theology, No. 45, Spring, 2001,65.

33 Eines der Probleme der koreanischen Kirchen ist, dass sie nicht offene, sondern geschlossene Gemeinschaften unter sich sind. Die meisten koreanischen Kirchen legen ihr Gewicht auf die Beziehung zwischen Gott und dem Individuum. Aber es fehlt an der Offenheit und dem sozialen Bezug. Um diese mangelnde Offenheit loszuwerden, brauchen wir symbolische „Fenster“ mit drei Dimensionen zum Himmel, zum Hof und zum Garten, wie die ideologischen Prinzipien von Hildegard von Bingen andeuten. Vgl. W. Piechota, Gott fängt Gespräch mit dem Menschen an, Hildegard von Bingen zum Prolog des Johannesevangeliums, in: RKZ, 133.Jg., 1992, 369–373.

34 Myungduk Park, Rediscovery of the Korean Traditional Housing and Culture, Seoul, 1995, 15–17, 23–25.

solch positiven Wert, dass es der Begegnungsort zwischen der koreanischen Kultur und der kirchlichen Architektur sein kann.

3.3 Kreis und festlicher Raum

Ich bin der Meinung, dass sakrale Gebäude Raum für die Sensibilität der feministischen Theologie brauchen.[35] Ebenso sollte die Figur des Kreises, welcher Symbol einer gleichberechtigten Gemeinschaft sowie der feministischen Theologie ist, in kirchliche Gebäude integriert werden. Wünschenswert wäre, männliche Symbole wie die pyramidalen, geradlinigen und rechteckigen Strukturen zu überwinden und durch runde Formen zu ersetzen. Dies sind Charakteristika einer Architektur der feministischen Theologie. Allerdings wird die Realisierung solcher Gebäude noch durch finanzielle und territoriale Probleme behindert. Wenn es aber unser Ziel ist, diese neue Sinnhaftigkeit zu übernehmen, werden wir realistische und realisierbare Wege finden, sie in lokalen Gemeinden anzuwenden, z.B. durch das Aufstellen der Stühle im Kreis während des Gottesdienstes.[36]

4 Der innere Aspekt der Kirche

4.1 Kreisform der Kirchenstruktur

Die Kirche muss ihre Kreisform wiederfinden. Dies ist sowohl nach innen wie nach außen gefordert. Für die Kirche ist es förderlich, nicht ihre vertikalen Ordnungen, sondern ihre Rundheit wieder zu entdecken. Das hat auch die Befreiungstheologie immer herausgearbeitet.

35 Cf. Rosemary Radford Ruether, Women-Church: Theology and Practice of Feminist Liturgical Communities, San Francisco, 1985, 146–47.

36 Wir können also von der Weisheit des traditionellen koreanischen Hauses, in dem ein kleiner Raum effizient genutzt wird, lernen. Zum Beispiel hat der Hauptraum im koreanischen Haus verschiedene Funktionen. In der Nacht wird er zum Schlafraum, am Tag zum Lebensraum und beim Essen zum Essraum. Das ist möglich, weil wir kein fixiertes, sondern ein bewegliches Bett benutzen sowie eine bewegliche Möblierung. Wir brauchen keine schweren Sessel in der Kirche, welche den Raum unveränderlich machen, sondern wir können tragbare Stühle verwenden, die leicht bewegt werden können, sodass der Raum flexibel ist und auf verschiedene Weise benutzbar. In diesem Fall wird die östliche Schönheit des Raums belebt und wir können versuchen vielfältige Gottesdienstformen zu integrieren um Änderungen unserer Gottesdienstformen anzustreben. Der Mangel an Festlichkeit der Gottesdienste ist oft bedingt durch die kirchlichen Gebäude.

Dies macht Dialog und gegenseitige Kommunikation möglich und überwindet die pyramidale Struktur der Hierarchien. Es gibt für die kirchliche Gemeinde neue Möglichkeiten, nach dem Gottesdienst miteinander die Lesungen zu besprechen, und nicht nur stumm zu rezipieren, was gepredigt wird. In kleinen Kirchen lassen sich Gesprächs- oder Dialogpredigten versuchen. Dazu ist es empfehlenswert, dass die Gemeindeglieder während des Gottesdienstes im Kreis sitzen, einander von Angesicht zu Angesicht sehen, um so eine gleichberechtigte Diskussionsgemeinschaft zu entwickeln.[37]

4.2 Viele Glieder im Leib (1Kor 12)

In dieser innovativen Kirche kann auf natürliche Weise die Vielfalt belebt werden. Dazu wird es nötig sein, die spezifischen Merkmale einer Ortskirche herauszukristallisieren, fern ab von alten Stereotypen.

Im Neuen Testament meint das Konzept der Gnadengaben die verschiedenen Manifestationen des Heiligen Geistes, unter denen – gemäß dem Brief von Paulus an die Korinther (1Kor 12,31; 13,1) – die Liebe die wichtigste Gabe darstellt. In der Bibel steht geschrieben, dass alle getauften Gemeindeglieder Talente haben, mit denen jeder Einzelne eine spezielle Aufgabe für das Wohl der Gemeinschaft übernehmen kann (1Kor 7,7; 12,7; 1Petr 4,10; Röm. 12,4–5).

4.3 Überwindung der dualistischen Strukturen

Das Erscheinen von Jesus Christus hat die Trennung zwischen Säkularität und Heiligkeit überwunden. Symbolisch wurde dies deutlich, als der Vorhang am heiligsten Ort zerriss (Mk 15,38). Deshalb ist für uns die Welt selbst das Theater, um Gott Ehre zu erweisen (theatrum gloria dei). Die kirchliche Gemeinde soll dabei ihre Rolle in der Gesellschaft spielen.[38]

Dieser Ort soll nicht allein Heiligtum des Mannes sein. Die Möglichkeiten für Frauen, auf der Kanzel zu stehen, müssen erweitert werden. Wir müssen uns wieder bewusst werden, dass der Ort, wo Gottes Wort von der Gemeinde gehört wird, ein ebenso heiliger Ort ist, wie die Kanzel, auf der der Pfarrer bzw. die Pfarrerin das Wort Gottes verkündigt.

37 Sookja Chung, Church reformation and worship culture, in: The Journal of Korean Feminist Theology, No 41, Spring 2001, 61.

38 Die koreanischen Kirchen tendieren dazu, zwischen Kanzel und Kirchenbank zu trennen. Bis heute wurde in den meisten Kirchen gedacht, die Kanzel dürfe allein vom Mann betreten werden.

4.4 Koreanisch inspirierte Kirchenmusik

Ich denke, um die koreanische Identität zu bewahren, brauchen wir einen bestimmten Gottesdienst und eine bestimmte Kirchenmusik. Der Versuch, in die traditionelle koreanische Musik, welche unter dem Einfluss der japanischen Kolonisation verachtet worden ist, in der Liturgie wiederzubeleben, ist empfehlenswert. Dieser sollte aus der Perspektive der feministischen Theologie realisiert werden, welche uns auffordert, die Unterdrückungsstrukturen in den Hierarchien, Rassen und Geschlechtern aufzuheben.[39] Die koreanische Musik steht in Übereinstimmung mit dem Atem, die westliche mit dem Herzschlag. Deshalb sind koreanische Kompositionen langsam. In diesem Sinne sind koreanische Musik und koreanische Musikinstrumente für die Meditation hilfreich.[40]

In Korea erfreuen sich emotionale Lobpreisungen in gottesdienstlichen Veranstaltungen mit Orientierung an amerikanischer Stilistik bei jungen Leuten einer großen Popularität. Diese Entwicklung begann in einer der Groß-Kirchen in Seoul. Diese Veranstaltungen enthalten viele positive Einflüsse. Dennoch wird bei der jungen Generation, die an die westliche Kultur gewöhnt ist und die in der vertikalen Beziehung zwischen Gott und Mensch lebt, der Bezug zur Gemeinschaft und zu sozialen Problemen vernachlässigt. Der Fokus liegt allein auf ihrem privaten Glauben.[41]

39 Pfarrer der Minjung-Gemeinden (Volk oder Massen in Korea) haben viele Anstrengungen unternommen, die traditionelle koreanische Musik wiederzufinden, eingeschlossen dem „Pungmool“ (eine Art traditionelle koreanische Volksmusik). Aber sie wurden oft durch gläubige Christen abgewiesen, da die Musik den Tänzen glich, welche die Schamanen bei Exorzismen verwendeten. Angesichts dieser Schwierigkeiten müssen wir uns ohne Zögern bemühen zu erklären, warum wir traditionelle Musik im Gottesdienst einführen sollten.

40 Das Tempo der Gottesdienste, v.a. in den koreanischen Kirchen, sowie die verwendete Musik ist zu schnell. Der Protestantismus hat durch die Betonung von Arbeit, Sorgfalt und Aktivitäten zum Wachstum und der Entwicklung des Kapitalismus beigetragen. Gleichzeitig wurde der Wert der Meditation geschwächt und bleibt unbestimmt. Für unsere Zeitgenossen, die an Schnelligkeit und Geschwindigkeit gewöhnt worden sind, gilt es, den Wert der Meditation wiederzufinden. Diese Überlegungen müssen vom Standpunkt des Protestantismus aus mit in Betracht gezogen werden.

Die koreanische feministische Theologie muss eine dauernde Anstrengung unternehmen, durch Geschlechtergleichheit die folgenden gemeinsamen Merkmale wieder zu interpretieren: die Minjung-Orientierung und die positive weibliche Spiritualität im „Han“ (Groll und Herzbrennen). Sie sind der koreanische Hintergrund, welche von der koreanischen Volksreligion und der Minjung-Kultur übermittelt worden sind. So übt die koreanische feministische Theologie an beidem Kritik, am dualistischen Patriarchalismus der westlichen Kultur und am autoritären Konfuzianismus der koreanischen Kirchen.

41 In diesem Zusammenhang ist es wichtig, die Pietismuskritik Barths im Auge zu behalten. Denn es gibt gewisse Parallelität zwischen dem Pietismus und dem Koreanischen Frömmigkeitspraxis. Es geht hauptsächlich um den Individualismus, die Richterkultur und den Mechanismus. Vgl. Karl Barth, Der Römerbrief, Zürich, 1963, 266f., und Eberhard Busch, Karl Barth und die Pietisten: die Pietismuskritik des jungen Karl Barth und ihre Erwiderung, München, 1978.

4.5 Entdeckung der Festlichkeit

Gottesdienste, nach denen eine alternative kirchliche Gemeinschaft der feministischen Theologie sucht, sollten nicht isoliert vom Leib und vom Leben sein, sondern eine „inkarnierte Spiritualität“ betonen. Wir müssen den Leib und das Weibliche, die in den christlichen Gottesdiensten und Liturgien vernachlässigt worden sind, näher beleuchten. Darüber hinaus müssen wir eine neue Empfindsamkeit für die Gebärden des Leibes erlernen. Respektive dieser Neuorientierung werden wir überdies unsere täglichen Erfahrungen heiligen und unseren Leib sowie die materiellen Güter in einem anderem, spirituellen Sinne wertschätzen.

In diesem Zusammenhang müssen im Gottesdienst das Kirchenjahr, sowie verschiedene Gottesdienste, in denen die Kirchenmitglieder aktiv teilnehmen können, und nicht nur als Zuschauer erwartet werden, immer mit einbezogen werden. Die durch uns neu entdeckte Freiheit, die Jesus Christus uns übermittelte, muss an den verschiedenen Zeiten des Kirchenjahres gefeiert werden. „Der Sinn der Feste ist, über das uns gegebenen Geschenk der Freiheit nachzudenken und unsere Hoffnung zwischen Leben und Tod zu erneuern und zu stärken.“[42]

5 Schlussbemerkungen

Mein Anliegen war es, ausgehend von einer mikrosystematischen Perspektive der feministischen Theologie einige Anregungen für eine alternative Ekklesiologie vorzustellen. Diese schließen allerdings den Versuch nicht aus, die Kirche und die Gesellschaft mithilfe der feministischen Theologie zu reformieren.[43]

Mein Augenmerk liegt dabei auf der johanneische Theologie, in der sich eine vertraute Beziehung Gottes zu seiner Schöpfung finden lässt sowie eine offene Haltung gegenüber der Gesellschaft. Die feministische Theologie kann viel dazu beitragen, in der sich neu orientierenden Kirche eine entkolonisierte christliche Kultur zu schaffen.

Die Kirche wird nie eine perfekte und ideale Form annehmen, weil sie eine Gemeinschaft der Verschiedenheit von Männern und Frauen ist. Deshalb sind

42 J.M. Lochman, Vorwort für Koreanische Ausgabe. Vom Sinn der Feste, übersetzt von Wonbae Kim, Seoul, 1993, 5.

43 Cf. Soonkyung Park, Feminist Theology, church reformation, Society reformation, in: The Journal of Korean Feminist Theology, No 42, Summer, 2000, 38–67.

die Absichten, die die feministische Ekklesiologie vertritt nicht in starren Begriffen zu manifestieren, stellen also kein versteinertes Dogma dar. Sie können mit Verben in bewahrender und dynamischer Weise ausgedrückt werden. Die christliche Kirche hat ihre Existenzberechtigung hier auf der Erde, bis das Reich Gottes vollendet ist. Die Kirche ist eine Gemeinschaft von Pilgern (communio viatorum), die mit einer eschatologischen Vision lebt.

Sich um eine ganzheitliche Ekklesiologie aus der Sicht der feministischen Theologie zu bemühen, bedeutet nicht, eine kirchliche Gemeinschaft ausschließlich für Menschen mit einem feministischen Bewusstsein zu schaffen. Die ständige Erneuerung der Kirche steht im Fokus (ecclsia reformata semper reformanda).

Aus einer ganzheitlichen Sicht der christlichen Ekklesiologie sollte die Kirche, mehr als bisher, eine Bewegung im Namen Jesu Christi sein. „Denn wo zwei oder drei in meinem Namen versammelt sind, da bin ich mitten unter ihnen." (Mt 18,20).

Das könnte bedeuten, dass die Ekklesiologie auf beidem gegründet ist, auf der Institution und auf dynamischen Beziehungen und Bewegungen. Die reformierte Kirche ist verpflichtet, sich um konstante Reformation und Erneuerung zu bemühen. Ich glaube, es ist eine unvermeidliche Forderung der Zeit an die reformierten Kirchen, aus der Sicht der feministischen Theologie nach einer ganzheitlichen Ekklesiologie zu suchen.

Eine andere Art Mutterschaft für Maria[1]

1 Einführung

Darstellungen von Maria auf Bildern oder als Statuen, zerbrechlich, sanft, süß, rein und aristokratisch mit bescheidenem und demütigem Blick gibt es überall auf der Welt. Sie vermitteln ein Bild der Passivität und der Schwachheit. in Korea haben wir ähnliche Vorstellungen von Maria. Auch wenn die inhaltlichen Bedeutungen für jede Konfession unterschiedlich ausfallen, bedienen sich Katholiken wie auch Protestanten dieser Bilder. Maria spielt jedoch keine bedeutende Rolle in der koreanisch-presbyterianischen Kirche, der ich angehöre.

Der Protestantismus in Korea wurde vom amerikanischen Fundamentalismus, der sich am Ende des 19. Jahrhunderts als Protestbewegung gegen den europäischen Liberalismus verbreitete, stark geprägt. Einer dieser fundamentalistischen Aspekte war die Überzeugung, dass Christus von der Jungfrau Maria geboren wurde. Eine Mehrheit der Christinnen und Christen in Korea übernahmen ohne Zweifel bei ihrer Bekehrung zum Christentum den Glauben an die unbefleckte Empfängnis. Über diesen Blickwinkel hinaus wird Maria von den Protestanten in Korea keine besondere Bedeutung beigemessen.

Dennoch möchte ich aus einer koreanisch-presbyterianischen Perspektive einige Überlegungen zu Maria anstellen und einige meiner Vorstellung von ihr zum Ausdruck bringen. Mein Ausgangspunkt ist nicht die traditionelle Ansicht der unbefleckten Empfängnis, sondern der Versuch, eine andere Art von Mutterschaft zu definieren.

1 Dieser Aufsatz ist geschrieben auf der Basis eines Textes: Meehyun Chung, A Different Motherhood for Mary, in: Weaving Dreams-Träume weben, eds. by Meehyun Chung/Elisabeth C. Miescher, Berlin, 2009, 69–85.

2 Die Situation in Korea

2.1 Das unausgeglichene Bild von Maria im koreanischen Kontext

Unter den mehrheitlich presbyterianischen Protestanten in Korea neigt man dazu, sich vor einer „Mariolatrie" zu fürchten und schenkt Maria deswegen wenig Beachtung. Sie wird selten erwähnt und in den presbyterianischen und anderen protestantischen Kirchen kaum wahrgenommen. Einige konservative Pfarrer, die Marias bedeutungsvolle Rolle im katholischen Gottesdienst anprangern, bilden eine Ausnahme.

Trotz solcher Unkenntnis und Missachtung von Maria in der protestantischen Kirche in Korea bleibt sie Vorbild für koreanische Christinnen in Bezug auf Treue, Besonnenheit, Gehorsam und Reinheit. Eva wird hingegen als die widerstrebende Verführerin und Ursprung des Bösen betrachtet. Mit diesen wenigen Ausnahmen wird Maria von den meisten protestantischen Kirchen in Korea ignoriert oder sie wird unter dem negativen Gesichtspunkt der Götzenanbetung betrachtet.[2]

Es ist interessant, diese Tatsache mit der Rolle Marias in den katholischen Kirchen auf den Philippinen, in Indien, Europa und Südamerika zu vergleichen, wo sie weitestgehend integriert worden ist. Im koreanischen Protestantismus ist Maria weder eine heilende Trösterin noch eine Fruchtbarkeitsgöttin. Stattdessen bleibt das typische Bild von Jungfräulichkeit und Gehorsam bestehen. Diese Marienbilder passen sehr gut zu den konfuzianischen Stereotypen der Frauen, die es vor der Ankunft des Christentums in Korea gab. Marias Rolle unterstützt ein „konfuzianisiertes" Christentum.

Keuschheit vor der Ehe bleibt ein äußerst wichtiges Kriterium für Koreanerinnen, nicht nur für Christinnen, sondern auch für nicht religiöse Frauen. Ein Verzicht auf Sex vor der Ehe wird von den Männern nicht erwartet; das gesellschaftliche Keuschheitsgebot beschränkt sich auf Frauen. Unter dem zweifachen Druck des christlichen Fundamentalismus und Konfuzianismus haben sich Frauen bis heute an das Ideal Marias als Vorbild für Tugend, Reinheit und Gehorsam gehalten.

2 Dieses Phänomen ist klar nicht auf die Prostestanten in Korea beschränkt. Protestanten in den USA sprechen auch nur zögernd über Maria. Siehe Beverly Roberts Gaventa, All Generations Will Call Me Blessed: Mary in Biblical and Ecumenical Perspective, in: A Feminist Companion to Mariology, eds. by Amy-Jill Levine, Maria Mayo Robbins, New York, 2005, 121ff.

Die idealisierten Ansichten über Maria haben die Verbannung der Frauen ins Haus, Domestizierung und Unterwerfung der Frauen verursacht. Maria als Ideal einer Frau, deren weibliche Fügsamkeit als größtes Geschenk Gottes angesehen wird, sollte als Vorbild dienen. Diese Auffassung bestätigt nicht nur die Moral, Regeln und Tugenden des Konfuzianismus, sondern auch den konservativen und einseitig denkenden Christen.

Ursprünglich war Gehorsam kein negativer Begriff. Die Wurzeln des englischen Wortes „obedience" liegen im Lateinischen: ob + audire (i.e. tiefes Zuhören). Aber in der koreanischen Gesellschaft, in der das hierarchische System noch vorherrscht, hat der Begriff eine negative Bedeutung erhalten. Das Christentum hat Frauen in Korea viele positive Veränderungen gebracht, konnte aber die volle Befreiung von der Vorherrschaft der Männer in Kirche und Gesellschaft nicht herbeiführen. Christlicher Fundamentalismus und Konfuzianismus sind die wesentlichen Denksysteme, die, miteinander vermischt, in der koreanischen Kirche dafür sorgen, dass Frauen den Männern untergeordnet bleiben.

Der Konfuzianismus war während über 500 Jahren (1392–1910) die philosophische und moralische Basis des koreanischen Staates. Zusammen mit dem christlichen Fundamentalismus aus Amerika hat der Konfuzianismus zur Unterwerfung der koreanischen Frauen beigetragen.

Auf der einen Seite brachte das Christentum den Frauen in gewissen Aspekten ihres Lebens Befreiung, aber auf der anderen Seite unterstützt es eine weit verbreitete und tief verwurzelte historische Unterdrückung.

2.2 Der Dankunmythos und Frauen in Korea

In einem koreanischen Schöpfungsmythos bitten ein Tiger und ein Bär den Himmels-Gott Hwanung, Hwanins Sohn, wiederholt darum, er sollte sie in Menschen verwandeln. Hwanung befiehlt ihnen, 100 Tage in einer dunklen Höhle zu verbringen und sich nur von 20 Knoblauchzehen und Beifuß zu ernähren. Der Tiger hält es nicht aus und verschwindet, der Bär aber harrt aus und wird in eine Bär-Frau (Wungnyo) verwandelt. Weil sie allein ist, bittet sie um einen Gefährten, damit sie ein Kind vor dem Heiligtum gebären kann. Hwanung verwandelt sich vorübergehend in einen Menschen, um Wungnyo zu heiraten. Es wird erzählt, dass ihr Kind, Dangun, am 3. Oktober 2333 v. Ch. zum ersten König Koreas wurde.[3]

Die Beharrlichkeit die auch durch die Nationalblume Hibiskus symbolisiert wird, besitzt einen hohen Stellenwert in Korea. Aber der Gründungsmythos erfordert von den Frauen mehr Beharrlichkeit als von den Männern. Es besteht eine gewisse Gefahr, dass Ungerechtigkeit im Namen der Beharrlichkeit geduldet wird. In der Kirche gibt es zahlreiche Fälle, in denen das Christentum wiederholte Ungerechtigkeiten gegenüber den Schwachen, Randständigen und insbesondere gegenüber Frauen toleriert. Das Kreuz Jesu Christi, das Leiden symbolisiert, wird falsch verstanden. Unnötige Lasten, die ein Opfer tragen muss, werden mit dem Hinweis auf das Kreuz begründet.

Es gibt kulturelle und religiöse Strömungen in Korea, die in starkem Gegensatz zum biblischen Bild des Menschen eine Vergötterung des Menschen predigen. Dies wird durch große Taten, besondere Anstrengungen oder durch großes Leiden erreicht. Ein Charakteristikum der asiatischen Religion ist es, Heil und Rechtfertigung durch eigene Anstrengung und Werke anstatt durch Gnade zu erhalten. Die Tätigkeit führt zum Ziel. Entschädigung und Belohnung für die eigenen Anstrengungen bilden einen festen Bestandteil der asiatischen Denkweise. Dies führt zu einer persönlichen Überbetonung der Beharrlichkeit und Selbstaufopferung. Aber Rechtfertigung und Heil dürfen nicht von einer eigenen Würdigung der persönlichen Aufopferung abhängen, sondern sollten für alle gleich aus dem Christusereignis hervorgehen.

2.3 Ahnenverehrung im Konfuzianismus

Einer der wichtigsten Aspekte des Konfuzianismus ist die Ahnenverehrung.[4]

Als der Katholizismus in Korea im 18. Jahrhundert eingeführt wurde, wurde jede Weigerung, die ahnenverehrenden Rituale auszuführen, als Ablehnung

3 Der älteste Text dieses Mythos ist in „Samguk Yusa" vom buddhistischen Mönch Ilyon enthalten, der während der Koryo-Dynastie im 13. Jahrhundert lebte. Ich erwähne nur einen Teil der Geschichte, um auf den Bär-Frau-Mythos hinzuweisen.

4 Ob man den Konfuzianismus als Religion oder Philosophie betrachten soll, ist nicht einfach zu sagen, weil er beide Aspekte in sich hat. Und beide Aspekte haben einen wichtigen Einfluss auf die Kultur, die Tradition und die Gesellschaft in Korea ausgeübt. Die Schattenseite der konfuzianischen Kultur in Korea umfasst Familienzentrismus, Bevorzugung eines Sohnes, Bevorzugung der Blutsverwandten, die aufwendige Arbeit der Frauen bei der Vorbereitung der Rituale und den Ausschluss der Frauen von der Durchführung dieser Rituale. Natürlich gibt es gute Aspekte des Konfuzianismus wie Ehrerbietung und Respekt gegenüber älteren Personen, die ihrerseits als ältere Menschen die Verantwortung für die jüngeren Generationen übernehmen. Es fehlt jedoch an Gegenseitigkeit.

der dynastischen Strukturen angesehen, als Widerstand gegen die familiäre und staatliche Ordnung. Dies führte zu heftigen Vergeltungsmaßnahmen. In dieser Periode der Geschichte der koreanischen Kirche gab es viele Märtyrer.[5]

Die unkorrekte Durchführung der Ahnenverehrung kann Unglück verursachen, weil die gekränkten Ahnen zornig und rachsüchtig werden könnten. Aber die Ahnenverehrung hat immer noch eine zweite Seite: Ein Mensch, der die Rituale korrekt ausführt, erntet während des ganzen Jahres Belohnung und Beistand von den befriedigten Geistern. Es hängt alles von der Genauigkeit und Reinheit der rituellen Ausführung ab.

Die zentrale Rolle der Speisenvorbereitung bei der Ahnenverehrung im Konfuzianismus hat die koreanische Küche stark geprägt. Die religiöse Tradition leistet einen wesentlichen Beitrag zur Aufrechterhaltung der kulinarischen Traditionen bei der Vorbereitung von delikaten Speisen.

Die Art, wie die Ahnenverehrung unser koreanisches Verständnis der Beziehungen zwischen den Lebenden und den Verstorbenen prägt, ermöglicht uns ein harmonisches Verständnis von Leben und Tod. Solche Rituale rufen aber auch starken Fatalismus und allgemeine Passivität hervor. Die irrationale Angst vor den Toten wird mit Erwartungen von entweder persönlicher Bestrafung oder materiellen Belohnungen vermischt.

Auf diese Weise ist die Teilnahme an der Ahnenverehrung die wichtigste Zeremonie des ganzen Jahres. Die korrekte Ausführung der Rituale kann materiellen Segen und Wohlergehen mit sich bringen, während eine mangelhafte Strafe und Krankheit verursachen kann. Obwohl Frauen die anspruchsvollen Vorbereitungen für die vorgeschriebenen Speisen leisten müssen, werden sie von den eigentlichen Ritualen ausgeschlossen.

Die Reinheit und Lauterkeit bei der Vorbereitung der Speisen für den Altar werden für den Erfolg der Rituale als entscheidend betrachtet, darum müssen die Frauen mit vollkommener Hingabe die Arbeit verrichten. Sollte während des darauffolgenden Jahres jemand krank werden oder ein Unglück passieren, wird den Frauen womöglich vorgeworfen, sie hätten unreine Zutaten für die rituellen Speisen verwendet, qualitative minderwertigere Produkte gekauft oder sie hätten ohne die gebührende Hingabe und Lauterkeit gehandelt.

Obwohl das Interesse am Supranaturalismus geschlechtsneutral ist, laufen Frauen oft Gefahr, als Urheber von Unglück oder Krankheit beschuldigt zu

5 Dies unterscheidet sich von der Verweigerung der Anbetung am Shinto-Schrein während der Periode des japanischen Kolonialismus, auch wenn es in dieser Zeit ebenfalls viele Märtyrer gab.

werden; und sie haben mit Recht Angst davor. Allerdings erdulden sie diese Vorwürfe und erledigen die anspruchsvolle Arbeit so gut sie können.

2.4 Ungleichheit der Frauen unter dem konfuzianisch geprägten Gesellschaftsystem

Als Staatsideologie unterdrückte der Konfuzianismus Frauen und die Unterschicht (Sangnom) und bevorzugte stattdessen Männer und die Oberschicht (Yangban) innerhalb des Kastenwesens, welches das Leben in Korea prägte. Es muss verdeutlicht werden, dass sich der Stand der Frauen während der konfuzianischen Zeit verschlechtert hat, denn während der Silla-Dynastie (57 v. Chr. Bis 935 n. Chr.) und vor der Koryeo-Dynastie (918–1932 n. Chr.) wurde eine Frau als Staatsoberhaupt (d.h. Königin) akzeptiert, und Frauen erfuhren im Allgemeinen mehr Gleichberechtigung in der Gesellschaft.

Es gibt wichtige Regeln und Gebote, die die koreanische Gesellschaft während ihrer langen Geschichte beeinflusst haben:

- Die fünf buddhistische Gebote: Treue, kindliche Ergebenheit, Gewissenhaftigkeit, Tapferkeit und das Verbot von Mord.
- Die fünf konfuzianische Beziehungen und die Verpflichtungen, die diese untermauern: Herr – Knecht, Vater – Sohn, Ehemann – Ehefrau, Bruder – Bruder, Freund – Freund.

Trotz der Unterschiede zwischen den buddhistischen Geboten und den konfuzianischen Regeln vereint beide der Gehorsam gegenüber hierarchischen Idealen. Aber bei diesen vorwiegend einseitigen Regeln, die Männer, ältere Menschen und Herrscher bevorzugen, gibt es einen deutlichen Mangel an Gegenseitigkeit und Austausch.

Koreanische Frauen werden von klein auf dazu erzogen, ein traditionelles Leben zu führen: Gehorsam zuerst gegenüber ihren Vätern, dann in der Ehe gegenüber ihren Ehemännern und später im Alter gegenüber ihren Söhnen. Diese Handlungsweise nennt sich „Samjongjido (Drei Pfade der Frauen)“ und ist von konfuzianischen Idealen geprägt.

Traditionellerweise spielen Söhne, insbesondere der Erstgeborene, eine sehr wichtige Rolle, denn er ist derjenige, der die Ahnenrituale im Konfuzianismus vollzieht, da Töchter von dieser Aufgabe ausgeschlossen sind. Einen Sohn zu haben bedeutet für einen Mann, einen Nachfolger innerhalb des Kreises der immerwährenden Ahnenverehrung, sowie eine weltliche „Lebensversicherung“ im Diesseits zu wissen. Darum wollen auch Frauen lieber Söhne gebären. Diese Ideologie heißt „nama sunho (Vorliebe für Söhne)“, wobei koreanische Mütter von ihren Söhnen abhängig sind, nachdem sie sie geboren haben.

3 Zwei Arten der Mutterschaft in Korea

3.1 Die erste Art der Mutterschaft in Korea

Die Bevorzugung der Söhne bringt bestimmte Erwartungen mit sich. Dazu gehört, dass die Ehefrau und Mutter eines Sohnes nach dem Tod des Ehemanns die dominante Rolle innerhalb der Familie übernimmt. Eine Frau, die auch Mutter ist, ist dem patriarchalen System unterworfen und opfert sich für ihren Ehemann und die Kinder auf. Aber die Beziehung zwischen Schwiegermutter und Schwiegertochter ist anders. Hier hat die Schwiegermutter den Vorrang. Sie teilt ihre neue Macht nicht mit der Schwiegertochter, sondern dominiert sie. Die Witwe beansprucht totale Kontrolle innerhalb der Familie, zum Teil als Kompensation für ihre frühere Rolle als Opfer des Ehemannes und seiner Familie.[6] Eine Mutter ist bereit, sich für ihren Sohn aufzuopfern, aber sie erwartet auch viel von ihm. Der einzige Sohn einer Witwe z.B. wird als Muttersöhnchen betrachtet. Weil eine Witwe auf ihren Sohn angewiesen ist, erzieht sie ihn dementsprechend. Diese Art Mutterschaft, die auf die Familie und den Sohn fokussiert ist, ist der Versuch der Mutter, Kontrolle über ihr Leben durch Kontrolle über ihren Sohn zu erlangen. Auf diese Weise werden Frauen, die Opfer waren, auch Täterinnen.

Innerhalb dieses patriarchalen Systems der alten Tradition setzt sich die Spirale der Machtkämpfe und der Gewalt fort. Menschen in untergebenen oder benachteiligten Situationen werden kaum gefördert oder unterstützt. In der Vergangenheit wurden Schwiegertöchter gezwungen sprachlos, gehörlos oder blind zu leben. Eine solche Periode der „Beraubung“ dauerte symbolisch je drei Jahre und war nach neun Jahren abgeschlossen.

6 Philosophische Einrichtung wie bei Diotima; Philosophinnen (Luisa Muraro, Chiara Zamboni, Alessandra Bocchetti etc.) erwähnen den Mangel an „Empowerment (Ermächtigung)“ unter Frauen.

Der Übergang der Macht vom verstorbenen Ehemann auf die Frau ist wohl eine Verlagerung, aber keine Veränderung in der Natur der Beziehungen. Sie fördert die ungleiche Machtverteilung. Auf diese Weise setzt sich das patriarchale System fort. Die dadurch entstehenden Spannungen und Konflikte unter den Frauen tragen zur Aufrechterhaltung und Förderung des patriarchalen Systems bei.

3.2 Eine alternative Art der Mutterschaft in Korea

Im Gegensatz zur obengenannten Art der Mutterschaft, möchte ich eine andere Art der Mutterschaft vorstellen.

Das Ende der 18 Jahre langer Diktatur des Präsidenten Chunghee Park 1979 wurde nicht durch demokratische Kräfte erreicht, sondern war die Folge eines militärischen Machtkampfes. Unter der Leitung von zwei Generälen kam es zum militärischen Putsch, woraufhin das Kriegsrecht ausgerufen wurde. Das Volk von Kwangju aber leistete Widerstand gegen das Kriegsrecht und die Generäle und unterstützte die demokratische Bewegung. Ihr Widerstand wurde von der Sondereinheit einer Fallschirmspringertruppe brutal zerschlagen. Unzählige Zivilisten wurden ermordet. Das Militär behinderte überdies die Lebensmittellieferungen nach Kwangju, worüber die Einwohner und Einwohnerinnen so erschraken, dass sie sich bewaffneten. Folglich wurde die Unterdrückung durch das Militär verstärkt und viele Menschen wurden auf brutale Weise umgebracht oder „verschwanden".

Während des Massakers dienten viele Frauen als Krankenpflegerinnen für die Verletzten. Nach den Gewalttätigkeiten unterstützten diese Frauen weiterhin die Entrechteten, die Ausspionierten und die Verfolgten. Auch die Überlebenden und die Verwandten der Opfer wurden von diesen Frauen betreut. Letztlich erreichten sie eine Art Entschädigung und Ehrenrettung für ihre Bemühungen durch die Wahl von Vertreterinnen in die Regierung.

Der Friedhof für die Opfer des Massakers in Kwangju hat man zu einem würdigen Denkmal für die Menschen umgebaut, die für Demokratie und demokratische Prinzipien kämpften. Unzählige Mütter haben Ähnliches erlebt.[7] Schließlich gründeten sie am 12. Dezember 1985 in der Region von

7 Warum taucht der Name dieser Frau nur in der Anmerkung auf und nicht schon vorher im Text? Syungrae Ahn engagierte sich während der Zeit des Kwangju-Massakers. Im Vergleich zu dem, was sie zusammen mit anderen – vor allem Christen – erreichte, um die Demokratisierung in Südkorea zu erreichen, war sie eine bescheidene Frau. Ahn war während der Zeit des Massakers

Kwangju die „Familien vereint für die Demokratisierung (Mingahyub)“[8]. Seit 1993 demonstrieren diese Mütter friedlich um 14 Uhr jeden Dienstag im Tabkol Park in Seoul. Dabei tragen sie violette Schals. Ihre Ziele sind die Förderung der Demokratie und die Freilassung von politischen Gefangenen, politischen Gegnern und Kriegsdienstverweigerern.

Sie demonstrieren des Weiteren für Solidarität mit Wanderarbeitern, Obdachlosen und Menschen mit verschiedenen anderen Problemen. Sie widmen sich also einem breiten Spektrum sozialer Belange.

Das Bild der Pieta, bei dem Maria ihren toten Sohn in ihren Armen hält und trauert, gibt den Müttern, die ihre Kinder verloren haben, Kraft. In Maria finden sie Solidarität und Trost durch die gemeinsame Erfahrung von Verlust.[9]

Die vielen Frauen, deren Ehemänner und Söhne getötet wurden, verfielen weder in Passivität noch in Schicksalsergebenheit. Sie haben den Kampf weitergeführt. Es ist absurd den „sichtbaren“ Kampf der Männer und den „unsichtbaren“ Kampf der Frauen in diesen Situationen unterschiedlich zu bewerten. Überleben, für Kinder zu sorgen und die Familien zu schützen sind wesentliche Elemente eines Volkskampfes. Wie diese Frauen, die überlebt haben, mit nationaler Versöhnung umgehen, wird durch ihre Erinnerungen geprägt. Sie haben das volle Ausmaß der militärischen Gewalt unter der Diktatur, die durch die Zweiteilung Koreas entstand, erlebt. Nun sind sie Katalysatorinnen für die Transformation der koreanischen Gesellschaft geworden.[10]

---

eine der Führerinnen und setzte sich für Heilung und Gerechtigkeit ein. Infolgedessen wurde sie als Delegierte in das Regionalparlament gewählt und erhielt den ehrenvollen Titel: Mutter von Kwangju. Bei einem Besuch in Argentinien nahm Ahn an den Demonstrationen auf dem Plaza del Mayo teil. Angeregt durch die Argentinierinnen baute sie ein ähnliches Haus in Korea, das nach langen Vorbereitungen 2006 eröffnet wurde. Heute führt sie das „Haus der Mai-Mütter“ in Kwangju für alle Mütter, die ihre Kinder während des Demokratisierungsprozesses verloren oder die während dieser Zeit viel geleistet haben. Die meisten dieser Frauen sind jetzt etwa 70 bis 80 Jahre alt und viele sind schwach und krank geworden. Darum gründete Ahn eine Art „Heimstätte“ für diese Frauen, wo sie über ihre Sorgen reden, zusammen essen, für die Wiedervereinigung beten und ihre Gemeinschaft genießen können. Die Heimstätte wird von ihren Mitgliedern selbst verwaltet. Diese Mütter haben eine Geschichte des Demokratisierungsprozesses herausgegeben, und dienen als Sprachrohr für andere, die (z.B. in Argentinien oder Thailand) Ähnliches erlebt haben und fördern die internationaler Solidarität für sie.

8 http://minkahyup.org.

9 Siehe Christa Mulack, Maria. Die geheime Göttin im Christentum, Stuttgart, 1988, 119ff.

10 Präsident Lee Myung-bak, der 2008 seine neue Regierung bildete, traf schnell Maßnahmen, um das Komitee für Wahrheit und Versöhnung zu unterdrücken. Dieses Komitee hat die Aufmerksamkeit der Öffentlichkeit auf Dokumente und Zeugen gerichtet, die die systemischen Ungerechtigkeiten der Vergangenheit bewiesen. Dabei stellten sie die Legitimität der jetzigen Regierung sowie der privilegierten Elite innerhalb der südkoreanischen Gesellschaft in Frage. Die Regierung ließ verlauten, dass das Komitee soziale Zwietracht stifte und dadurch die wirtschaftliche und gesell-

4 Maria Verkündigung von Matthias Grünewald am Isenheimer Altar

Als ich das Gemälde der Verkündigung Maria von Matthias Grünewald sah, fühlte ich mich plötzlich erleuchtet und angeregt. Sein Gemälde steht im starken Kontrast zu den üblichen, bekannten Darstellungen der Verkündigung, die Maria in einer Stellung des passiven Gehorsams mit gekreuzten Armen darstellen.

Im Gemälde von Grünewald wendet Maria ihren Kopf ab und zeigt dabei Ablehnung gegenüber der Botschaft des Engels. Diese scheint mir eine realistische und menschliche Geste zu sein, denn die Botschaft des Engels war nach den jüdischen Bräuchen jener Zeit unannehmbar.

Matthias Grünewald hat sein Werk während der Reformation gemalt, und sein Bild spiegelt deren Geist wider. Nachdem ich dieses Werk gesehen hatte, fing ich an, mich zu fragen, ob es besser wäre, Maria zu ignorieren oder ob wir einen anderen Zugang zu ihr bräuchten. Grünewalds Gemälde stellt Maria nicht als eine Frau dar, die das göttliche Wort blind entgegennimmt, sondern als eine mutige Frau, die sich mit Gottes Willen auseinandersetzt und schließlich für sich entscheidet, die Konsequenzen im Hinblick auf ihren traditionellen Kontext zu tragen.

Sie wird nicht als eine Person dargestellt, die blinden Gehorsam leistet und eine fest vorgeschriebene Rolle innerhalb der hierarchischen Beziehungen akzeptiert. Stattdessen zeigt sie Selbstvertrauen und Entschlossenheit. Die echte, persönliche Spannung zwischen Zweifel und Glauben wird in ihrem Ausdruck der Ablehnung und Angst festgehalten.

In den üblichen Bildern Marias wird sie als glückliche und erfüllte Frau nach der Geburt mit dem Jesuskind an der Brust dargestellt oder als vor Trauer fast in Ohnmacht fallende Frau zu Füßen des Kreuzes.

Grünewalds Darstellung von Maria ist echter und realistischer. Sie wird nicht als eine Art „Wunderfrau" idealisiert, sondern als eine Person, die von Zweifeln, Schmerzen, Trauer und Freude erfüllt ist.

schaftliche Entwicklung verhindere. Im Klartext heißt dies die Wiedereinführung einer Politik, die dem Militär und seinen Opfern einen Maulkorb anlegt. Die Umstände, die zum Massaker von 1980 geführt haben, sowie viele andere traumatische Ereignisse, werden auf diese Weise ungeklärt bleiben. Wenn die Tatsachen für eine öffentliche Diskussion unterschlagen werden, werden Vergebung und soziale Versöhnung unvollendet und unvollständig bleiben.

5 Maria in den Evangelien

Die koreanische Kirche ist stolz darauf, dass die erste protestantische Kirche in Korea von einem Einheimischen, der in China Christ geworden war, gegründet wurde. Bevor andere Missionare nach Korea gekommen waren, kannte Korea eine Bewegung, die dem Protestantismus ähnelte. Auch wenn wir anerkennen, dass das Christentum hauptsächlich durch die Arbeit amerikanischer Missionare verbreitet wurde, haben wir nicht vergessen, dass Koreanerinnen und Koreaner davor schon freiwillig zum Christentum konvertierten und das Evangelium unter sich verbreiteten. Eine ähnliche Entwicklung durchliefen die katholischen Kirchen in Korea.

In Korea herrscht ein allgemein bekanntes Bild von Jesus als gut aussehender, etwa 30jähriger Mann mit langen blonden Haaren, das aus westlichen Kulturkreisen stammt, vor. Dieses Bild wurde an jede christliche Familie, Schule und Kirche verteilt. Es existiert ein ähnliches Bild von Maria als weiße Frau mit langen blonden Haaren und einem schönen Kleid, das ihren Körper elegant bekleidet. Natürlich zeigen diese Bilder nicht die historische Wirklichkeit von Jesus und Maria, wie sie in der Bibel dargestellt wird.

Wie Edward Said in seinem Buch „Orientalismus"[11] betont, würden solche Gemälde den Orientalismus bestätigen sowie westliche und christliche Ansichten in einen nicht-westlichen Raum einführen, dem auch Korea angehört. Wir haben uns dieser Bilder immer noch nicht ganz entledigen können: Während zeitgenössische Gemälde die Kleidungsstile und Hautfarbe der Einheimischen übernommen haben, wird Maria immer noch als eine Frau in schönen, sauberen Kleidern dargestellt. Die Gemälde spiegeln also immer noch nicht die historische Realität wider: Maria als Frau eines Zimmermanns, die keinen geeigneten Ort für eine Geburt findet. Wenn wir wissen, dass diese Bilder einer weißen Maria in einem hübschen Kleid nicht der Wahrheit entsprechen, müssen wir uns zunächst der biblischen Darstellung zuwenden. Es ist immer wieder sehr bereichernd, die Bibel mit neuen Augen zu lesen und die tiefgründigen Werte in Marias Leben zu entdecken. Es sind Werte, die ihr eine volle und erfüllende Rolle im heutigen Protestantismus zuweisen könnten.

Leider finden wir nur wenige biblische Berichte über Maria in den Evangelien.[12] Matthäus erwähnt kurz die Jungfrau Maria und die Geburt Jesu, des

11 Edward W. Said, Orientalismus. Aus dem Engl. von Hans Günter Holl, Frankfurt a. M., 2009.

12 Siehe John Macquarrie, Mary for All Christians, Edinburgh, 2001, 28–50.

Messias'. Markus geht der Abstammung Jesu aus dem Weg und erwähnt nicht, wer Jesus gebar. Im Vergleich zu den anderen Evangelien liefert Lukas den detailliertesten Bericht über Maria und die Geburt Jesu. Doch bei Johannes finden wir mehr Information über Marias Rolle und ihre Deutung als Jüngerin. In dieser Rolle ist sie am ersten Akt der Mission Jesu auf dem Hochzeitsfest zu Kana beteiligt und als Jüngerin ist sie unter dem Kreuz auch am Ende seiner Mission dabei. Nach Johannes war das Wunder von Kana das erste seiner Art in Galiläa, obwohl Maria vorher schon wusste, was zu tun war: Sie ermunterte Jesus, seine Arbeit nun aufzunehmen, aber Jesus zögerte und meinte: „Meine Stunde ist noch nicht da." (Joh 2,4). Maria überzeugte jedoch die Diener, als sie sagte: „Was immer er euch sagt, das tut!" (Joh 2,5). Ihre primäre Sorge war nicht der Mangel an Wein. Durch ihr Mitgefühl, ihre Sorge und Besorgnis für andere und durch einen ganzheitlichen Ansatz fand sie eine Lösung für das Problem, die weder Angst noch Schuldzuweisung auslöste. Welch' positive Art, Mitgefühl und Solidarität zum Ausdruck zu bringen!

Im Johannesevangelium ist Maria nicht nur die Mutter Jesu, sondern auch eine Prophetin, Jüngerin und Mutter der Gemeinschaft. Das Evangelium berichtet, dass Maria Zeugin der Kreuzigung Jesu war. „Beim Kreuz Jesu aber standen seine Mutter und die Schwester seiner Mutter, Maria, die Frau des Klopas, und Maria von Magdala. Als nun Jesus die Mutter und den Jünger, den er liebte, neben ihr stehen sieht, sagt er zur Mutter: Frau, da ist dein Sohn. Dann sagt er zum Jünger: Da ist deine Mutter. Und von jener Stunde an nahm der Jünger sie zu sich." (Joh 19,25–27).

Vorher hatte Jesus die Familie neu definiert: „Denn wer den Willen Gottes tut, der ist mir Bruder und Schwester und Mutter" (Mk 3,35). Maria akzeptierte diese neue Definition der Familie Gottes (familia dei). Ihr Denken und Handeln wurde nicht durch das enge, patriarchale Prinzip der Familie, die durch Abstammung bestimmt ist, geprägt, sondern durch ihren Sohn Jesus wurde die Familie Gottes möglich. Ein Maßstab unseres geistigen Erfolgs ist die Fähigkeit, unsere Konzeption einer Familie möglichst offen und immer wieder neu zu definieren.

In mancherlei Hinsicht erinnert mich Maria an die Mütter in Korea, an traditionelle und zeitgenössische, die sich für ihre Söhne aufopfern und leiden. Sie gebar einen Sohn für das Heil der Welt, als Zimmermannsfrau bereitete sie sein Essen zu und führte ein einfaches Leben unter der Kolonialherrschaft des römischen Reiches. Für ihren Sohn hat sie alles geleistet, wie es auch viele

Mütter in Korea tun. Maria war jedoch nicht abhängig von ihrem Sohn und versuchte ihn weder zu beherrschen, noch zu manipulieren.

Schließlich ließ Maria Jesus seinen Weg gehen, obwohl sie sehr während seines Sterbens am Kreuz litt. Sie vertraute jedoch darauf, dass Gott durch Jesu Tod und darüber hinaus offenbart würde. Diese Seite von Maria sollte allen Müttern, die ihre Kinder verlieren, Mut machen, sich für mehr Gerechtigkeit und Demokratie in dieser Welt einzusetzen. Maria kann ein Spektrum an Vorbildern für eine Mutterschaft aufzeigen, die reicher und für die moderne Gesellschaft relevanter ist als die traditionellen Tugenden des Gehorsams und der Passivität.

Die Jungfräulichkeit Marias sollte nicht dazu missbraucht werden, von den Frauen sexuelle Reinheit zu fordern.[13] Diese Denkweise festigt nur die Doppelmoral für Frauen und Männer, und wird verwendet, um das Modell der fügsamen Frau aufrecht zu erhalten.

Bei der Geburt Jesu wurde die Macht der Männer nicht ein-, sondern ausgeschlossen[14] als Folge der Initiative Gottes und Marias Reaktion darauf. „Da sagte Maria: Ja, ich bin des Herrn Magd; mir geschehe, wie du es gesagt hast! Und der Engel verließ sie.“ (Lk 1,38). Sie war autonom und unabhängig in dem Moment, als das logisch Unmögliche möglich wurde. Sie reagierte weder passiv noch gehorsam. Sie hörte intensiv auf Gottes Willen und entschloss sich voller Mut. Statt ein Vorbild der gehorsamen Passivität zu sein, wurde sie eines für sozialen Aktivismus, der auf einen freien Willen und auf Selbstbestimmung basiert.

Maria war nicht unbedingt eine einmalige Frau, sondern eine gewöhnliche Mutter. Ursprünglich war sie keine übernatürliche Figur ohne Schwächen und Fehler. Dieses unabänderliche Bild einer idealisierten Fraulichkeit ist zu einem

13 Der offizielle christlich-abendländische Einfluss begann in Asien generell im 16. Jhd. (hier meine ich nicht das Thomas-Christentum oder den Nestorianismus.) Trotzdem ist die christliche Wirkungsgeschichte im Vergleich zur langen Geschichte Asiens mit anderen religiösen Traditionen relativ kurz. Z.B. gab es in Asien, lange bevor das Dogma der Jungfrauengeburt durch das Christentum verbreitet wurde, ähnliche Gedanken, welche von anderen Religionen vertreten wurden. Ein Kult der Jungfräulichkeit ist mit einem Kult der Genitalität verbunden. Es ist eine Spielart der Ideologie männlichen Herrschens und der Kontrolle, Frauen als bloßes Objekt und Werkzeug sexuellen Genusses zu degradieren. Aspekte wie Keuschheit, Passivität und die an Frauen gelobten Tugenden des Erduldens und der Hingabe wurden schon vor der Einführung des Christentums vertreten. Deshalb ist es nötig, nicht zu verallgemeinern, sondern das Christentum als einen Einfluss neben anderen zu sehen.

14 Karl Barth betont diesen Aspekt der Jungfrauengeburt deutlich. Gott klammert die biologische Kraft eines Mannes für diese Geburt aus. Siehe Karl Barth, Die Kirchliche Dogmatik, I/2, Zürich, 1986, 189ff.

ideologischen Werkzeug der Diskriminierung und Unterdrückung geworden. Wir sollten Maria nicht vergöttlichen, sondern ihren besonderen Beitrag zur Christologie in Bezug auf die Inkarnation und ihre Entwicklung einer prophetischen Stimme betonen.

Maria hielt in schwierigen Situationen an ihrem Glauben und ihrer Verantwortung fest, indem sie Gottes Willen im Hier und Jetzt in Taten umsetzte. Sie war die erste Zeugin, die an das Wunder von Weihnachten und Gottes Fleischwerdung in Jesus Christus, glaubte. Sie überwand den familienfixierten Egoismus und entwickelte sich weiter. Sie befreite sich von den historischen Traditionen der Mutterschaft ihrer Zeit. Sie lobt Gott in ihrem Magnifikat mit einer Vision vom globalen Empowerment und der Transformation der Gesellschaft.

6 Maria als Sinnbild (enabler) sozialer Gerechtigkeit

Nach dem Aufkommen der feministischen Theologie aus der Perspektive der außer euro-amerikanischen Frauen (women of colour) in den achtziger Jahren, wurden gewisse Tendenzen im theologischen Gespräch über die Mariologie deutlich:

- Der Versuch Mariologie mit anderen religiösen und kulturellen Göttinnen in Verbindung zu bringen;
- Eine Mariologie aus der Sicht der armen und an den Rand gedrängten Frauen zu entwickeln[15];
- Maria mit den heilenden Kräften innerhalb anderer kultureller Traditionen zu verbinden.

In den Diskussionen in feministischen Kreisen in Asien wird Maria oft mit Kuan-yin aus der buddhistischen Tradition verglichen.[16] Diese Gespräche zielen alle darauf, das traditionelle Vorbild der Maria als Ideal der Tugend, des

15 Mariologie aus der feministischen Perspektive der Befreiung für die Armen und Bedürftigen: Siehe Ivone Gebara and Maria Clara Bingemer, Mary, Mother of God, Mother of the Poor, trans. Phillip Berryman, Maryknoll, N.Y., 1989.

16 Kuan-yin ist ursprünglich eine Bodhisattva, die die Aufgabe hat, Nachfolger zum Nirwana zu führen. Auch wenn Bodhisattvas als männlich und weiblich dargestellt werden, werden sie meistens mit einer weiblichen Figur in Verbindung gebracht. Zu diesem Vergleich zwischen Maria und Kuan-yin siehe Esther R. Suter, Maria: Maria des Protests-Maria des Mitleidens-Maria des Heilens, in: profan-sinnlich-religiös. Theologische Lektüren der Postmoderne. Festschrift für Uwe Gerber. hrsg. von Susanne Dungs und Heiner Ludwig, Bern , 2005, 328f.

Gehorsams, der Passivität, der Unterordnung, der selbstlosen Hingabe und der Keuschheit abzulehnen. Das traditionelle Bild von Maria festigt eine andauernde Rolle der Frauen als Dienerin der Männer in Kirche und Gesellschaft. Darum ist es absolut notwendig, eine neue Mariologie in jedem kulturellen und konfessionellen Kontext zu entwickeln, die auf praktischer Anthropologie basiert und sich auf die Erfahrungen aus dem Befreiungskampf bezieht.

Aus dieser Perspektive kann Maria nicht nur als die mitfühlende Mutter Jesus' im Himmel (oder als Frau, die Gott gebar) wahrgenommen werden, sondern auch als Schwester, Gefährtin und Mutter während der irdischen Kämpfe um soziale Gerechtigkeit. Tatsächlich kann Maria auf verschiedene Weise im ergänzenden feministischen Diskurs gedeutet werden: Gott als Mutter oder Göttin im Gegensatz zu Gott als streng richtendem Vater. So könnte Maria sogar als Symbol für das weibliche Gottesbild oder das „mütterliche Gesicht Gottes“[17] angesehen werden. Sie könnte auch als Frau betrachtet werden, die von römischen Soldaten vergewaltigt wurde oder als Ehebrecherin, und Jesus wäre dann ein uneheliches Kind.

Für mich persönlich aber ist Maria wegen ihrer prophetischen Stimme, die im Magnifikat erklingt, von Bedeutung. Mit der Heiligen Schrift zu beginnen, ist ein wichtiger Weg des Protestantismus. In der Bibel ist Maria nicht nur eine der wichtigsten weiblichen Figuren, sondern auch diejenige, die die intimste Beziehung zum fleischgewordenen Gott genießt. Die Bedeutung dieser Beziehung für die Ethik und die soziale Gerechtigkeit ist für eine kritische Neueinschätzung ihrer kulturellen und konfessionellen Identität unerlässlich.

Ich möchte Maria nicht von neuem idealisieren oder sie mir als Göttin vorstellen.[18] Noch möchte ich, dass die Herausforderung, die ihr Leben bedeutete, ignoriert wird oder dass aufgehört wird, über sie zu sprechen. Stattdessen will

17 Elisabeth A. Johnson, Truly Our Sister. A Theology of Mary in the Communion of Saints, New York, 2004, 71–92.

18 Es gibt viele Geschichten in der hebräischen Schrift über die Geburt von Kindern und das Problem der kinderlosen Frauen, z.B. Genesis 30. Frauen werden im allgemeinen nur für ihre Rolle bei der biologischen Fortpflanzung beachtet. Es gibt in einem patriarchalen System viele andere Probleme für kinderlose Frauen. Schamanismus und die Traditionen von Göttinnen sollten für die Geburt von Söhnen sorgen und kinderlose Frauen in einem gewissen Sinne trösten. Leider wird all dies als ideologisches Mittel verwendet, um das patriarchale System zu fördern, statt es abzubauen. Betrachten wir Maria als Göttin, wird sie zum Symbol für Fortpflanzung, Fruchtbarkeit und als Wächterin über materiellen Segen. Genau das will der feministische Diskurs vermeiden, denn Frauen sollten nicht bloß durch eine biologische Funktion definiert werden. Susanne Heine wies auf die Schwächen und die problematische Methodologie des Göttin-Feminismus hin. Siehe Susanne Heine, Matriarchs, Goddesses and Images of God. A Critique of a Feminist Theology, Minneapolis, 1989, 146ff.

ich, dass wir ihre revolutionäre Mutterschaft in aller Deutlichkeit wahrnehmen.

Ich weiß, dass wir uns nie ganz von der dogmatischen Geschichte des Christentums in Bezug auf Maria und den daraus folgenden kulturellen Entwicklungen befreien können. Ich bemerke auch, dass man in ihr weiterhin paradoxe Aspekte sehen wird, wie z.B. die der Jungfrau und Mutter der Fruchtbarkeit. Beide werden als „tröstende“ Bilder verstanden. Ich persönlich empfinde es als unnötig, dass der Mann Jesus die Frau Maria als Mediatrix (Vermittlerin) und Co-Redemptrix (Miterlöserin) aus Gründen des Gleichgewichts der Geschlechter braucht.

Maria ist nicht besitzergreifend, sondern gibt Jesus die Freiheit, das zu tun, was er tun muss. Innerlich lässt sie ihn los. Ihr Handeln kann auch uns Kraft geben. Durch ihren Sohn Jesus Christus werden Menschen mit Gott versöhnt und die Botschaft der Erlösung wird durch Jesus verkündet. Marias Denkmuster war nicht privat, egoistisch oder familienfixiert, sondern offen und sozial und konzentrierte sich auf die Gemeinschaft und nicht nur auf bestimmte Individuen. Ihre Art Mutterschaft war vollkommen anders als eine Mutterschaft, die krampfhaft die Blutlinie der Familie in den Mittelpunkt stellt.

Als Folge dieses Denkmusters hören wir von ihr die revolutionäre Botschaft des Magnifikats: „Und Maria sprach: Meine Seele erhebt den Herrn, und mein Geist jubelt über Gott, meinen Retter. Denn hingesehen hat er auf die Niedrigkeit seiner Magd. Siehe, von nun an werden mich seligpreisen alle Geschlechter. Denn Großes hat der Mächtige an mir getan. Und heilig ist sein Name, und seine Barmherzigkeit gilt von Geschlecht zu Geschlecht, denen, die ihn fürchten. Gewaltiges hat er vollbracht mit seinem Arm, zerstreut hat er, die hochmutig sind in ihrem Herzen. Mächtige hat er vom Thron gestürzt und Niedrige erhöht. Hungrige hat er gesättigt mit Gutem und Reiche leer ausgehen lassen. Er hat sich Israels, seines Knechtes, angenommen, und seiner Barmherzigkeit gedacht, wie er es unseren Vätern versprochen hat. Abraham und seinen Nachkommen in Ewigkeit.“ (Lk 1,46–55)

Im Magnifikat hält Maria an einer Vision ihrer Mutterschaft fest, die Denken und Handeln in einer prophetischen Botschaft zusammenfließen lässt. Sie drückt Unterstützung für die Unterdrückten und Machtlosen, die an den Rand Gedrängten und die Armen aus,[19] aber sie schließt die Reichen und Mächtigen

19 Siehe Pauline Chakkalakal, Mary of Nazareth: An Indian Feminist Theological Perspective, in: Breaking Silence. Theology from Asian Women's Perspective, ed. by Meehyun Chung, New Delhi,

nicht aus. Sie schlägt keine Umkehrung vor, bei der die Reichen arm werden und die Armen reich. Echtes Empowerment vollzieht sich durch Teilen, durch ein weitreichende, soziale Ermächtigung, das gleichzeitig geistig, politisch und wirtschaftlich ist. Mächtige Menschen werden dadurch aus ihrem Netz des Reichtums und der damit verbundenen Herrschaft befreit. Sie sind befreit ständig in Angst vor finanziellen Verlusten zu leben, befreit von ihrer unentwegten Gier. Vielleicht könnte dies ein geistiges und materielles Modell für eine alternative Globalisierung sein, wobei alle „… die Fülle des Lebens und nicht die Fülle des Leidens“ erleben könnten. Das wäre in der Tat wunderbar! Wir müssen uns aber zugleich fragen, ob ein Leben in Fülle zur Ausbeutung anderer führt und ob unsere Vorstellungen von dem, was anderen fehlt, stimmen. Hoffentlich wird Marias Lied auch zu unserem Lied, wo immer wir auch wohnen.

In der reformierten Tradition, insbesondere in der zwinglianischen,[20] werden Fragen der sozialen Gerechtigkeit stark betont, sie beziehen sich sowohl auf die Mariologie als auch auf die Anbetung Marias. Zum Beispiel beachtete Zwingli die Marienfrömmigkeit des Volkes. Er warnte zwar vor prachtvoller Ausschmückung und Dekoration im Zusammenhang mit der Marienverehrung, aber er betonte vor allem, wie wichtig die wirtschaftliche Hilfe für die Bedürftigen und das Wohlergehen aller sei.[21] Maria wurde zum Vorbild dafür, wie Glaube die Erlösung antizipiert. Maria gebar Jesus und diese Tatsache desillusionierte uns, sodass die wahre Bedeutung der Menschwerdung Gottes erkennbar war. Dies ist ein notwendiges Element jeder Mariologie.

7 Schlussbemerkungen

Auf der Suche nach Befreiung von Unterdrückung und mit ihrem Glauben an gesellschaftliche Veränderung ging Maria ein moralisches Risiko ein. Nicht gefangen in einem Bild der individuellen und familienzentrierten Mutterschaft, teilte sie ihre mütterlichen Fähigkeiten mit den Menschen und befähigte (empowered = Kraft geben zu handeln) sie dabei. Als Maria sich dem Willen Gottes unterwarf, war es nicht die Unterwerfung einer Sklavin. Sie war frei,

2006, 34.

20 Vgl. Groupe des Dombes, Maria in Gottes Heilsplan und in der Gemeinschaft der Heiligen, Frankfurt a.M., 1999, 41f.

21 Emidio Campi, Zwingli und Maria. Eine reformationsgeschichtliche Studie, Zürich, 1997, 78f.

um Gott durch ein intendiertes und kreatives Verhalten zu dienen. Auf diese Weise zeigte sie uns als Asiatin, die bestrebt war, Menschen ein vollkommenes Leben zu ermöglichen, eine andere Art der Mutterschaft, die die Familie Gottes innerhalb der größeren Gesellschaft erschafft und pflegt.

Sozio-kulturelle Themen

Die Trostfrauen – Comfort Women

[Dem Schweigen ein Ende setzen]

1 Geschichtlicher Hintergrund

Kollektives Gedächtnis, Vergangenheitsbewältigung, Gedenkfeiern, dies sind die häufigsten Begriffe, die ich 2005 zum Anlass des 60. Jubiläums des Kriegsendes in den deutschen Medien immer wieder gehört habe. Wir alle wissen um die Verbrechen der Deutschen an den Juden, Sinti, Roma und anderen während des Zweiten Weltkrieges. Viel weniger bekannt sind die Verbrechen, welche in verschiedenen asiatischen Ländern durch das japanische Militär verübt wurden. Es ist auch in der Schweiz fast kaum bekannt, dass die Schweizer Armee heute immer noch Friedenssoldaten in Korea stationiert hat. Um all das zu erklären, möchte ich kurz die moderne Geschichte Koreas skizzieren.

Nach dem Russisch-Japanischen Krieg (1904–1905) haben die USA, Großbritannien, Deutschland und Frankreich ein Geheimabkommen mit Japan unterstützt, welches die japanische Kolonialherrschaft in Korea legitimierte.[1] Im Jahr 1907 versuchte der koreanische Kaiser Kojong aufgrund einer Ermutigung durch den russischen Kaiser Nicolaus II an der zweiten Weltfriedenskonferenz in Den Haag das ungerechte Abkommen von Japan 1905 in der Welt bekannt zu machen und plädierte für Koreas Unabhängigkeit. Er schickte drei Abgeordnete nach Den Haag, aber sie konnten ihren Plan nicht verwirklichen. Weil Korea schon damals nicht als souveräner Staat anerkannt wurde, wurden seine Vertreter nicht als rechtmäßige Teilnehmer akzeptiert und daher nicht angehört. Einer von ihnen, Lee Chun, nahm sich daraufhin das Leben, worauf der koreanische Kaiser zwangsweise vom Amt enthoben wurde. Korea wurde entmilitarisiert.

1 Eines davon ist das Gatsura-Taft Abkommen. „Am 29. Juli 1905 wurde der Geheimvertrag von dem US-amerikanischen Heeresminister Taft und dem japanischen Premierminister Gatsura in Tokio unterzeichnet. Die Kernpunkte des Vertrags sind die japanische Anerkennung der US-amerikanischen Kolonialannexion der Philippinen, der Beschluss einer gemeinsamen Allianz von Japan, England und den USA gegen Russland und die US amerikanische Anerkennung der japanischen Kolonialherrschaft über Korea." Lee Nam-Beck, Protestantismus und Ahnenverehrung in Korea. Entwurf einer Theologie der Erinnerung, Münster, 2001, 185f.

1910 wurde Korea von Japan annektiert.[2] Da das Ende des Zweiten Weltkrieges und die Befreiung (1945) von der japanischen Kolonialherrschaft nicht durch Korea,[3] sondern durch die damaligen Alliierten UdSSR und USA zustande kam, dominierten diese als Siegermächte das Land. Sie teilten Korea untereinander auf und nutzten die beiden Teile als ihre Einflussgebiete. Ihr anschließender Kampf um die Vorherrschaft war der Grund für den sogenannten Koreakrieg.

Seit dem Ende des Koreakrieges im Jahr 1953 sind Soldaten der Schweizer Armee im symbolischen Friedensdienst in Korea stationiert. Damals wurden auch Delegierte aus vier neutralen Ländern durch die UNO ausgesandt, um die Friedenszone zu überwachen: Von den demokratischen Staaten waren schwedische und Schweizer, von den kommunistischen Ländern polnische und tschechische Soldatenvertreten. Die Schweizer Soldaten sind bis heute vor Ort und leisten Friedensdienst. In diesem Sinne sind auch die Schweizerinnen und Schweizer mit dem Schicksal der Koreanerinnen und Koreaner verbunden.

Japan hat während des asiatisch-pazifischen Krieges (1937–1945) brutalste Gewalt an Frauen und Männern ausgeübt und internationale Gesetze verletzt. Etwa 200 000 Asiatinnen aus den Philippinen, Taiwan, China, Thailand, Indonesien, Malaysia, Holland, aber zum größten Teil aus Korea wurden als Sexsklavinnen verschleppt. Die jungen Frauen sind zwangsweise entführt oder mit falschen Arbeitsversprechen geködert worden. Diese sogenannten Trostfrauen wurden in Soldatenbordelle festgehalten und mussten als Sexsklavinnen je durchschnittlich 40 Männer täglich zu bedienen, wobei sie oft misshandelt, nicht selten sogar umgebracht wurden. Diese Zwangsprostitution stellt eine von der japanischen Regierung organisierte systematische Vergewaltigung von Frauen dar, von der Rekrutierung bis hin zur „Verwendung“ dieser Frau-

2 Aufgrund der Angleichungspolitik der japanischen Kolonialregierung wurden die KoreanerInnen gezwungen, die japanischen Namen anzunehmen. Ein bekanntes Beispiel war Gijeong Son (1912–2002), der sich weigerte mit seinem japanischen Namen bei der öffentlichen Auftritten zu unterschreiben. Er war der Olympiasieger im Marathonlauf der Spiele der XI. Olympiade, die vom 1. bis 16. August 1936 in Berlin, Deutschland, stattfand. Wegen der Japanischen Besatzung wurde bei der Siegerzeremonie die Flagge Japans anstelle der Koreanischen Flagge gehisst. Als die Olympiade 1988 in Korea stattfand, wurde er Fackelträger in Seoul, Korea.

3 Das Baekdu daegan, das eine sich über die ganze koreanische Halbinsel erstreckenden Gebirgskette ist, ist ein Rückgrat der Halbinsel. Während der japanischen Besatzungszeit, hat die japanische Regierung versucht, auf den Gipfel dieser Gebirgsketten „den großen Nagel“ einzuschlagen, damit die mysteriöse Energie, die das Leben und den Volksgeist fördert, vernichtet wird. Nach der Befreiung des Landes, gab es eine Aktion, diesen Nagel wieder herauszunehmen.

en. In Korea leben heute noch etwa 80 Opferfrauen. Ihr Durchschnittsalter ist etwa 85. Die Opferfrauen sterben allmählich aus.

Die japanische Regierung hat sich bis zum heutigen Zeitpunkt weder dafür offiziell entschuldigt, noch Wiedergutmachung geleistet. Sie hat zwar ein „Schweige-Geld" als private Kompensation angeboten, die Mehrheit der Opfer der militärischen Zwangsprostitution konnte dies allerdings nicht als passende Lösung akzeptieren und hat es deshalb abgelehnt.

2 Der Frauenkörper als Objekt des Ismus

Zuerst wurde in Korea gar nicht öffentlich über dieses Thema gesprochen, weil man die Keuschheit der Frauen in der koreanischen Gesellschaft als höchstes Gut betrachtete. Es gibt sogar ein sehr hartes Schimpfwort für Frauen, welches auf die Frauen zurück geht, die aus der Verschleppung im Mongolischen Reich im 12. Jahrhundert und aus der Verschleppung im Qing-Dynastie im 17. Jahrhundert zurückgekehrt sind und ihre Keuschheit verloren hatten.

Nach der konfuzianischen Lehre sollten solche Frauen eher Selbstmord begehen oder nie nach Hause zurückkehren, weil sie die Ehre der Familie beschmutzten und eine Schande für ihre Familie seien. Deshalb konnten und durften diese Frauen ihr Leid und die Wahrheit nicht in der Öffentlichkeit zum Ausdruck bringen; sie mussten schweigen.

Körperfeindlichkeit, Askese und Körperverleugnung waren jahrhundertelang Tugenden des christlichen Glaubens. Dies war in den koreanischen Kirchen nicht viel anders. Auch die offiziellen Kirchen haben sich mit dieser Problematik zuerst überhaupt nicht beschäftigt. Sie übernahmen die kulturell verankerte Vorstellung von Keuschheit und Gehorsam der Frauen. So wurde dieses Thema innerhalb des koreanischen Christentums wenig diskutiert.

Die Werte und die Ehre dieser misshandelten Frauen wiederherzustellen ist die wichtigste Aufgabe. Dabei geht es nicht nur um Kritik an japanischen, sondern auch an den koreanischen Männern, die diese Missetaten aufgrund des verbreiteten patriarchalen Denkens verheimlichen wollten. Es betrifft aber genauso privilegierte Frauen, die sich gegenüber diesen machtlosen Frauen wenig solidarisch zeigen und den Fehler wiederholen, die Ideologie der weiblichen Reinheit zu betonen. All diese soziokulturellen und religiösen Vorstellungen haben Opferfrauen daran gehindert, ihr Zeugnis öffentlich abzulegen.

Während der Diktaturherrschaft der ersten koreanischen Republik 1948 bis zur Zivilregierung 1993 war es nicht möglich, dieser Problematik gesellschaftliche Beachtung zu schenken. Durch die Transformation der Gesellschaft gegen Ende der achtziger Jahre wurde es allmählich möglich, dieses Thema auch in den gesellschaftlichen Diskurs einzubringen.

Widerstand und Versuche, der Wahrheit ins Gesicht zu sehen, entsprangen nicht der Volksreligiosität, mit v.a. schamanistischer Prägung, sondern der Initiative von Christinnen. Im Schamanismus können Frauen psychologische Erleichterung durch Rituale erfahren, da dieser in vielerlei Hinsicht den Frauen nahe stand und steht. Aber ethische Forderungen und Handlungen kann man vom Schamanismus nicht erwarten.

Das Loslassen vergangenen Leidens gelingt nicht durch religiöse Rituale allein, sondern durch gerechte Maßnahmen und ethisches Handeln, besonders von der japanischen Regierung. Dabei haben einige christliche Frauen eine sehr wichtige Rolle gespielt, worauf ich im nächsten Abschnitt näher eingehen werde.

Die Frauenkörper waren nicht zuletzt Objekt und Opfer des Kapitalismus und des Militarismus.[4] Der Gedanke des Besitzes spielt im Kapitalismus eine große Rolle. Indem Frauenkörper als Objekt im Krieg gebraucht werden, sind bei diesen Gräueltaten Klassendenken, Rassismus und Sexismus vermischt. Meistens waren Frauen unterer Schichten zur Prostitution gezwungen oder

4 Frauenkörper werden auf verschiedene Arten missbraucht. Sie werden als Ware im Frauenhandel benutzt; im Krieg werden Frauen einerseits zur sexuellen Befriedigung von Soldaten missbraucht, andererseits aber auch, um die gegnerische Kriegspartei durch die Vergewaltigung ihrer Frauen zu demütigen. Das Vergnügen dieser Männer ist die Qual der Frauen. Es gibt zweierlei Arten von Misshandlungen von Frauenkörpern in dieser Region: die Trostfrauen und die Sexindustrie in US Militäranlagen.

Seit der Zeit des Kalten Kriegs sind US Streitkräfte in verschiedenen asiatischen Gebieten stationiert. Fast gleichzeitig ist, wo auch immer diese US Soldaten sind, ein Sexgewerbe entstanden. Aufgrund der sogenannten Bewahrung der Zivilfrauen ist diese Sexindustrie mehr oder weniger legitimiert. Zahlreiche ehelose Kinder sind aus solchen gemischten Verbindungen hervorgegangen. Weil Korea eine homogene Gesellschaft war, wurden diese Mischlinge sozial und kulturell marginalisiert und vernachlässigt. Eine Facette der sexuellen Ausbeutung, mit der sich Frauenorganisationen befassen, ist die Prostitution auf den Stationsbasen der US-amerikanischen Armee. Aufgrund des Status Forces Agreement d.h. des rechtlichen Sonderstatus von amerikanischen Soldaten, können Gewaltverbrechen an Frauen im Sexgewerbe nicht vor koreanische Gerichte gebracht und deshalb nicht nach koreanischem Recht bestraft werden. Ein bekanntes Beispiel war die brutale Ermordung von Yoon Kumi 1992.

Die Koreanische feministische Theologie hat sich mit diesem Thema detailliert auseinandergesetzt, um es der Welt bekannter zu machen und den Gräueltaten im Vietnam Krieg auch ins Gesicht zu schauen. Es ist nach wie vor wichtig, dem Thema der sexuellen Ausbeutung von Frauen im Krieg Beachtung zu schenken, denn es wiederholt sich, dass in jeder Kriegssituation und im Militarismus Frauenkörper zu Objekten im vielfältigen Sinne gemacht werden.

wurden aufgrund ihrer wirtschaftlich schlechteren Lage dazu genötigt. Frauenkörper von politischen Feinden waren nicht nur Objekte sexueller Befriedigung für die Soldaten, sondern auch Mittel, um die gegnerischen Völker zu demütigen. Solche Mechanismen laufen auch heutzutage immer noch ab, wie die Beispiele aus Bosnien, Kroatien und Ruanda usw. zeigen. Um Macht gegenüber den anderen Männern zu demonstrieren, werden deren Frauen zu Opfern gemacht. Herrschaft und Eroberung werden durch die Besitznahme der Frauenkörper zur Schau gestellt. Patriarchales Denken ist in den Krieg übertragen worden und zwar auf die Frauen anderer Völker.

Um dem Schweigen endlich ein Ende zu setzen und Zeugnisse über sexuelle Gewalt abzulegen, brauchen Männer sowie Frauen Mut. Das Sprechen über ihre Erfahrung und das Zuhören gehören zum Prozess der Heilung der Opferfrauen. Dadurch könnten die Wunden, die dem Frauenkörper zugefügt worden sind, allmählich geheilt werden.

3 Der koreanische Rat der Frauen

Erst gegen Ende der achtziger Jahre haben die Frauen, v.a. christliche Frauen, die Initiative ergriffen und angefangen, dieses Thema an die Öffentlichkeit zu tragen. Sie gründeten den koreanischen Rat der Frauen[5] für Frauen die zur militärischen Sex-Sklaverei durch Japan missbraucht worden sind. Die Organisation ist 1992 entstanden, konfessionsübergreifend, interreligiös und ökumenisch zusammengesetzt. Darüber hinaus sind ihr 37 Frauengruppen angeschlossen.[6]

Seit 1992 wird jeden Mittwoch eine friedliche Demonstration vor der japanischen Botschaft in Seoul, der Hauptstadt von Südkorea abgehalten. Etwa 30 Frauengruppen organisieren sie während des ganzen Jahres. Die Opferfrauen konnten am Anfang wegen des Schamgefühls nicht öffentlich auftreten. Aber mit der Zeit sind sie ermutigt worden, dieses Schweigen zu brechen.

Die Hauptforderungen an die japanische Regierung sind dabei:

Die japanische Regierung soll die Verbrechen an den koreanischen Frauen zugeben, der ganze Umfang der militärischen Sexsklaverei soll aufgedeckt

5 Vgl. www.womenandwar.net. Dieser Rat der Frauen führt verschiedene Projekte für die Opferfrauen durch. Beispielsweise Mal-, Gesangs- und Tanztherapie für die psychische Heilung und ein Frauenheim, damit sie sich in der Gemeinschaft gegenseitig unterstützen können.

6 All diese kleinen Schritte von zahlreichen Menschen bringen die ganze Sache voran.

werden, sie soll eine Entschuldigung für das Verbrechen abgeben, Gedenktafeln für die Opfer errichten, Wiedergutmachung an die Opfer und die beraubten Familien leisten, Berichte über das Verbrechen militärischer Sexsklaverei in die Schulbücher aufnehmen und die jüngere Generation informieren sowie die Verbrecher bestrafen.

Gefordert wird zudem ein Friedenszentrum für strukturelle Gewalt an Frauen und gegen den Krieg. Dabei wird auch die als Kriegsmittel eingesetzte Vergewaltigung thematisiert. Die systematische Vergewaltigung und Schädigung der Frauen und Kinder zu militärischen Zwecken muss geahndet und unterbunden werden. Wichtig ist, nicht nur die Verbrecher zu verurteilen und zu bestrafen. Es geht v.a. um die Heilung der alten Wunden und die Versöhnung der Völkern, die offizielle Entschuldigung, die Anerkennung der Schuld und um gerechte Maßnahmen, die damit verbunden sind.

Die UNO hat seit 1992 auf verschiedenen Ebenen diese Gewalttaten gegen Frauen in Asien als Menschenrechtsverletzung bezeichnet und die japanische Regierung zur Wiedergutmachung aufgefordert. Bei der Menschenrechtskonferenz von 1993 in Wien gelangte dieses Thema erstmals an die Weltöffentlichkeit. Das Buch einer holländischen Frau, die selbst Opfer dieser Verbrechen wurde, trug dazu bei, dass die Sexsklaverei schließlich auf verschiedenen internationalen Ebenen wie etwa bei der UNO-Frauen Konferenz von 1995 in Peking, oder beim UNO-Tribunal 2000 in Tokyo diskutiert wurde.

1993 wurde in New York und Washington jeweils ein Rat der Frauen (New York and Washingtion Council for the Women Drafted for Military Sexual Slavery) gegründet. Daher wurde dieses Thema auch in den USA bekannter und gründlicher behandelt. Im Dezember 1996 hat das amerikanische Parlament beschlossen, dass japanische Kriegsverbrecher wegen des Vorwurfs der Zwangsprostitution nicht in die USA einreisen dürfen.

4 Zwangsarbeit und International Labor Organisation

Im Jahr 1995 hat der Koreanischer Rat der Frauen (Korean Council for the Women Drafted for Military Sexual Slavery) durch den koreanischen Gewerkschaftsbund bei der International Labor Organisation (ILO) den Antrag gestellt, dieses Thema als Traktandum in die Agenda aufzunehmen.

Aus Anlass des 60. Jahres nach Beendigung des Zweiten Weltkrieges fand in Korea, China und in anderen asiatischen Ländern eine Aktion statt. Dabei wurde von Japan gefordert, diese in der Vergangenheit begangenen Ungerechtigkeiten aufzuarbeiten. UNO und ILO sollen die japanische Regierung mit Nachdruck auffordern, eine offizielle Entschuldigung auszusprechen und den betroffenen Opfern eine Entschädigung zu gewähren. In diesem Zusammenhang ist die damals 78jährige koreanische Opferfrau, Wonok Gil, am 28. Mai 2005 nach Genf gekommen, um von der ILO Vollversammlung mit der weltweit unterzeichneten Petition zu fordern, diese Sache als Traktandum zu berücksichtigen. Es geht um den 29. Artikel der ILO, der die Pflicht zur Wiedergutmachung bei Zwangsarbeit enthält. Die spezielle Experten-Gruppe der ILO hat daran gearbeitet und bestätigt, dass der genannte ILO Artikel auf dieses Verbrechen zutreffen würde. Aber es wurde bis jetzt nicht als wichtiges Traktandum von der ILO akzeptiert, obwohl 60 Jahre nach Kriegsende und 10 Jahre nach der Antragsstellung bei der ILO verstrichen waren. Die ILO und auch alle Mitglieder der Weltgemeinschaft sollten in angemessener Form Wiedergutmachung leisten, zumindest solange ein kleiner Teil der Opfer noch am Leben ist. Die durch jene Verbrechen zerstörten Leben sind jedoch durch kein Geld der Welt wieder gut zu machen. Um die Opfer noch während ihrer Lebzeiten zu entschädigen läuft der japanischen Regierung sicher die Zeit davon. Doch noch ist es nicht zu spät.

5 Emanzipation und Empowerment am Beispiel von Helen Kim[7]

Im Jahr 1999 gab es in der koreanischen Gesellschaft heftige und kontroverse Debatten, als ein nach Helen Kim benannter Preis gestiftet wurde.

Wer war Helen Kim (1899–1970)? Sie war die prominenteste Koreanerin, auch auf der internationalen Ebene. Sie war buchstäblich die Pionierin der Frauenbewegung in Korea[8] und die erste promovierte Frau und koreanische

7 Einen großen Teil habe ich übernommen aus: Meehyun Chung, Mission Impossible!? Zwischen Evangelisation und Emanzipation in Südkorea, in: Zeitschrift für Mission, Jg. 1–2, 2006, 150–153.

8 Helen Kim war buchstäblich Pionierin in vielerlei Hinsicht, vor allem in Bezug auf die neue Rolle der Frau. Ein schönes Foto von ihr aus Marseille, das auf dem Weg nach Jerusalem aufgenommen wurde, zeigt, wie sie sich schnell an die Modernisierung anpasste. Sie kleidete sich modern koreanisch mit kurzen Haaren, aber gleichzeitig ganz im Stil der westlichen Mode der zwanziger Jahre, während die anderen Koreanerinnen und sogar fromme europäische christliche Frauen lange Haare im Knoten trugen. Aber sie änderte ihren Stil in späteren Jahren, als sie wieder lange Haare im Knoten trug mit traditionellem koreanischem Kleid, um ihr Nationalbewusstsein zu demonstrieren.

Präsidentin am damaligen Ewha-College, das heute weltweit eine der größten Frauenuniversitäten ist. Helen Kim wurde durch vielfältige Tätigkeiten und Aktivitäten auch international bekannt. Ein Beispiel dafür ist ihre Teilnahme am Internationalen Missionsrat 1928 in Jerusalem. Nach dem Bericht eines deutschen Teilnehmers fiel sie durch ihr engagiertes Auftreten auf.[9] Dank der Ausbildung durch amerikanische Missionarinnen und ihrem Studium in Amerika verfügte sie über sehr gute Englischkenntnisse. Sie zeigte große Leidenschaft für die Fragen der Frauen. Unter der kleinen Zahl von Teilnehmenden aus Asien gewann sie schnell Aufmerksamkeit wegen ihres Engagements für die Emanzipation von Frauen. Sie sprach als Vertreterin von koreanischen Frauen im Plenum:

„Das säkulare gesellschaftliche Leben in Korea, das in seinem systemischen Aufbau weitgehend durch die Lehren von Konfuzius geprägt ist, erkennt die Bedeutung von Frauen und ihren Beitrag zum Funktionieren und zur Aufrechterhaltung von Familie und Gesellschaft voll an. Aber erst als das Leben und die Verkündigung Jesu Christi nach Korea gebracht wurden, haben die Frauen entdeckt, dass sie ganz eigene, ihnen selbst innewohnende Werte und Begabungen haben [...] Ich denke, Christus würde uns Frauen bedauern, wenn und wo wir noch immer zu schüchtern sind und zögern, in allen unseren Lebensbezügen für ihn Zeugnis abzulegen – nicht nur im häuslichen Umfeld, sondern auch in der Welt der Arbeit, des Handels, der Politik und der internationalen Beziehungen der Menschheit. Ich denke, er würde zu uns sagen: „Frauen, habe ich euch nicht Freiheit geschenkt? Warum seid ihr noch so verschreckt und schüchtern? Steht auf und tragt meine Botschaft mutig in alle Bereiche des menschlichen Lebens hinein. Dort werdet ihr gebraucht, und dort habt ihr euren ganz eigenen Beitrag zur menschlichen Gesellschaft zu leisten, der gegenwärtigen von niemand anders eingebracht werden könnte.“ [10]

Ihr besonderes Anliegen für die Emanzipation und Befreiung von Frauen in der Gesellschaft vertrat sie in aller Deutlichkeit:

„Christus hat in seinem Leben und in seinen Lehren deutlich gezeigt, dass vor Gott eine menschliche Persönlichkeit so wertvoll ist wie die andere, ob Mann oder Frau, ob Knecht oder frei [...] Während Christus nie einer Frau verboten hat, für ihn Zeugnis abzulegen, dürfen in manchen Kirchen heute die

9 Von den Höhen des Ölberges, Stuttgart/Basel/Berlin, hrsg. von Martin Schlunk,1929, 62.

10 Reports I, 372, zit. nach Karl-Fritz Daiber, Begegnung mit einer Unbekannten. Helen Kim auf der Tagung des Internationalen Missionsrates 1928 in Jerusalem, in: Zeitschrift für Mission, 1, 2006, 144. (Übersetzt aus dem Englischen von Ute Nies.)

Frauen nicht von den Kanzeln predigen, nicht weil es ihnen an Glauben oder Eifer fehlte, sondern nur weil sie Frauen sind.“[11]

Darüber hinaus bewies sie Mut, als sie dem japanischen Bischof widersprach, der den Rassismus in Japan abzustreiten versuchte:

„Da fragte ihn Fräulein Kim alsbald, ob er nicht wisse, dass von den acht Regierungsabteilungen Koreas nur eine einen Koreaner zum Vorsteher habe, und auch ihn nur dem Namen nach kenne? Ob er nicht wisse, dass unter den 18 458 Polizeisoldaten in Korea nur 7337 Koreaner seien und auch sie nur in niedriger Stellung, und dass ähnliche Verhältnisse bei der Eisenbahn herrschten? Ob er nicht wisse, dass, als Korea vom Erdbeben heimgesucht wurde, Japan nicht ein Wort des Mitleids gefunden habe. Die vierzehn Punkte Wilsons (mehr dazu) seien nicht eingehalten. Es gebe auch heute noch für unterdrückte Völker kein Recht. Nur wenige Minuten dauerte diese Rede, und wie viel gab sie zu denken! Wie tief ließ sie hineinschauen in die Not einer nach Freiheit und Selbständigkeit lechzenden Nation, einer um die höchsten Güter kämpfenden Christenheit.“[12]

Helen Kim hatte sich zwar in Jerusalem gegen die japanische Politik gestellt, aber ihre Person bleibt sehr umstritten aufgrund ihrer Haltung und ihren Äußerungen zur Zeit der japanischen Besatzung in den dreißiger Jahren, vor allem in Bezug auf die Rekrutierung von so genannten „Trost-Frauen“ und jungen Soldaten.[13] Sie war leider keine Ausnahme. Viele Intellektuelle und Privilegierte haben sich zu schnell der japanischen Herrschaft angepasst.[14]

Helen Kim ist insofern umstritten, als dass ihre Haltung gegenüber der japanischen Kolonialmacht nicht eindeutig kritisch, sondern durchaus ambivalent war. Es werden sogar Vorwürfe laut, sie habe mit den Japanern kollaboriert. Dabei geht es insbesondere um ihre Befürwortung der japanischen Militärpolitik, die sie vor jungen Männern und Frauen der sozialen Unterschicht verteidigt haben soll.

Sie stand zwar unter dem massiven Druck der japanischen Regierung, versuchte aber v.a. die Ewha-Hochschule (oder das College) zu schützen. Sie

11 Schlunk, a.a.O., 78 f.

12 Vgl. Schlunk, a.a.O., 81f. und Karl-Fritz Daiber, ebd.

13 Sie folgte der japanischen kolonialen Politik dieser Zeit und änderte ihren Name in Yamagi Kasran. Einige ihrer Artikel und Reden zeigen sehr stark eine projapanische Haltung, die die Beteiligung am japanischen Heiligen Krieg und den Imperialismus unterstützte. Vgl. Yamagi Kasran, We Provide so that Others Might Work, in: Chokwang, Dec., 1943, 56; Yamagi Kasran , Conscription and the Determination of Korean women, in: Shinsidae, Dec., 1942, 28–29 etc.

14 Vgl. The Dictionary of Collaborators, Seoul, 2009.

meinte, auf diese Weise handeln zu müssen, um Frauen den Zugang zur gesellschaftlichen Elite zu öffnen. Weiterhin wird die Frage erörtert, ob sie auf den Klassenunterschied in der feministischen Auseinandersetzung genug geachtet habe. Vorgeworfen wird ihr auch, die Frauen- und Genderfrage über die Frage nach dem Wohlergehen des Volkes gestellt zu haben. Für sie war Modernisierung und Eliteförderung wichtiger als Nationalismus. So hat sie sich als Vorstandsmitglied in verschiedenen Gremien für die Integration der Koreanerinnen und Koreaner aktiv für Japan eingesetzt und ist durch Bemerkungen aufgefallen, die eine sehr starke projapanische Neigung enthielten.[15] Nachdem sie 1939 zur Präsidentin der Ewha-Hochschule gewählt worden war, zeigte sich diese Haltung noch deutlicher.[16]

Nach der Befreiung von der japanischen Herrschaft nahm Helen Kim eine sehr antikommunistische Haltung ein – diesmal, um die Unterstützung der amerikanischen Übergangsregierung zu gewinnen und vor allem die Ewha-Hochschule zur Ewha-Universität zu erweitern. Dieses Frauenbildungszentrum, das heute als Zentrum des Feminismus gilt, lag ihr am Herzen. Ihre Beziehung zu amerikanischen Kirchen, insbesondere zu den methodistischen Kirchen, war ihr seit Anfang ihrer Missionstätigkeit in Korea sehr nützlich.

Die privilegierte und einflussreiche koreanische Elitegruppe mit antikommunistisch orientierten amerikanischen Richtlinien nach 1945, war mehr oder weniger dieselbe, die sie unter japanischer Besatzungsmacht war.[17] Dieser Gruppe und ihrer folgenden Generation wurden die Gelegenheit und das Privileg zuteil, in den USA zu studieren. Diese Menschen engagierten sich nicht gegen imperialistische Außenmächte, sondern profitierten eher aus der Situation. Nur am Ende eines langen Demokratisierungsprozesses wurde die Wirklichkeit dieser modernen Geschichte öffentlich ans Tageslicht gebracht.

15 In ihrer Biographie hat sie ihre projapanische Aktivität während dieser Zeit zugegeben, wenn sie auch unter Druck dazu gezwungen war. Sie hat auch beschrieben, wie sie aufgrund des psychischen Drucks unter einer Augenkrankheit gelitten und wie sie diese Krankheit als Strafe angenommen hat. Vgl. Helen K. Kim, The Small Life in the Light, Seoul, 1999, 163f, 174f.

16 Ihr Name ist im Wörterbuch von Kollabotoren und Kollabotorinnen auch verzeichnet, die von einer wissenschaftlichen Gruppe von „Research on Collaborationist Activists", herausgegeben wurde. Cf. The Dictionary of Collaborators, Seoul, 2009.

17 Solches Phänomen geschieht auch in vielen anderen Ländern wie Deutschland, Argentinien und Süd Afrika usw. Diejenigen, die an der Oppositionsbewegung teilgenommen haben, und häufig auch die nächste Generation, haben Ausbildungsmöglichkeiten verpasst. Sozialer Einstieg in die Gesellschaft ist dann schwierig. Obwohl in vielen Länder Wahrheitskomitees für die Versöhnung und Gerechtigkeit gegründet wurden, blockieren die etablierten Hegemonialen Gruppen, die von der Vergangenheit profitiert haben, ihre Arbeit. Vgl. Karl Rössel, „Die Fahne hoch …!" Die faschistische „Internationale" von Buenos Aires bis Shanghai, in; Iz3w, Mai/Juni 2009, 21.

Seit dem Beginn der Zivilregierung, gegen Ende der 80er Jahre, ist solche Kritik erlaubt, und es ist auch möglich, öffentliche Untersuchungen anzustellen und das Problem in die öffentliche Debatte einzubringen.

Die Ziele dieser Frauenbewegung, bei der Helen Kim im Zentrum stand, waren Befreiung von den Fesseln des traditionellen Gedankenguts und die Modernisierung der Gesellschaft. Die Probleme von sozialen Unterschichten und der Aufbau einer gemeinschaftsorientierten Gesellschaft wurden vernachlässigt. Um eine Elitengruppe voranzubringen, litt die machtlose Mehrheit. Dieses war das Resultat des eindimensionalen Denkens der Frauenbewegung und der unvollendeten sozialen Veränderung.

In der Tat ist die Emanzipation der koreanischen Frauen mithilfe der nordamerikanischen Missionstätigkeiten und die Modernisierung des Landes in eine westliche Richtung gelungen. Allerdings unvollständig. Denn diese Initiative fand ohne Ermächtigung (Empowerment) der Frauen statt.

Das gilt besonders für feministische Theologinnen, denen die kombinierte Geschlechter- und Klassenpolarität nicht nur in der Gesellschaft, sondern auch und vor allem im koreanischen Christentum als Problem vor Augen steht. In dieser Hinsicht hat Helen Kim in hervorragender Weise zur Demokratisierung des Geschlechterverhältnisses beigetragen. Rückblickend muss man freilich einräumen, dass ihr Ansatz zu stark an Frauen der Mittel- und Oberschicht orientiert war, während sie die Situation von Frauen der marginalisierten Bevölkerungsschichten weniger im Blick hatte. Diesbezüglich hat sie also nicht viel zur Transformation der Gesellschaft beigetragen.

6 Das Beispiel von Frau Gil[18] und das Gleichnis der Witwe im Lukasevangelium

Frau Gil, die ursprünglich aus Nordkorea stammt, war eigentlich ein Opfer im doppelten Sinne: Sie war das Opfer der japanischen Kolonialherrschaft und der Teilung des Landes. Wie viele andere Opferfrauen stammte sie aus der armen sozialen Schicht. Das Second Hand Geschäft ihres Vaters ging eines Tages bankrott. Wegen hoher Schulden musste ihr Vater ins Gefängnis, als sie dreizehn Jahre alt war. Armut war der Grund, mit dem sie durch einen falschen Arbeitsvertrag vom japanischen Militär geködert wurde. Ihr wurde

18 Dieser Teil basiert auf ihre Zeugnisse am 3. Juni 2005, an der Uni. Bern.

zudem versprochen, dadurch ihren Vater aus dem Gefängnis zu befreien. Sie wurde mehrmals wegen einer Frauenkrankheit operiert, die sie sich durch unmenschliche sexuelle Belastungen im Zwangsprostitutionslager geholt hatte. Diese Frauen wurden dazu gezwungen, die sexuellen Bedürfnisse japanischer Soldaten „hygienisch" zu befriedigen.

Nach den harten Zeiten des japanischen Militarismus ist Korea zwar von dieser Herrschaft befreit worden, aber es wurde von einer anderen Großmacht, den USA, in anderer Weise geknechtet. Zuerst konnte Frau Gil wegen ihres Schamgefühls nicht sofort in ihre Heimat zurückkehren. Wegen der Trennung durch die Mauer konnte sie bald darauf überhaupt nicht mehr zurück. Sie war ein doppeltes Opfer von Kolonialherrschaft und Teilung des Landes. Sie durfte ihre Familie nie wieder sehen. Eine normale Heirat konnte sie sich überhaupt nicht vorstellen. Aber sie sehnte sich nach einer Familie. So hat sie ein Waisenkind adoptiert, das jetzt als Pfarrer in Korea tätig ist. Durch die Ermutigung ihrer Schwiegertochter, die in der christlichen Frauenbewegung sehr engagiert ist, konnte sie Kontakt mit dem Koreanischen Rat der Frauen aufnehmen. Seitdem ist sie zu einer mutigen Zeugin geworden und setzt dem Schweigen ein Ende. Sie nimmt beispielsweise regelmäßig und bei jedem Wetter an der friedlichen Mittwochdemonstration vor der japanischen Botschaft in Seoul teil. Auch ist sie, trotz ihres hohen Alters, mit großen Hoffnungen in die Welt gereist, diese Angelegenheit bekannt zu machen.

Im koreanischen Gründungsmythos (Dangunmythos) spielt ein Bär eine große Rolle, der in einer Höhle eine schwierige Prüfung zu bestehen hat. Als Belohnung ist dieser Bär Mensch, genauer gesagt, Frau geworden. Diese Mensch gewordene Bärin hat ein himmlisches Wesen geheiratet und einen Sohn namens Dankun geboren. Dieses Wesen, eine harmonische Kombination von himmlischem und irdischem Wesen, war Gründer von Korea. Deshalb hat Beharrlichkeit für Koreanerinnen und Koreaner einen großen symbolischen Wert, der auch in der nationalen Blume, dem Hibiskus ausgedrückt ist.

Bei dieser Tugend der Beharrlichkeit sehe ich aber auch eine gewisse Gefahr, wenn die Beharrlichkeit mit dem Erdulden von Ungerechtigkeit gleichgesetzt wird. Auch in der Kirchengeschichte sehen wir zahlreiche Beispiele, bei welchen das Christentum von den Schwachen, Marginalisierten und v.a. von Frauen das Erdulden von Ungerechtigkeit verlangt. Die Kreuzigung Jesu Christi, der so beharrlich das Leiden auf sich nahm, wurde missbraucht in der Erwartung, dass unschuldige Opfer Leid und Ungerechtigkeit still erdulden werden.

Aber gerade dadurch, dass Jesus Christus das Leiden am Kreuz ein für alle Mal auf sich genommen hat, sollte das von Menschen verursachte Leiden überwunden und bekämpft werden. Jesus lehrt und sagt uns, dass wir beharrlich beten sollten (LK 18,1). In diesem Sinne gibt Jesus uns ein Vorbild, das mich immer wieder an Frau Gil und andere Opferfrauen und ihren Kampf erinnert.[19] Das Unrecht zu benennen im Vertrauen auf Gott ist der Kern der Spiritualität des Widerstandes.

19 Rede der Trostfrauen, gehalten vom 5. August 2005 vor der japanischen Botschaft in Seoul die seit 14 Jahren an der Mittwochsdemonstration teilnehmen, um für Gerechtigkeit zu kämpfen.

„Mit der Hoffnung auf Gerechtigkeit und mit
Ihrer Solidarität und Unterstützung werden wir
nicht resignieren, sondern weiterhin kämpfen."

Im Jahr 2005 feiert Korea das 60-jährige Jubiläum der Befreiung Koreas von der japanischen Besatzung. Leider können wir die Freude dieser Befreiung nicht vollständig empfinden, denn wir leiden noch heute an den Verletzungen, die uns als Sexsklavinnen auf den Asiatisch-Pazifischen Kriegsschauplätzen zugefügt wurden.

Das Erlebnis war so schrecklich, dass wir versucht haben, uns nicht mehr daran zu erinnern und es bis zum Ende unseres Lebens nie wieder zu erwähnen. Wir hätten es ertragen, nach unserer Rückkehr von der Zwangsprostitution wie Sünderinnen mit unserem Schweigen zu leben.

Doch wir mussten unser Schweigen schließlich brechen, da wir nicht mehr ertragen konnten, dass die japanische Regierung die Wahrheit darüber verheimlicht und verbirgt, was Japan an Gräueltaten während des Krieges verübt hat.

Seit 1992 nehmen wir an den Mittwochs-Demonstrationen vor der japanischen Botschaft in Korea teil, um eine Entschädigung von der japanischen Regierung zu verlangen. Wir sind durchschnittlich 80 Jahre alt. Viele unserer Mitkämpferinnen sind inzwischen gestorben.

Manchmal ist es sehr resignierend, in unserem hohen Alter regelmäßig den koreanischen Polizisten und den hohen Mauern der Botschaft demonstrierend gegenüber zu stehen, während uns die japanische Regierung bis heute ignoriert und stumm bleibt. Aber die junge Generation und Menschen aus anderen Ländern ermutigen uns, wenn Sie sagen: „Verliert nicht den Mut. Wir sind für Euch da. Und unter uns wird es einflussreiche Personen geben, die in Zukunft entsprechende Lösungen finden können."

Es ermutigt uns, dass die UNO und internationale Organisationen eine offizielle Entschuldigung und eine Genugtuung von der japanischen Regierung verlangen.

Was wir hoffen, ist nur dieses: dass die japanische Regierung sich entschuldigt und versucht, etwas wieder gutzumachen damit sich solche Verbrechen nicht wiederholen und zu erleben, dass es sich lohnt, für die Gerechtigkeit zu kämpfen.

Wir bedanken uns sehr für Ihre Solidarität und Ihre Teilnahme an der weltweiten Aktion. Wenn auch wir allmählich ausstreben, werden wir bis zum Ende unseres Lebens unser Bestes tun, um für Frieden und für die Verwirklichung der Gerechtigkeit zu kämpfen.

Seoul, den 5. August 2005

Die Trostfrauengruppe, die 699 Mal an dieser Mittwochs-Demonstration teilgenommen haben.

7 Schlussfolgerung

Es ist wahr, dass unzählige Zivilisten in Hiroshima durch den Bombenabwurf sterben mussten. Aber es ist auch wahr, dass dieser Bombenabwurf eine Vorgeschichte hat. Die Kausalitäten des Bombenabwurfes – d.h. wer diesen verursacht hat – sollten beachtet werden, ohne die Tat der Amerikaner zu rechtfertigen. Die Opfer dieser Gewalt in Hiroshima waren Teil jener Nation, die unendlich viel Gewalt, Elend und Tod über andere Nationen gebracht hat. Über Auschwitz und Hiroshima darf in gleicher Weise gesprochen werden, obwohl beide Ereignisse in demselben Ausmaß verheerend waren. Japan ist durch die Bombardierung Hiroshimas im Zweiten Weltkrieg sehr schnell vom Täter zum Opfer geworden und konnte seine ungerechten Taten in der Weltgemeinschaft relativ leicht verharmlosen. Darüber hinaus ist es leider sehr wenig bekannt, dass durch die in Hiroshima und Nagasaki angesiedelte Kriegsindustrie während des Atombombenabwurfs im zweiten Weltkrieg sehr viele Koreaner ums Leben kamen, welche während der Annexion Koreas zur Zwangsarbeit nach Japan verschleppt worden waren. Deren medizinische Versorgung war nach der Verstrahlung nicht abgedeckt, da das koreanische Volk in Japan als drittklassig diskriminiert wurde. Die gesundheitlichen Folgeschäden unter denen viele bis heute leiden, werden nicht behandelt, da Koreaner in Japan als soziale Unterschicht behandelt werden.

In der japanischen Kultur spielt Gesichtsverlust und Schamgefühl eine große Rolle und erschwert ein Schuldbekenntnis und die Auseinandersetzung mit der Vergangenheit. Erschwerend kommt hinzu, dass der sogenannte „Himmlische Kaiser“ Tenno selbst maßgeblich an diesem Kriegsverbrechen beteiligt war. Ich glaube, dass das Christentum in Deutschland und die deutsche Kultur im Vergleich mit der japanischen Religion und Kultur für den Schritt hin zum Schuldbekenntnis und für verschiedene Versuche der Wiedergutmachung eine wichtige Rolle gespielt haben.[20]

Der japanische Ministerpräsident und hohe japanische Politiker besuchen nach wie vor den Yasukuni Shinto Schrein[21] zu nationalen Anlässen, trotz

20 Deutschland war m.E. nach der Wiederanerkennung durch die Weltgemeinschaft sehr bestrebt das schreckliche Geschehen im zweiten Weltkrieg aufzuarbeiten, während dies in Japan vernachlässigt wurde.

21 In diesem zentralen militärischen Schrein in Tokyo verewigten etwa über 2 Millionen Namen (darunter über 1000 Kriegsverbrecher aus dem Zweiten Weltkrieg).

Japan hat, auch ohne Zustimmung der Familienangehörigen, die Namen der aus Korea und Taiwan verschleppten Opfer dort verewigt. Sie mussten zwangsweise unter der japanischen Kolo-

Protesten Chinas, Taiwans und Koreas. Der Shintoismus ist eine Staatsreligion Japans. Yasukuni ist ein Schrein, in dem Kriegsgefallene v.a. aus dem zweiten Weltkrieg geehrt werden. Er ist Machtsymbol des japanischen Militarismus. Dieser Schrein wird von der Mehrheit der japanischen Bevölkerung als Gedächtnis- und Gebetsstätte für die Kriegsgefallenen wahrgenommen. Diejenigen, die für sie für das Vaterland gefallen sind und von ihnen als Helden angesehen werden, sind für die anderen Völker in Asien Kriegsverbrecher. Der Yasukuni Schrein hat die Funktion der Kriegstoten zu gedenken. Die Ehrung dieser Toten stellt eine Provokation dar, weil sie außerhalb von Japan als Wiederbelebung und Sehnsucht nach Militarismus und Imperialismus angesehen wird, auch wenn sie bei den Japanern als eine eher religiöse Handlung gilt.

Solange Japan sich weigert, seine Vergangenheit aufzuarbeiten, werden alte Wunden bei den KoreanerInnen aufgerissen, sei es durch die heute umstrittenen Debatte über die Inseln Dokdo oder Takeshima, die Friedensaktion aufgrund der Nuklearenergie oder bei der inhaltlichen Verfälschung von Geschichtsbüchern.

nialregierung in der japanischen Armee dienen. Japan weigert sich bis heute trotz des heftigen Protests der Familienangehörigen, diese Namen herauszunehmen. Mehr über diesen Schrein siehe. Richard Dähler, Der Yasukuni-Schrein in Tōkyō, in: Internationales Asienforum – International Quarterly for Asian Studies, 37, 2006, Nr. 3–4, 339–355.

Die Weberin und der Hirte:

[Feministische Theologie der Wiedervereinigung in Korea[1]]

1 Einleitung

Wie kann die feministische Theologie die Sprache der einfachen Leute aufgreifen, um sie über den akademischen Kontext hinaus verständlich zu gestalten?

Ich möchte hier eine Sprache vorstellen, die über koreanisch feministische und theologische Gesichtspunkte hinausgeht. Die feministische Theologie hat viele Facetten innerhalb der theologischen Strömungen in Korea. Eine davon hat mit der Teilung Koreas, der Heilung der Gesellschaft und deren Struktur etwas zu tun. Es ist die Aufgabe einer Feministischen Theologie, zur Wiedervereinigung und zu einem anderen Weltbild beizutragen.

2 Koreanische Tragödien

Mäh nieder den Feind
wie viele es auch sind
auf den Weg macht sich der südkoreanische Mann
und widersteht dem Feind
tretet vor
für den Sieg
tretet vor

Diese populären Zeilen stammen aus einem Lied, das wir in meiner Jugend sangen, wenn wir mit elastischen Bändern ein Hüpfspiel spielten. Mit dem Feind sind die NordkoreanerInnen gemeint. Es illustriert die antikommunistische Mentalität in Südkorea. Selbstverständlich wurden wir antikommunis-

1 Dieser Aufsatz ist geschrieben auf der Basis eines Textes, der in Neue Wege in 2004, Nr.5 erschienen ist. Meehyun Chung, Feministische Theologie in Korea für die Wiedervereinigung, in: Neue Wege, Nr. 5., Mai, 2004.

tisch erzogen. Feindliche Einstellungen und Diffamierungen gegenüber Nordkorea beherrschten unsere Gefühle und Vernunft. Alle möglichen Formen demokratischer Bewegungen wurden im Namen der nationalen Sicherheit unterdrückt.

Korea[2] liegt in Nordostasien zwischen dem 30. und 50. Breitengrad und zwischen China und Japan. Die Landessprache ist das Koreanische, das ursprünglich zu den Ural-altaischen Sprachstämmen gehört. Die eigene koreanische Schrift, Hanguel, wurde 1446 nach Christus unter der Führung von König Sejong entwickelt. Korea ist von vier Jahreszeiten geprägt, die je ihre eigene klimatische Eigenschaft besitzen. Der Sommer ist aufgrund des Windes vom pazifischen Ozean tropisch heiß, während der Winter aufgrund des kontinentalen Windes sehr kalt ist.[3] Die Koreanische Flagge verweist auf die Harmonie des Universums.

Korea wurde mehrfach „Land der Morgenstille" genannt. Doch Korea war in Wirklichkeit nie ein Land der Stille. Wer im Atlas nachschaut und die Nachbarländer betrachtet, der versteht, wie ihre geographische Lage Korea beeinflusste. Dieses kleine Land wurde immer wieder Opfer von Machtkämpfen. Andererseits war Korea eine kulturelle Brücke zwischen China und Japan.

Nach der Kolonialzeit unter den Japanern zwischen 1910 und 1945 folgte gleich die nächste Tragödie für das Land. Korea wurde gezwungen, sein Territorium im Interesse der USA und der Sowjetunion zu teilen. Das US-Militär dominierte den Süden, während der Norden von der Sowjetunion beherrscht wurde. Diese Machtbesatzung führte zum Korea-Krieg (1950–1953). Er war nicht nur für Individuen und Familien eine Tragödie, sondern auch für gesamte Gesellschaft.[4] Er war ein Machtspiel unter den Großen der

2 Mehr über Korea im Überblick: Vgl. Korea. Entfremdung und Annäherung, hrsg. von Hyondok Choe, Lutz Drescher, Rainer Werning, Köln, 2007, 145–157.

3 Diese klimatische Bedingung hilft mir, europäische Mentalität zu verstehen. Bei uns herrscht ein kalter Winter und wir müssen an Vorräte denken. Der Gegensatz dazu gehört zur Agrarkultur im Globalen Süden ein tropisches Klima, das mir wiederum hilft, die dortige Mentalität zu verstehen.

4 Ich bin 10 Jahre nach Waffenstillstand des Koreakrieges geboren worden. In meiner Kindheit sah ich noch viele Männer, die durch diesen sogenannten Bruderkrieg ihren Körper beschädigt haben. Sie kamen z.T. als Bettler von Haus zu Haus und auch zu uns. Ich hatte große Angst vor diesen Leuten, die äußerlich einen unfreundlich Eindruck machten, wenn sie vor der Haustür standen. Meine Großmutter hingegen empfing sie herzlich und bot sogar Essen an. Ich war von ihrer Gastfreundschaft zutiefst immer beeindruckt. Ob sie mit diesen Männern ihren in Nordkorea provisorisch zurückgelassenen Sohn assoziierte, weiß ich nicht. Sie konnte ihn aufgrund der Befestigung der Grenze nie wieder sehen. In ihrer Lebzeit war ich zu klein, sodass ich danach nicht fragen konnte. Ich weiß jedoch, dass sie sich nach ihrem Sohn sehr sehnte, obwohl sie nie darüber sprach.

Welt, besonders zwischen den USA und der Sowjetunion zur Zeit des Kalten Krieges.

Ich möchte im Folgenden die Entwicklung der feministischen Theologie im Blick auf die Wiedervereinigung aufzeigen. Um die Trauer über die Teilung des Landes zu illustrieren, möchte ich zuerst eine Volksgeschichte nacherzählen, die uns das ganze Leid der Trennung spüren lässt.[5]

3 Die Weberin und der Hirte

Es war einmal eine Prinzessin, die Tochter eines Himmelskönigs. Sie konnte ausgezeichnet weben und sehr geschickt arbeiten. Diese Prinzessin, die fortan die Weberin genannt wurde, traf einen jungen Mann, der Hirte war. Sie verliebten sich und heirateten.

Weil sie sich so sehr liebten, vernachlässigten sie ihre Pflichten. Das erzürnte den König, und er bestrafte sie dafür. Der Hirte musste fortan am östlichen und die Weberin am westlichen Himmel leben. Obwohl sie den König um Gnade baten, gab dieser nicht nach.

Der Hirte und die Weberin gingen also auseinander: Er ostwärts und sie westwärts. Beiden waren so traurig, dass der König sich ihrer doch noch erbarmte. Er gestattete den beiden, sich einmal im Jahr am Milky Way-Fluss zu treffen.

Und so zählten beide das ganze Jahr hindurch die Tage und Nächte und dachten immer nur aneinander. Schließlich kam der Tag, an dem sie sich treffen durften. Mit großer Hoffnung begaben sich beide zum Platz am Milky Way-Fluss. Als sie dort ankamen, war jedoch der Fluss so breit und die Nacht so dunkel geworden, dass sie einander nicht einmal mehr sehen konnten.

Die Weberin und der Hirte standen auf den Flussbänken des Milky Way und weinten. Tränen kullerten über ihre Wangen in den Fluss. Das Tränenwasser floss den Fluss hinunter und wurde zu Regen. Der Regen fiel zur Erde nieder, sodass der Boden weich und moorig wurde. Die Seen stiegen an und überschwemmten die Felder und Gärten des Königreichs. Auch die Häuser des Königs wurden von den Wellen des Wassers hinweggetragen.

5 Asiatische Materialien können nicht Alternativen für die Bibel, aber ergänzende Materialien für die Untersuchungen asiatischer feministischer Theologen sein.

Da erschraken die Tiere des Königreichs. Sie trafen sich, um eine Lösung zu finden. Ein Tier nach dem anderen sprach und schlug eine Lösung vor; einige murmelten tief, andere quiekten hoch. Einige wiederum pfiffen gar beim Sprechen. Schließlich schlug ein Tier vor: „Wir müssen der Weberin und dem Hirten beistehen, dass sie zusammenkommen können, sonst wird der Regen nie aufhören." „Ja", sagte ein anderes Tier, „wir müssen eine Brücke bilden." Alle Tiere waren einverstanden.

Aber die Tiere wussten nicht, wie man eine Brücke baut, denn das war auch nicht ihre Aufgabe. Alle lagen herum, schauten einander an und schwänzelten schweigend. Schließlich kreischten einige Krähen und Elstern vor den Versammelten: „Lasst uns Vögel es tun. Wir können zum Milky Way-Fluss fliegen." Und ein anderer Vogel schrie: „Um eine Brücke zu bauen." So kamen alle Krähen der Welt zusammen und bildeten mit den Elstern, ihren Cousins, einen großen Schwarm in Richtung Milky Way-Fluss. Sie flogen ganz nah beieinander und hielten sich aneinander fest. Bald hatten sie sich so verbunden, dass sie eine Brücke von der einen Flussbank zur anderen bilden konnten. Die Weberin und der Hirte waren überrascht, als sie die Vogelbrücke sahen. „Was ist das?" riefen sie aus. „Nun können wir den Fluss überqueren, um zusammen zu sein." Die Weberin und der Hirte rannten auf den Rücken der Vögel einander entgegen.

In der Mitte der Vogelbrücke umarmten sie sich. Und schon begann der schwere Regen in ein Sprühen überzugehen. Doch bald kam die Zeit, da die zwei Liebenden nach Ost und West auseinandergehen mussten, um ein weiteres Jahr in Einsamkeit zu verharren.

Und so kam es, dass jedes Jahr am siebten Tag des siebten Monats Krähen und Elstern zum Milky Way-Fluss flogen, um eine Brücke zu bilden. An diesem besonderen Tag des Jahres konnten die Weberin und der Hirte auf dem Rücken der Vögel den Fluss überqueren[6].

Dieses Märchen hat seinen Ursprung in einer alten chinesischen Sage. Es ist in vielerlei Versionen überliefert und hat koreanische Volksmärchen beeinflusst. Nach der Tradition findet das Treffen der beiden Liebenden am 7. Juli des Mondkalenders statt. Es ist ein volkstümlicher Feiertag mit vielerlei Festanlässen. Die Geschichte erzählt von den Sorgen der Trennung und bewahrt die Hoffnung auf eine Wiedervereinigung nach so vielen Tragödien.

6 Long Long Time Ago. Korean Folk Tales Illustrated by Dong-sung Kim, Seoul, 1997, 25–29. übersetzt ins Deutsche von Al Imfeld.

Diese Sprache im Umgang mit nationalen Wunden aufzugreifen, ist die Kernaufgabe der koreanischen feministischen Theologie.

4 Die Entwicklung der koreanischen feministischen Theologie

Um die Entstehung der koreanischen feministischen Theologie zu skizzieren, möchte ich zunächst in groben Zügen die Entwicklung des koreanischen Christentums darstellen:

Im Laufe der Geschichte Koreas gab es immer wieder einen engen Zusammenhang zwischen sozio-politischen Krisen und dem Interesse an Religion. Korea begann sich intensiver mit dem Evangelium zu befassen, als im Westen bereits die Säkularisierung einsetzte. Zu jener Zeit hatten die Koreaner und die Koreanerinnen das Interesse an ihren alten Religionen verloren; sie zeigten eine besondere Vorliebe für westliche Kultur und das eingeführte Christentum. Es war eine Zeit der sozio-politischen Unsicherheit, in der das Christentum bei der Bevölkerung leichten Zugang fand. Gegen die allgemeine Hoffnungslosigkeit verlieh das Evangelium neuen Mut, basierend auf der Vision des Reiches Gottes. Das war der Beginn des koreanischen Christentums und deren Kirche wuchs rapide.

Die Männer- und Frauenmissionare kamen aber hauptsächlich aus den USA. Sie unterschieden sich in ihrer Mentalität wenig vom Expansionsdrang der kolonial-kapitalistischen Supermacht, die in vielen Kirchen und Milieus von Korea über großen Einfluss verfügte bzw. immer noch verfügt.

Zwischen 1910 und 1945, während der japanischen Besatzung, erwachte das Nationalbewusstsein. Besonders um 1920 herum verband es sich mit sozialistischen Ideen von einer egalitären Gesellschaft. Diese Entwicklung wurde jedoch sofort von den Japanern unterdrückt. Die allermeisten amerikanischen Missionare standen dem Unterdrücker durch eine konservative Haltung gegenüber, als ob Christen immer den jeweils Herrschenden eines Staates gehorchen müssten. Nach dem Hinauswurf der Japaner 1945 stützte sich das koreanische Christentum auf Amerika, besonders nach Ausbruch des Koreakrieges.

In der zweiten Hälfte des letzten Jahrhunderts litten die Koreanerinnen und Koreaner schrecklich unter dem Koreakrieg und seinen Folgen. Sie suchten nach weltlicher und spiritueller Unterstützung. Dieses Suchen verlieh auch der koreanischen Kirche eine besondere Vitalität. Der Nationale Kirchenrat

(NCCK) gab den ermutigenden Anstoß zur Gründung verschiedener Bewegungen für soziale Gerechtigkeit und Wiedervereinigung. Dennoch blieben die Kirchen kapitalistisch und antikommunistisch ausgerichtet. Die wichtigen und charakteristischen Wiedervereinigungsbewegungen sind: Minju (Demokratie), Minjung (einfaches Volk) und Minjok (Nation). Alle Wiedervereinigungsbestrebungen enthalten diese drei Min-Elemente.

Auch die koreanische feministische Theologie entspringt diesen Bewegungen, obwohl sie in den achtziger Jahren des letzten Jahrhunderts unter den Einfluss westlicher feministischer Theologie stand. 1980 wurde die Koreanische Vereinigung der Theologinnen (KAWT)[7] gegründet. Im Rückblick kann in den Kirchen jedoch nur ein geringer Zuwachs feministischer Aktivitäten oder auch nur das Interesse an solchen festgestellt werden. Vieles wird als „Frauenangelegenheit" betrachtet und entsprechend wenig respektiert. In der Frage der Frauenordination gab es jedoch große Fortschritte in den letzten beiden Jahrzehnten. Darin liegt das sichtbare Resultat des Kampfes der Frauen um Gleichberechtigung. Kirchliches Recht und kirchliche Theologie erlauben heute die Zulassung der Frauen zu den geistlichen Ämtern, wenn es sich auch auf einige Denominationen beschränkt. Aber die Praxis hinkt der Theorie noch nach.

Eine Aufarbeitung der Geschichtliche der japanischen Herrschaft in Korea hat nie wirklich stattgefunden. Auch die oberste Elite Koreas, die innerhalb der japanischen Herrschaft Privilegien genossen hat, hat nie auf die Vergangenheit zurückgeschaut. Sie hat nach der Befreiung und der Trennung des Landes unter dem US Regime Profit geschlagen. Sie ist in dieser Zeitperiode sowie den darauffolgenden immer Sieger gewesen und geblieben. Dagegen blieb den um die Befreiung des Landes Kämpfenden nach wie vor die Gelegenheit zu besserer Bildung und zu einem sozialen Aufstieg verwehrt.

Die Konflikte zwischen diesen sozialen Schichten wurden mit dem Ideologiekonflikt zwischen Kommunismus und Antikommunismus begründet und ist nie ans Tageslicht gekommen. Der Anspruch und die Sehnsucht nach ökonomischer und politischer Demokratisierung wurden immer wieder unter der Polarisierung, v.a. dem Prokommunismus, unterdrückt. Daher halte ich

7 www.kawt.co.kr. Für mehr Information über Koreanische Feministische Theologie Vgl. Feminist Theology and Korean Church, ed. by the Korean Association of Feminist Theology, Seoul, 1997.

Zur Bewegung der Wiedervereinigung siehe Chunja Yoo, Feminist Liberation Spirituality through the Experience of Korean Association of Women Theologians: A Spirituality of Communal Transformation, San Francisco Theological Seminary, Dissertation for D. Min., 1999, 86ff.

die koreanisch feministische Theologie als eine Kategorie der politischen Theologie für sehr wichtig. Diese kontextuelle Komplexität zu erläutern und Lösungsansätze im Sinne kritischer Denkanstöße vorzuschlagen, ist das eigentliche Vorhaben der koreanisch feministischen Theologie.

5 Feministische Kritik des Antikommunismus

In der feministischen Theologie Koreas begegnen sich demokratisches, feministisches und nationales Bewusstsein, speziell bedingt durch die 50jährige Trennung des Landes, unter der die Menschen besonders leiden. So ist auch unsere feministische Theologie mit Themen beschäftigt, die von dieser Trennung herrühren. Die Wiedervereinigung ist eines der wichtigsten Themen geworden, denn Theologie sollte kontextsensibel betrieben werden. Das hervorragende Beispiel einer solchen Fokussierung ist Soonkyung Park,[8] die Pionierin der Feministischen Theologie und Mitbegründerin der KAWT. Park betont, dass diese Theologie nicht nur Frauen betrifft, obwohl natürlich Frauen als Minjok (Nation)[9] und Minjung (einfaches Volk) am meisten unter der Unterdrückung zu leiden hätten.[10] Park wurde bestens bekannt, als sie

8 Soonkyung Park ist 1923 in Südkorea geboren. Gegen den Willen ihrer Eltern ist sie aus eigener Motivation Christin geworden. Nach der Ausbildung und Tätigkeit als Krankenschwester hat sie eine Bibelschule besucht, um Gemeindehelferin zu werden. Anschließend hat sie 1946 im Methodistischen Seminar mit dem Theologiestudium angefangen. Sie interessierte sich für die Begegnung zwischen Christen und Marxisten. Nach dem Theologiestudium hat sie während dem Koreakrieg an der National Universität Philosophie studiert. Danach hat sie sich in den USA weitergebildet, zunächst an der Emory Universität und am Union Theological Seminary in N.Y. Unabhängigkeitsbewegung unter japanischer Militärregierung, Teilung des Landes, Antikommunismus, das Christentum usw. waren einige ihrer Schwerpunkte und Interessengebiete. 1966 hat sie ihre Promotion an der Drew Universität mit dem Thema „Man in Karl Barth's Doctrine of Election" abgeschlossen. Seit 1966 dozierte sie für 22 Jahre an der Ewha-Frauenuniversität. Nach der Emeritierung ist sie nach wie vor sehr bei verschiedenen Veranstaltungen und Bewegungen für Wiedervereinigung engagiert.

9 Ebenso ist der Begriff Minjok keineswegs mit dem Begriff „Nation" im westlichen Sinne zu identifizieren. Er bezieht sich ursprünglich auf die Unabhängigkeitsbewegung gegenüber der japanischen Herrschaft in den 1920er Jahren. Die Ideen der sozialistischen russischen Revolution haben die Bewegung beeinflusst. Es tauchte damals die Vision einer gerechten Nation auf. Der Nationalismus einer imperialistisch ausgerichteten Kultur ist nach Park vom Nationalismus eines unterdrückten Volkes, für welches Nation-Sein Selbstbestimmung und Befreiung von fremdherrschaftlicher Bevormundung respektive Unterdrückung bedeute, zu unterscheiden.

10 Ich selber treibe Theologie in diesem Zusammenhang. Mein Schwerpunkt ist, diese Theologie mit reformierter Tradition in Beziehung zu setzen, die gesellschaftskritisch ist und sozial theologische Reformen einschließt. Vor diesem Hintergrund versuche ich, Koreanische Feministische Theologie mit reformierter Identität zu verbinden. Daher ist der Zusammenhang, eine kritische Solidarität mit der europäischen Theologie zu verbinden, nach wie vor für mich wichtig.

1991 für 106 Tage wegen ihrem Vortrag „Perspective of Korean Church and Reunification", die sie in Tokyo hielt, festgehalten wurde. Sie hatte darin den dogmatischen Antikommunismus der koreanischen Kirchen kritisiert, aber auch die Verbindung von kapitalistischer und militärischer Macht in der von den USA betriebenen Form der Globalisierung. Im Zentrum ihrer theologischen Rede von Minjok stand die Wiedervereinigung Koreas auf friedlichem Wege, durch den allgemeinen Willen des Minjung und unabhängig von amerikanisch-kapitalistischen oder sowjetisch-kommunistischen bzw. sozialistischen Machtansprüchen.

Um mit Soonkyung Parks Worten zu sprechen dienen Minjok, Minjung und Frauen als das geeinte Subjekt, um Gerechtigkeit zu verdeutlichen.[11] Sie stellt Frauen und Minjung in das Licht der Bedeutung des Volkes, des Minjok: „Minjung ist das leidende Subjekt koreanischer und weltweiter Ungerechtigkeiten. Wer immer über Wiedervereinigung spricht, muss das koreanische und weltweite Leid aus der Minjung-Perspektive betrachten. In diesem Sinn ist Minjung das Zeichen eines neuen wieder vereinten Koreas. Minjung selbst ist Minjok ..."[12]

Der NCCK rief „das Jahr 1995 zur Jubilee-Wiedervereinigung von Korea" aus. Es basiert auf der biblischen Vorstellung des Jubel- oder Erlassjahres, wobei der Fokus auf der Versöhnung der zwei koreanischen Staaten. Daraufhin hat KAWT eine eigene Deklaration zu Friede und Wiedervereinigung verabschiedet. Diese beginnt mit der Reue über ein apolitisches, oberflächliches Bewusstsein und den Familienegoismus. „Wir sehen die letzte Ursache unserer nationalen Trennung in der patriarchalen Dominanzkultur [...] Wenn Bäuerinnen, Arbeiterinnen und arme Frauen, die alle Opfer des wirtschaftlichen Wachstums sind, für ihr eigenes Überleben und damit gegen ungerechte ökonomische Strukturen kämpfen, werden sie als links und prokommunistisch angeklagt. Das Anti-Kommunismus Gesetz und das Nationale Sicherheitsgesetz blockieren die Industrie-Seelsorge, die Studentenbewegung, die Jugendbewegung, die Frauenbewegung und die Demokratiebewegung. Die antikommunistische Ideologie ließ unser Gewissen und die menschliche Liebe innerhalb des Volkes verkümmern, im Gegenzug säte sie Feindschaft und Hass

11 Vgl. Soonkyung Park, Kingdom of God, the Power of Social Historical Transformation, in: Korea Journal of Christian Studies, Nr. 41 (2005), 37–84. Vgl. Dies., With those who Recall the Past into Present, Seoul 2003, 534.

12 Soonkyung Park, The Unification of Korea and the Task of Feminist Theology, in: A Journey of Reunification Theology of Korea, Seoul, 1992, 309.

in den Köpfen der jüngeren Generation und verformte Menschen in einer Antifriedenshaltung …“ [13]

Seither haben viele Seminare und Workshops stattgefunden. Park kritisierte den in Südkorea und den christlichen Kirchen herrschenden Begriff der freien Demokratie im Allgemeinen und ihrer westlichen Wurzeln im Besonderen. Er sei kapitalistisch, bourgeois, individualistisch und liberal. Sie beharrt darauf, den nordkoreanischen Sozialismus für eine Wiedervereinigung seriös zu diskutieren.

6 Heilung der Angst vor Antikommunismus und des Ideologienkonfliktes

Des Weiteren bemühen sich feministische Gruppen und KAWT um Aufklärung der Massaker, die zwischen 1948 und 1954 auf Befehl der südkoreanischen Regierung mit Unterstützung der US-Regierung gegen die „kommunistischen Staatsfeinde“ unter der Zivilbevölkerung verübt wurden. Diese Massaker fanden in Yeosoo 1948, in den Jiri Bergen 1948/49, auf der Cheju-Insel 1948–1954 und in Nokunri 1950 statt. Der schlimmste Fall war der Vorfall auf der Insel Cheju.[14] Er gilt als nationaler Vorfall im Namen des Antikommunismus. Die aus einem Vulkan entstandene Insel Cheju liegt südlich der Koreanischen Halbinsel und war traditionell ein Ort, wo Dissidentenführer aufgrund der abgeschnittenen Verkehrswege in die Verbannung geschickt wurden, wenn es auch von Natur aus ein sehr schöner Ort war. Das bedeutet, die Menschen auf dieser Insel tendieren wegen ihrer Geschichte zum Widerstand gegen Ungerechtigkeit und Unterdrückung. Der direkte Hintergrund dieses Vorfalls hat mit dem Kampf der Ideologie und den einseitig geplanten Wahlen für die Gründung der Republik Südkorea am 10. Mai 1948 im südlichen Teil des Landes zu tun. Es gab heftigen Widerstand der Menschen, die die Besiegelung der Teilung des Landes durch diese Wahlen verhindern wollten. Daher gab es eine große Protestwelle gegen die einseitigen

13 KAWT, Declaration of Korean Women Theologians on the Peace and Reunification of the Korean People, in: Reunification of Korea and Feminist Theology, 1989, pp. 241–254. zit. nach Choonja Yoo, a.a.O., 94.

14 Vgl. Christine Lienemann-Perrin, Healing Memories-Verdrängen, Erinnern und Versöhnen. Religionen und Politisches Gedächtnis am Beispiel Koreas, in: Gewalt wahrnehmen – von Gewalt heilen, hrsg. von W. Dietrich und W. Lienemann, Stuttgart 2004, 212–223.

Wahlen in ganz Korea und auch auf der Insel Cheju. Aber aufgrund des Verdachts auf prokommunistische Mitwirkung wurden zahlreiche Menschen brutal ermordet und massakriert. Viele wurden umgebracht, ohne zu wissen, warum sie sterben mussten.

Da die erste „Republik Korea" auf dieses Massaker zurückgeht und deren Präsident und Regierung durch das US-Regime starke Unterstützung erfuhr, war eine Kritik an diesen Geschehnissen bis hin zur Zivilregierung in den neunziger Jahren nicht erlaubt. Sie wurde immer wieder als prokommunistisch bezeichnet, was unter dem Nationalen Sicherheitsgesetz als staatsfeindlicher Hochverrat oder Putschversuch geahndet wird. Deshalb wurde darüber nur heimlich gesprochen oder geschwiegen. Offizielle oder öffentliche Trauerfeiern gab es nicht. Dieses Thema wurde jahrzehntelang tabuisiert.

Während viele Menschen, v.a. Frauen mithilfe von Volksreligiosität wie dem Schamanismus ihre Wunden und Han (das unterdrückte Gefühl)[15] zu heilen versuchen, haben sich die offiziell etablierten Kirchen in der Öffentlichkeit wenig dafür eingesetzt. Aber die Versuche von ChristInnen im Untergrund für die Entdeckung und Bewahrung der Wahrheit und Wiedergutmachung sollten nicht unterschätzt werden, wenn es auch Versuche von Minderheiten waren. Diese Minderheitengruppen von Christen haben eine wichtige Rolle beim Transformationsprozess, von der Diktaturherrschaft zur Zivilregierung, gespielt.

Ein bekanntes Beispiel dafür ist das folgende: Mit Bezug auf die oben erwähnte Geschichte von der Weberin und dem Hirten gab es nach einem langen Prozess eine Gedenkfeier für die Ermordeten und die Errichtung eines Grabmals. Am 20. August 1950 (nach dem Mondkalender der 7. Juli) wurden 132 Menschen bei dem Massaker auf den Songak-Bergen auf der Insel Cheju unschuldig ermordet. Dies war besonders für die Familienangehörigen tragisch, da ihre Angehörigen am traditionellen Tag der Begegnung wegen des Verdachts auf Prokommunismus und ohne stichhaltige Begründung brutal ermordet worden waren. Wegen der damaligen politischen Situation war es ihnen nicht möglich, umgehend die Leichen zu bergen, um ein Grab zu errichten. Dies war den Familienangehörigen erst am 8. April 1957 erlaubt.

15 Han ist ein tiefsitzender Gram oder Groll infolge leidvoller Erfahrungen oder Demütigungen. In Korea isst man aufgrund des Klimas gern fermentierte Speisen wie Kimchi, die ähnlich wie Sauerkraut schmeckt. Bis solche Speisen durchgären, braucht es viel Zeit. In Analogie dazu ist in den Köpfen und Herzen vieler Koreanerinnen und Koreaner Han abgelagert oder gärt vor sich hin wie fermentierte Speisen.

Wegen der Anhäufung der Leichen war es nicht möglich, die Überreste und Knochen zu identifizieren. Daher haben die Angehörigen ein Gemeinschaftsgrab und ein Grabmal mit dem Namen „Gedenkstätte für 100 Ahnen“ (wörtlich übersetzt „Nachkommen unter 100 verschiedenen Ahnen“) errichtet. Damit sollte die Einheit der Schicksalsgemeinschaft betont werden. Aber unter dem Regime des dritten Präsidenten und Diktators Park Chung-Hee wurde diese Gedenkstätte am 15. Juni 1961 zerstört, um eine kollektive Erinnerung an dieses Ereignis zu verhindern. Nach mehrmaligen Versuchen ist es Familienangehörigen endlich am 24. August 1993 gelungen, diese Gedenkstätte offiziell erneut zu errichten. Das war der Tag der Begegnung vom 7. Juli des Mondkalenders. Die Christen und Christinnen gehörten zu den Initiatoren der Vereine für Opfer und Familienangehörige, die die Wahrheitssuche vorangetrieben haben. Religiöse Rituale (u.a. schamanistische) zu feiern war wichtig, um unterdrückte und unaussprechliche Gefühle zu äussern, den Angehörigen und Hinterbliebenen der Opfer Trost zu spenden. Aber für den Widerstand, den Demokratisierungsprozess und die Transformation der Gesellschaft braucht es mehr als solche Rituale. Die schamanistische Religion, in der mehrheitlich Frauen verankert sind, die gleichzeitig Hinterbliebene waren, spielte eine wichtige Rolle dabei, Trauer zu bewältigen.[16] Die konfuzianischen Rituale, die fast ausschließlich durch Männer repräsentiert werden, nehmen zwar in der Gesellschaft öffentlichen Raum ein, vertreten aber die staatliche Ordnung.

Darüber hinaus ist ein gewisses Pathos beim Schamanismus präsent, wohingegen Ethos und Triebkraft fehlt, um das Thema gesellschaftlich zu bearbeiten[17] oder die „Spirale der Gewalt“ zu beenden. Versuche von ChristInnen, der Wahrheit ins Gesicht zu sehen, haben das Geschehene letztendlich in den öffentlichen Diskurs getragen.[18]

Das Massaker der Insel Cheju hat zahlreiche Witwen hinterlassen. Die Mehrheit aller Opfer, etwa 80%, waren Männer im Alter von 20 bis 40 Jahren. Anders gesagt: Die meisten Überlebenden waren verwitwete Frauen. Darüber

16 Vgl. Christine Lienemann-Perrin, Healing Memories – Verdrängen, Erinnern und Versöhnen. Religionen und Politisches Gedächtnis am Beispiel Koreas, in: Gewalt wahrnehmen – von Gewalt heilen, hrsg. von W. Dietrich und W. Lienemann, Stuttgart, 2004, 212–223.

17 Vgl. Lutz Drescher, Ethik und Ekstase. Beobachtungen über den Einfluss von Konfuzianismus und Schamanismus auf die koreanischen Kirchen, in: Zeitschrift für Missionswissenschaft und Religionswissenschaft, Nr. 78. 1994, 279ff.

18 Das Thema „Trost Frauen“ wurde auch durch die Initiative der christlichen Frauenbewegung beleuchtet.

hinaus wurden Frauen Opfer sexueller Gewalt. Die südkoreanische Regierung ist vollständig von antikommunistischer Ideologie geprägt. Daher waren die Körper der Frauen auf der Insel Cheju, die als prokommunistisch diffamiert waren, im Verdacht, wieder prokommunistische Söhne zu gebären. So wurden sie zum Objekt von Antikommunismus und sexueller Gewalt des Staates.[19] Wenn männliche Familienangehörige geflohen waren, sind Frauen häufig anstelle ihrer Männer oder Väter Opfer von Folter und sexueller Gewalt geworden. Frauenkörper wurden als Objekt des antikommunistischen Hasses, der Strafe und der Diskriminierung des Patriarchats gegenüber den Feinden kollektiv missbraucht. Da es in der konfuzianischen Tradition die Ideologie von der Tugend der Reinheit der Frauen gibt, sind die Opferfrauen dazu gezwungen, darüber zu schweigen. Dieser Zwang bezweckt die Bewahrung des patriarchalen Systems im Namen der familiären Ehre sowie das Stillschweigen über die Wahrheit.

Diese Witwengruppe hat eine besondere Opfergemeinschaft unter sich geschaffen, um einander zu helfen und zusammen mit ihren Kindern zu überleben: Sie bauen Häuser und Dörfer wieder auf, leisten Wachdienst, arbeiten gemeinsam auf dem Feld und unterstützen sich solidarisch. Die Frauen haben zwar nicht darüber gesprochen, aber das gemeinsame Leid gegenseitig anerkannt und können es so gemeinsam ertragen. Die offizielle Regierung und die Gesellschaft haben ihnen nicht geholfen, diese Tragödien zu verarbeiten. In der Vergangenheit sind die Frauen zum Schweigen gezwungen worden, aber mittlerweile sind sie bereit und mutig genug, ihre Geschichte öffentlich zu erzählen. Solche Zeugnisse abzulegen ist sehr wichtig, um gegen strukturelle staatliche männliche Gewalt Widerstand leisten zu können, wenn das Erlebte auch der Vergangenheit angehört.

Die KAWT hat zum 57. Jahrestag des Gewaltausbruchs auf der Insel Cheju am 3. April 2005 einen Friedensgottesdienst unter dem Thema Versöhnung und Einheit durchgeführt. Viele Ereignisse dieser Art liegen weiterhin im Verborgenen, weil die betroffene Bevölkerung aus Angst vor Racheakten oder vor dem Vorwurf prokommunistischer Umtriebe bis heute zögert, darüber zu sprechen.[20] Die koreanische feministische Theologie sollte weiterhin dazu

19 Vgl. Seongnae Kim, The Cheju April Third Incident and Women's Experience: From the Memory of Violence to the Solidarity for Survival, in: Democratization Movements and Women, vorgetragen am 18. Mai 2002 in Gwangju, 174.

20 Am 16. Dez. 1999 wurde im Parlament ein Sondergesetz für die Untersuchung am Fall Cheju geschaffen. Der südkoreanische Präsident Moohyun Roh hat sich am 31. Okt. 2003 offiziell dafür

beitragen, solchen Erzählungen Gehör zu verschaffen und zum Zuhören aufzufordern.

7 Die feministische Theologie als Beitrag zur Transformation der Gesellschaft

Kurz gefasst sind folgende Merkmale typisch für Soonkyung Parks Wiedervereinigungstheologie:[21]

1) Sie versucht einen Bezug zum sozialistisch orientierten Nationalismus der 20er Jahre herzustellen. Diese Bewegung verschwand unter der japanischen Besetzung. Zur Zeit des Koreakrieges ließ auch das US-amerikanisch dominierte Militärregime keine sozialistisch verstandene nationale Befreiung aufkommen. Park betont dagegen die notwendige Verbindung von nationaler Befreiung und sozialer Revolution. Ihr Nationalismus gründet im Minjok und hat daher nichts mit einer imperialistischen Tradition zu tun.[22] Park verweist auf Minjok als mütterliches Prinzip und entwickelt feministische Werte aus der nationalen Tradition. Denn Minjok repräsentiert den Einheitswillen des Volkes. Ihre prophetische Sichtweise findet sich parallel bei Jesaja 40,1–4 wieder, wo dem Volk, das ebenfalls unter dem Joch der Trennung leidet, die Heimkehr verheißen wird.

---

entschuldigt, dass die südkoreanische Regierung auf der Insel Cheju ihre Macht missbraucht. Es war beispielhaft, dass die südkoreanische Regierung die moderne koreanische Geschichte anders evaluiert und sich offiziell bei den Opfern entschuldigt hat.

21 Mehr über ihre Theologie, Vgl. Meehyun Chung/Lisa Sedlmayr, Soonkyung Parks feministische Theologie als koreanisches Beispiel reformierter Theologie im 20. Jahrhundert, in: Reformierte Theologie weltweit. Zwölf Profile aus dem 20. Jahrhundert, hrsg. von Marco Hofheinz/Matthias Zeindler, Zürich, 2012, im Druck.

Vgl. Soonkyung Park, Korean People and the Task of Feminist Theology, Seoul, 1983.

Idem, Kingdom of God and the Future of Korean People, Seoul, 1985.

Idem, Reunification of Korea and Christianity, Seoul, 1986.

Idem, Suffering and Victory of Reunification Theology of Korea, Seoul, 1992.

Idem, A Journey of Reunification Theology of Korea, Seoul, 1992.

Idem, The Future of Korea's Unification Theology, Seoul, 1997.

Idem, Outline of the Presentation, "Feminist Theology. Church Reform. Social Transformation", in: Idem, With those who recall the past into present, Seoul, 2003, 490–496.

22 Während westlicher moderner Nationalismus einen negativen Beigeschmack wegen des Kolonialismus und des Nationalsozialismus hat, beinhaltet der koreanische Nationalismus im positiven Sinne eine sozial-revolutionäre Komponente.

2) Park beerbt mit ihrer Wiedervereinigungstheologie den christlich-marxistischen Dialog Europas. Sie hat die „linke" Interpretation von Karl Barths Theologie in Korea eingeführt und auf diese Weise eine Kritik an der Expansion des Kapitals entwickelt, die immer wieder mit dem Christentum in Verbindung gebracht wird.[23] Park bemüht sich um einen „dritten Weg" als Modell der Wiedervereinigung, das sich von der deutschen Wiedervereinigung unterscheidet. Diese Botschaft gilt nicht nur für Korea, sondern im Sinne von Micha 4,3 für die ganze Welt.

Mit dem „dritten Weg" will Park die unterschiedlichen Ideologien und Systeme von Nord und Süd überwinden. Dabei greift sie auf eine Erklärung vom 4. Juli 1972 zurück,[24] in der Nord- und Südkorea drei Gemeinsamkeiten betonten: Erstens, das ganze Volk will die Einheit ohne Einmischung von außen. Zweitens, die Einheit vollzieht sich als friedlicher Vorgang. Drittens, die Wiedervereinigung beruht auf dem gemeinsamen Willen des Minjok, der die zwei Ideologien und Systeme übersteigt. Dieser „dritte Weg" möchte die sozio-ökonomischen und politischen Verschiedenheiten zwischen Nord und Süd überwinden und eine Konföderation der beiden Teile schaffen.[25]

3) Besonders wichtig ist, dass Park ihre Theologie der Wiedervereinigung aus einer eschatologischen Perspektive des kommenden Reiches Gottes entwirft. Soonkyung Parks Vision einer neuen Erde und eines neuen Himmels (Jes 65,17–25) heißt: „Ein Christentum, das Teil der kapitalistischen Welt geworden ist, hat jegliche Bedeutung für die göttliche Erlösung durch Jesus Christus verloren und macht es unmöglich, das Kommen des Reiches Gottes zu verkündigen. Die menschliche Befreiungsbewegung für eine andere Weltordnung steht in einer vorbereitenden Wechselbeziehung zum Kommen des Reiches Gottes."[26] Immer wieder betont Park die praktische und ethische

23 Theologen wie Helmut Gollwitzer, Friedrich W. Marquardt, Jan M. Lochman usw. gehören zu dieser Gruppe. Der reale Grund für den Ausbruch des Koreakrieges ist immer noch sehr umstritten. Als der Krieg 1950 ausbrach, äußerte der Ökumenische Rat der Kirchen in Toronto, Kanada, seinen Willen: Das Dokument verdeutlicht Nordkoreas Schuld am Krieg. Karl Barth ist einer der prophetischen Stimmen gewesen, der dieses Dokument für unausgewogen und einseitig hielt. Vgl. K. Barth, Offene Briefe 1945–1968, Karl Barth GA, V. hrsg. von D. Koch, Zürich, 1984, 284. Wenn Barth sich auch um den enthusiastischen Hang einiger osteuropäischer Theologen im Blick auf die kommunistischen Ideen gesorgt hat, hat er sich ihnen gegenüber stets solidarisch gezeigt. Barth hat nicht den realen Sozialismus, sondern die Ideen des Sozialismus positiv bewertet. Vgl. Meehyun Chung, Karl Barth, Josef L. Hromadka, Korea, Berlin, 1995, 119f.

24 Die Deklaration vom 4. Juli wurde von beiden Koreas im Jahr 1972 gemacht.

25 Vgl. Soonkyung Park, The Unification of Korea and the Task of Feminist Theology, in: ibid. 315ff.

26 Soonkyung Park, Theological Significance of Korean People's Unification Liberation Movements Under the Yoke of National Division and Global Capitalization, in: Sustaining Spiritualities with

Dimension des interreligiösen Dialogs. Dieser könnte auch als Modell für die Wiedervereinigung, für die Befreiung überhaupt, hilfreich sein. Religiöser Dialog ohne Bezug zur konkreten ethischen Aufgabe der Gesellschaft bleibt zu abstrakt. Durch die interreligiöse Zusammenarbeit könnte die Heilung des Landes für Wiedervereinigung besser bewältigt werden. „Die interreligiösen Spiritualitäten müssen im Dienst der Verantwortung für eine menschliche Befreiung entwickelt werden. Das letzte Wort vom Sinn dieser Spiritualitäten gehört zu den Freiheiten des Heiligen Geistes und Jesu Christi.“[27]

Jesus hat für alle Menschen Schranken überwunden und uns die Tore zueinander geöffnet (Eph 2,14–18). Wir Menschen neigen jedoch dazu, das Gegenteil zu tun. Die südkoreanische Kirche ist immer noch vom Antikommunismus und von Animositäten gegenüber dem Norden beherrscht. Im Christentum bedarf es jedoch einer selbstkritischen Einstellung – besonders in Bezug auf soziale Gerechtigkeit. Die Kirche sollte ein Ort sein, wo soziale Gerechtigkeit unter Rückbezug auf die Frohe Botschaft verkündet und gefördert wird und keiner, an dem Kommunismus,[28] anders Denkende und Glaubende angeklagt oder sogar verflucht werden.

Jede Theologie hängt von ihrem Kontext ab. Keine Theologie ist kontextfrei. So gewinnen zum Beispiel multiethnische, -religiöse und -kulturelle Themen für Korea zunehmend an Bedeutung, weil sich die Gesellschaft Koreas, die eher eine homogene war, durch Migrationsströmung geändert hat. Aber die Frage einer Wiedervereinigung, die anderen Vorstellungen als denen des US-amerikanischen Militarismus folgt, beschäftigt uns nach wie vor.[29] Nordkorea ist wegen der nuklearen Rüstung und der der damit zusammenhängenden Frage der Massenvernichtung immer noch Angriffsziel. Die Dämonisierung Nordkoreas als Mitglied der „Achse des Bösen“ zerstört den Friedensprozess zwischen den beiden koreanischen Staaten. Die nukleare Abrüstung, die von Nordkorea gefordert wird, sollte ebenso für alle anderen Nationen gelten – einschließlich der USA. Die Trennung Koreas ist nicht nur

Living Faiths in Asia in the Context of Globalization, ed. by Sookja Chung and Marlene Perera, Colombo, 2002, 29.

27 Ebd.

28 Vgl. Charles C. West, The Church in a Post-Marxist Society, in: Theology between East and West. A Radical Heritage. Essays in Honor of Jan Milic Lochman, ed. by Frank D. Macchia and Paul S. Chung, Oregon, 2002, 297–315.

29 Bezüglich der geplanten Marinebasis auf Jejudo gibt es viele Protestaktionen. Diese Insel liegt geographisch günstig, um militärisch und wirtschaftlich die Kontrolle im Pazifischen Raum zu übernehmen. Vgl. http://www.space4peace.org/ Besucht am 13. Juni 2011.

eine persönliche und familiäre Tragödie,[30] sondern stellt auch ein Hindernis für den Weltfrieden dar.

Aber auch der Kampf gegen den Sexismus in Kirche und Gesellschaft bleibt eine wichtige Aufgabe für die feministische Theologie in Korea. Beide Themen, der Kampf um eine alternative Wiedervereinigung und um Frieden und der Kampf um Gerechtigkeit in der Genderfrage sind miteinander verknüpft. Die Wiedervereinigung hat nach wie vor Priorität auf der ökumenischen Agenda des NCCK. Gerade deshalb wird der Aspekt der geschlechtlichen Gleichbewertung an den Rand gedrängt, so als wäre sie ein Luxus westlicher Frauen.[31] Das Gender-Thema ist in Korea jedoch von der nationalen Frage nicht zu trennen. Am weitgehenden Ausschluss von Frauen aus Entscheidungsprozessen in Gesellschaft, Politik, Wirtschaft und Kirche zeigt sich das Demokratisierungsdefizit des Landes. Darüber hinaus verhindert die männliche Dominanzkultur ein friedliches Zusammenleben. Die immer noch männlich geprägten, machtorientierten Diskurse verhärten das Verhältnis zwischen Nord- und Südkorea.

8 Schlussbemerkung

Wie die Weberin und der Hirte sind die KoreanerInnen gezwungen, getrennt zu leben. Der 38. Grad, die Demarkationszone, ist der Milky Way Fluss für sie. Die Weberin und der Hirte mussten diese Strafe erdulden, weil sie ihre Dienste vernachlässigt haben. Auch die KoreanerInnen sind in erster Linie für die Trennung verantwortlich. Die japanische Kolonialherrschaft und die daraus resultierende Teilung des Landes wurde durch die beiden damaligen Großmächte verursacht.

30 Als meine Mutter, die in Nordkorea geboren ist, zwei Jahre alt war, hat meine Großmutter sie in den Süden gebracht. Damals konnte man immer noch hin- und hergehen. Nach dem Koreakrieg war es nicht möglich, die Familie wiederzusehen. Alle Kontakte wurden zwangsweise unterbrochen. So hat meine Mutter ihren Vater nie wieder gesehen. Meiner Mutter blieb die Erfahrung verwehrt, jemand ihren Vater zu nennen. Wenn sie auch eine gute Beziehung zu ihrer Mutter hatte, so hat sie ihren Vater doch sehr vermisst. Darum nennt sie Gott ihren Vater. Sie fühlt sich dabei sehr wohl und ist Gott wie einem leiblichen Vater nahe. In diesem Sinne bin ich nicht im Stande, Menschen wie meine Mutter zu korrigieren, dass sie Gott „Mutter“ nennen sollen, obwohl ich mir der Problematik Gottes als eines Vater und in Folge der männlicher Dominanz in der Kirchengeschichte sehr bewusst bin.

31 Vgl. Wai-Ching Angela Wong, The Poor Woman, A Critical Analysis of Asian Theology and Contemporary Chienese Fiction by Women, NY 2002, 59.

Die koreanische feministische Theologie kann dazu beitragen, das Erbe von Hass und Feindschaft zwischen den beiden koreanischen Staaten zu überwinden sowie der historischen Wahrheit des Koreakrieges ins Gesicht zu sehen. Es ist nicht einfach, eine Brücke zu errichten. Ähnlich wie bei dem Liebespaar aus dem Märchen, das nicht aus eigener Kraft zum vereinbarten Treffpunkt gelangen konnte, bedarf es der Hilfe wie der der Krähen und Elstern, die zudem andere Vögel ermutigten, um eine Brücke zu bauen. Die koreanische feministische Theologie sollte die Rolle des Brückenbauens, also die der Vermittlerin, übernehmen.

Die koreanische Nation sollte ihr Schicksal selbst in die Hand nehmen und nicht durch die US-Regierung manipuliert werden. Die USA und Nordkorea sollten die Waffenstillstandsvereinbarung von 1953 durch ein ständiges Friedensabkommen ersetzen. Zugleich sollten das Nationale Sicherheitsgesetz und der „Status of Forces Agreement“ zwischen den USA und Südkorea grundsätzlich geändert werden.[32]

Die Probleme des Marktkapitalismus und der globalen Kontrolle der Wirtschaft, Medien, des Militärs usw. sollten im feministischen Diskurs analysiert werden. Ein Frieden, der auf Gleichberechtigung, wirtschaftlicher und sozialer Gerechtigkeit basiert, ist lebenswichtig. Die ursprüngliche Idee des Kommunismus ist nicht schlecht. Sie hat etwas mit der ursprünglichen Idee des Christentums (Apg 4,32–37) gemeinsam.[33] Analog zum Kapitalismus erweist sich jedoch die Umsetzung als problematisch. Nach dem Zerfall der Ostblockländer triumphierte der Kapitalismus. Die Verleumdung des Kommunismus ist nicht die Aufgabe der feministischen Theologie in Korea. Stattdessen soll sie das ungerechte System einer globalisierten Welt zu korrigieren und wirtschaftliche, ökologische und ökumenische Gerechtigkeit schaffen. In diesem Zusammenhang sollte sie die Mehrheit der christlichen Frauen, die sich eher am individuellen Heil orientieren, wachrütteln. Um den Prozess zur Wiedervereinigung in Gang zu bringen, muss es zunächst zur Versöhnung mit den Menschen in Nordkorea kommen.[34] Es ist nicht leicht, alte Feindschaft und Animo-

32 Unter dem ungerechten Militärsystem leiden viele KoreanerInnen und auch die Umwelt. V.a. die prostituierten Frauen auf der US Militär-Basis waren häufig Opfer. Es waren viele Frauen, die durch US-Soldaten ermordet wurden. Aber die Täter wurden wegen Status of Forces Agreement (SOFA) nicht vor ein koreanisches Gericht gebracht, auch wenn die Mordfälle brutal waren.

33 Ob zwischen dem frühen Christentum und der sozialistischen Bewegung im 19. Jahrhundert eine Gemeinsamkeit besteht, darüber lässt sich streiten. Vgl. Luise Schottroff, Lydias ungeduldige Schwestern. Feministische Sozialgeschichte des frühen Christentums, Gütersloh, 1994, 225.

34 Vgl. John L. McCullough, „Compassion and Ethics: Korea and the Paradigm for Reconciliation“,

sität zu beseitigen. Die koreanischen Frauen, die unter der männlichen Dominanz und der Trennung des Landes am meisten gelitten haben und unterdrückt wurden, haben die Aufgabe, gesellschaftliche Probleme und Gewalt zu erkennen und anzusprechen. Die feministische Theologie als Sprachrohr dieser Frauen, soll dazu ermutigen, eine Brücke über den mythischen Fluss zu bauen.

Lowell Lecture at Boston University, Dec. 3. 2003.

Reis und Wasser

[Eine koreanisch-ökofeministische theologische Perspektive[1]]

1 Wasser ist unser gemeinsames Gut

Die UNO erklärte die Jahre 2005 bis 2015 zum „Internationalen Jahrzehnt für die Aktion ‚Wasser für Leben'".[2] Wasser ist keine Ware des freien Marktes, sondern ein gemeinschaftliches Gut, das demzufolge anders betrachtet werden muss. Das Wasserproblem[3] ist nun ein Menschenrechtsproblem geworden. 2004 formulierte die UNO das Motto „Reis ist Leben". Damit wollte sie Nahrungsmittelsicherheit schaffen und Armut bekämpfen. 2005 öffnete Korea jedoch – in Übereinstimmung mit der WTO Handelspolitik – seinen Markt offiziell für den freien Handel. Es war tragisch, dass Kyunghae Lee, ein koreanischer Bauernführer, 2003 in Cancun, wo die 5. Ministerkonferenz der Welthandelsorganisation (WTO) tagte, Selbstmord beging, um den koreanischen Reisanbau zu schützen. Trotz dieses Todes wurde Korea gezwungen, seine Märkte zu öffnen. Anlässlich der 6. Ministerkonferenz der WTO, welche 2005 in Hong Kong tagte, fand erneut eine große Demonstration koreanischer Bauern statt. Sie verurteilten die Handelspolitik der WTO, protestierten gegen sie und prangerten die Konsequenzen für die Armen dieser Welt an. Sie beschrieben das Elend, das die WTO in ihren Augen erzeugte. Das System des freien Marktes ist nicht nur für Bauern und Bäuerinnen problematisch, es ist ein Problem für unser globales Zusammenleben.

Pyungtak, Dachuri heißt der Ort, an den die USA ihren Armeestützpunkt auf der koreanischen Halbinsel verlegen wollen. Die BäuerInnen dieser Ge-

1 Dieser Aufsatz ist zuerst auf Englisch erschienen in: Breaking Silence. Theology from Asian Women, ed. by Meehyun Chung, Delhi, 2006. Der englische Text ist leicht von Meehyun Chung überarbeitet und von Ernst Schmid ins Deutsche übersetzt worden und erschienen unter: Meehyun Chung, Wasser und Reis: eine koreanische ökofeministische theologische Perspektive, in: Grenzen erkunden, hrsg. von Benedict Schubert (et.al.), Frankfurt am Main, 2007, 241–254.

2 http://www.unesco.org/water/wwap/wwdr/table_contents.shtml, besucht am 8. August 2005.

3 Wasser ist häufig Ursache ziviler Konflikts. Z.B. das Wort „Rivale" stammt vom lateinischen Wort rivus ab. Damit bezeichnete man Nachbarn, die den gleichen Fluss nutzten. Dies zeigt, dass Wasser seit sehr langer Zeit in der menschlichen Gemeinschaft das wichtigste Thema und Ursprung von Spannung war.

gend werden zwangsevakuiert. Da ihnen das Ackerland ihr Leben bedeutet, stellt dieses Vorgehen eine schwere Diskriminierung dar. ReisbäuerInnen, die ihr Land verkauften und dafür Wohnungen kauften, verdienen nun mehr und schneller Geld. Doch in dem erwähnten Gebiet leben noch immer viele BäuerInnen, die es weiterhin vorziehen, ihre eigenen Güter anzubauen und damit zufrieden sind. Koreanische BäuerInnen leiden daher sowohl unter dem freien Markt als auch unter militärischer Ausbeutung. Abgesehen von militärischen Vorbehalten zur Zwangsumsiedlung bedeutet diese eine Diskriminierung und Ausbeutung der BäuerInnen.

In diesen Überlegungen möchte ich das Problem Wasser vom Brot (oder Reis im Falle von Korea) behandeln und dabei das Vater Unser mit einbeziehen. Ich möchte die Aspekte des täglichen Brotes und des Wassers mit koreanischem Ökofeminismus verbinden.

2 Wasser und koreanische Kultur

Wasser ist versteckte Macht
Schöpfung, die nie ruht;
Mutter
aller lebendigen Wesen.[4]

Zwei der wichtigsten Ursprünge koreanischer Kultur und Traditionen sind Taoismus und Laoismus. Tao wird oft als Wasser interpretiert. Tao-te-king (s. Kapitel 8) gilt als Wasser. Der erhabene Gott sei wie Wasser. Weil Wasser immer zum niedrigsten Punkt fließt und nicht still steht, wird es mit Tao verglichen. Lao betont Wasser in seiner Philosophie. Von menschlichen Wesen wird erwartet, dass sie dem Weg der Natur statt einem künstlichen Weg folgen. Wenn der natürliche Weg verlassen und die Harmonie zerstört wird, versucht die Natur, die Harmonie wieder herzustellen. Ein Beispiel dafür sind Überschwemmungen.

In den meisten Religionen ist Wasser das Symbol für Reinheit und Heiligkeit. Wasser ist weich und verbindet sich mit allen Dingen.[5] Dies ist die Stärke

4 Byungsup Ban, Mother of all living being, http://www.koreanwriters.com/banbyungsup.htm, besucht am 8. August 2005.

5 Ich nahm zu diesem Thema vom 4.–8. Mai 2005 in Basel an einer Konferenz des Europäischen Christlichen Umweltnetzwerkes teil. Vgl.www.ecen.org.

des Wassers. Anderseits kann Wasser auch vernichtend sein.[6] Daher hat Wasser eine symbolische Bedeutung: Sanftheit kann Stärke besiegen. Besonders im Taoismus wird der Charakter des Tao mit Wasser verglichen. Er ist damit dem Prinzip der Weiblichkeit nahe. Der gewaltige Bär oder der Große Wagen, welcher im Taoismus als himmlisch göttliches Wesen betrachtet wird, und der Königsdrache, welcher unter den natürlichen göttlichen Wesen als das Höchste gilt, werden mit Wasser in Verbindung gebracht. In der koreanischen Landwirtschaftsflagge erscheint der Drache als König der Meere. Dies weist auf die Bedeutung des Wassers im Reisanbau hin. Der Drache des Meeres steht für gute Ernte. Der Drache ist also nicht nur der König, der über das Wasser regiert, er bedeutet ebenso Fruchtbarkeit und eine gute Ernte.

Auch die Geschichte vom Hirten und dem Weber, welche in Nordasien eine der bekanntesten Volkserzählungen und Mythen ist, hat mit Wasser zu tun.[7] Die Geschichte wird mit dem 7. Juli des Mondkalenders verbunden. An diesem Tag haben die Vorfahren des Menschen jeweils den Strom der Sterne überquert, um den Himmelskönig zu bitten, den Regen anzuhalten. In dieser Geschichte fällt dem Wasser eine sehr wichtige Rolle zu. Sie erzählt von der Weberin und dem Hirten, die sich so sehr liebten, dass sie ihre Pflicht des Webens und der Tierhaltung vernachlässigten. Da strafte sie der Gott des Himmels, indem er sie zwang, getrennt zu leben. Zwischen ihnen fließt nun ein Sternenstrom, den sie nicht überqueren können. Doch dank der Hilfe der Krähen und Elstern können sie sich einmal im Jahr, am 7. Juli, treffen. Und weil sie so sehr weinen, wenn sie wieder auseinander gehen müssen, fällt an diesem Tag starker Regen. So die Legende. Dies ist ein alter Volksglaube. Die Leute glauben, wenn es an diesem Tag des Jahres stark regnet, sei eine gute Ernte zu erwarten. Das hat mit dem Glauben an den Regengott zu tun. Da Reis eine Pflanze ist, die im Wasser wächst, braucht sie viel Wasser, um zu gedeihen. Das sehnliche Verlangen nach Wasser kann direkt mit dem Alltag in einer landwirtschaftlichen Gesellschaft in Verbindung gebracht werden.

Es gibt eine weitere Geschichte, die sich auf den Großen Wagen als himmlisches Wesen bezieht. Koreanische Frauen beteten jeweils früh morgens mit einer Schale voll reinigenden Wassers. Das frühe Morgengebet ist ein Beispiel

6 Vgl. Aloysius Pieris, Feuer und Wasser. Frau, Gesellschaft, Spiritualität in Buddhismus und Christentum, Basel, 1994, 147.

7 Sie stammt ursprünglich aus China. Es wird vermutet, dass die Geschichte schon vor dem 5. Jahrhundert bekannt war. Das Königsgrab in Pungyang in Nordkorea, auf dem diese Geschichte in einem Relief dargestellt wird, bestätigt dieses frühe Datum.

für Bauern und Bäuerinnen, wie koreanische Kultur ins koreanische Christentum aufgenommen wurde. Diese Gebetsbewegung wird zum ersten Mal im Zusammenhang mit der Erweckung von 1904 erwähnt. Pfarrer Sunju Gil, einer der geistlichen Führer dieser Erweckungsbewegung in der frühen Geschichte der koreanischen Kirche, betete auf diese traditionelle Weise bevor er Christ wurde. 1906 passte er diese Tradition der Kirche an. Die große Erweckung von 1907 entstand aus dieser Gebetsbewegung. Hier wurde also typisch weibliche Religiosität in die koreanische Gebetsbewegung integriert.[8] Koreanische Frauen pflegten zum göttlichen Wesen auf Erden und im Himmel für die Gesundheit und das Wohlergehen ihrer Familie zu beten. Diese Gewohnheit wurde in die koreanische christliche Kultur aufgenommen und dort verinnerlicht. Am frühen Morgen stehen die sieben Sterne des Großen Wagens wie eine große Schöpfkelle am Himmel und mahnen ans Wasserschöpfen aus dem himmlischen Brunnen. Dieses Wasser gilt als das reinste. Nach dem frühen Morgengebet wird dieses Wasser vor allem für die Zubereitung von Medizinen gebraucht oder kranken Kindern in dem Glauben an seine heilende Wirkung verabreicht. Die sieben Sterne des Großen Wagens gelten in diesem Sinne als göttliche Wesen, welche Regen, materiellen Wohlstand, Leben und Zukunft spenden. Für das Gebet zu diesen göttlichen Wesen wurde eigens ein Altar gebaut. So hat das Wasser eine große Bedeutung in der koreanischen Kultur und Volksfrömmigkeit. Diese koreanische religiöse Gewohnheit ist teilweise vom koreanischen Christentum übernommen worden.

3 Reis und Wasser

Reis und Wasser gehören zum Prinzip von Sangsaeng (相生), welches das Zusammenleben beinhaltet, im Gegensatz zu Sangkuk (相剋) das Unverträglichkeit bedeutet. Während das Prinzip Sangkuk neben- und gegeneinander bedeutet, bedeutet Sangsaeng miteinander oder wechselseitig. Dieses Konzept beinhaltet Aufeinanderangewiesen-Sein (interrelatedness) und Miteinander-verbunden-Sein (interconnectedness). Es hat mit dem Beziehungsnetzwerk zwischen Menschen, Natur und Dingen und gegenseitiger, lebensorientierter Abhängigkeit und Ausgewogenheit zu tun. Dieses Bewusstsein stammt aus

8 Cf. Dukjoo Lee, The History of Formation by Korean Church, Seoul, 2000, 367–370.

dem Integrationsgedanken, der in Nordasien tief verwurzelt ist.[9] Diese Aspekte wieder neu zu beleuchten und Sangsaeng statt Sangkuk in der Gesellschaft zu fördern, gehört zu den zentralen Anliegen meiner Feministischen Theologie.

Dieses Prinzip der Zusammengehörigkeit und des Zusammenlebens (Konvivenz) in der dreifachen Beziehung zwischen Gott und Mensch, unter den Menschen und zwischen Mensch und Natur stellen Reis und Wasser symbolisch dar. Weil Reis eine Wasserpflanze ist, ist das Wasser für sie der wichtigste Faktor. 1 Kilogramm Reis benötigt 2 Tonnen Wasser. Aus diesem Grunde möchte ich Reis und Wasser eng miteinander verknüpft betrachten. Reis ist ein sehr wertvolles Produkt. Es wird in der asiatischen Kultur sehr geschätzt und als von „Gott geweiht"[10] angesehen. Die meisten asiatischen Volksreligionen haben etwas mit Reis zu tun, was die religiöse Bedeutung von Reis verdeutlicht.[11] Asien kennt viele traditionelle religiöse Werte, doch es besteht keine vereinigende Gemeinsamkeit, weder in Kultur, Religion oder Sprache. Höchstens der Reis könnte als eine solche gesehen werden. Reis ist auch Grundlage für kulturelle und religiöse Werte. Das älteste, in Korea gefundene Reiskorn soll 14 000 bis 17 000 Jahre alt sein. Koreas Klima ist ein sehr vorteilhaftes und

9 Nordostasien ist ein wichtiger regionaler Ort, um Werte von westlichen und östlichen Synergien und Konvergenzen herauszufinden. Die asiatische Kultur, der üblicherweise nur wenig Beachtung zukam, wird in der westlichen Welt immer beliebter, zumindest oberflächlich betrachtet. Dies zeigt sich in Hollywood-Filmen, bei den Gerichten in Fast-food-Restaurants und bei denjenigen, die – ermüdet vom westlichen Christentum – neugierig sind auf spirituelle Praktiken des Buddhismus, Schamanismus und Taoismus oder auf Yoga.

Aber oft ist dies nur ein oberflächliches Interesse an Exotik, das dem kommerziellen Gewinn dient und eine gegenwärtig erfolgreiche Marketing-Maßnahme für Unterhaltung, Gesundheit, Kulinarisches oder spirituelle Bildung darstellt. Während asiatische Speisen recht bereitwillig aufgenommen werden, mangelt es jedoch an Offenheit dem asiatischen Volk und deren historischer und kultureller Realität gegenüber. Meist werden keine tiefergehenden Sympathien geweckt, die einen wahren transkulturellen Austausch ermöglichen könnten.

Viele westlich geprägte Menschen kommen mit der Vorstellung, in Nordostasien die Weisheit in den asiatischen Religionen und in der Meditation zu finden. Aber ich hatte den Eindruck, dass diese Menschen die asiatische Realität nicht wirklich wahrnehmen können, die mit kapitalistischer Konkurrenz und dem Druck des schnellen Wachstums und den daraus folgenden Nebenwirkungen und Schattenseiten verbunden ist. Die Geschichte des Wirtschaftswunders in den asiatischen Tiger-Staaten ist allgemein bekannt. Nordostasien gehört zu dem Gebiet, dessen Wirtschaftsmacht rapide gewachsen ist. In der Tat ist die wirtschaftliche Lage dieser Region im Vergleich mit anderen Ländern in Südasien, Lateinamerika und Afrika, die unter Kolonialherrschaft und Imperialismus gelitten haben, viel besser. Aber hinter diesem schnellen Wachstum steckt die Ausbeutung billiger Arbeitskräfte, v.a. Frauen, und die Schädigung der Umwelt. Vielleicht könnte die westliche Suche nach Erleuchtung und Wahrheit mit der Erkenntnis beginnen, dass multinationale Unternehmen, die weltbekannte Marken- und Luxusprodukte sowie gefälschten Produkte, elektronische Geräte für einen globalen Markt produzieren, billige Arbeitskräfte mit flinken Händen suchen und diese gewöhnlich bei den Frauen Asiens finden.

10 Youlku Kim, Rice and Life, in: Talk about Rice, ed. by Newspaper of farmers, Seoul, 2005, 12.

11 Vgl. Choan-Seng Song, Third-Eye Theology: Theology in Formation in Asian Settings, London, 1980, 141–157.

natürliches für den Reisanbau. Reis braucht gleichmäßige Hitze und Feuchtigkeit, wie sie während der Monsun-Saison vorkommen. Reis ist also den natürlichen Verhältnissen Asiens angepasst. Im Gegensatz dazu wird Reis in den USA, Australien usw. mithilfe spezieller Technik und Chemikalien kultiviert. Dieser Anbau ist daher eher umweltfeindlich als -freundlich.[12] Das Filtern und Zurückhalten von Wasser durch Reisanbau verhindert Überschwemmungen, Erdrutsche und Erosion. Luft und Wasser werden durch den Reisanbau gefiltert. Auf der koreanischen Halbinsel ist der Reisanbau also natürlicher Erosionsschutz.[13] Dieser umweltfreundliche Prozess ist eines der wichtigsten Beispiele für nachhaltige Landwirtschaft des 21. Jahrhunderts.

Durae ist ein gutes Beispiel für den gemeinschaftlichen Reisanbau. Durae war eine Bauernkooperation, die im 18. Jahrhundert gegründet und um 1950 aufgelöst wurde. Die Arbeitsmethode der Vereinigung existierte allerdings schon im 4. Jahrhundert während der Samkuk-Periode auf der koreanischen Halbinsel. Alle Arbeitsschritte – Aussaat, Versetzen der Pflanzen, Bewässerung, Ernte usw. – waren gemeinschaftlich organisiert. Diese Methode basiert auf Zusammenarbeit. Durch die gemeinschaftsorientierte Methode wurde der kleinflächige Anbau geschützt. Durae war eine private Bewegung welche sich an Jahreszeiten und dem damit zusammenhängenden Arbeitszyklus orientierte. Sie wurde vom Geist der gegenseitigen Hilfe getragen. Schwächere Glieder der Gesellschaft wie Alte oder Witwen wurden ganz selbstverständlich und ohne Bezahlung versorgt. Durae basierte auf Unabhängigkeit, freiwilliger Verantwortung, Gegenseitigkeit und Solidarität. Die Feldarbeit wurde von Musik und kulturellen Festen begleitet. Im heutigen Zeitalter der Globalisierung brauchten wir erneut eine Win-Win-Situation in Kultur und Wirtschaft. Durae ist beispielhaft dafür, wie alle Mitglieder einer Gemeinschaft gemeinsamen sähen und ernten und damit einem unbarmherzigen Egoismus entgegengesetzt handeln.

Der ganze Prozess des Reisanbaus befindet sich im Einklang mit der Natur. Während der Chosun-Dynastie im frühen 19. Jahrhundert schrieb Hakyou Chung Gedichte über den Reisanbau. Seine Poesie beschreibt die Bräuche des täglichen Reisanbaus und verteidigt einen Arbeitsrhythmus, der mit den Jahreszeiten zusammenhängt. Der Reisanbau wird in Harmonie mit der

12 90% der Weltproduktion entfallen auf die Indica sorte. Japonica wird nur in kleineren Gebieten angebaut, z.B. in Nordasien (auch Korea), Kalifornien, Nord- und Südaustralien, Nordostafrika und Italien.

13 Sunghun Kim, Ecological Economy of Rice, in: Talk about Rice, 22.

Sonne, dem Wasser, dem Leben der Samen, der Erde und der Arbeit der Menschen gesehen. Er ist also der Natur angepasst und weckt in uns das Bewusstsein für die gegenseitige Verbindung zwischen Mensch und Natur. Daher danken wir Gott dem Schöpfer und erkennen ehrfurchtsvoll die Weisheit unserer Vorfahren an. In der modernen Welt dagegen wird alles nach Geschwindigkeit und technischem Standard beurteilt. Doch auch wenn der Prozess, den Rhythmus der Jahreszeiten neu zu erlernen lange dauert, ist er essentiell. In der koreanischen feministischen Theologie sollte es positiv bewertet werden, sich an der Gemeinschaft zu orientieren und kooperative umweltfreundliche Einstellungen zu vertreten. Dazu gehören die Gewichtung von Leiblichkeit durch Tanz und Volksgesang sowie die Stärken traditioneller Religionen.

4 Das Vater Unser und das täglich Brot: Eine Interpretation durch koreanisch feministische Theologie

Die buchstäbliche Interpretation der Bibel, die im globalen Süden eher verbreitet ist, hatte eine vielfach lähmende Wirkung. Aber diese Lesart hat auch ihre animierende Seite, wie zum Beispiel das Teilen des Brotes. Im globalen Süden wird dies tendenziell eher im buchstäblichen Sinne praktiziert, während in deutschen und schweizerischen theologischen Praktiken eher der metaphorische Sinn betont wird. So stieß ich das eine oder andere Mal auf Unverständnis, wenn ich, wie in meiner Kultur üblich, mein Gegenüber bei einer Begrüßung fragte, ob er oder sie denn schon Reis gegessen habe. Die Menschen empfanden dies im besten Fall als komisch, manche sahen darin sogar eine Beleidigung. Was in meinem kulturellen Kontext vollkommen normal ist, wird hierzulande als befremdlich wahrgenommen. Analog dazu gibt es eine koreanisch kulturelle Tradition, nach der ich meinem fremden Sitznachbar im Zug etwas von meinem Essen anbiete, bevor ich selbst etwas esse. Diese zwei alltäglichen Beispiele sind ein konkreter Hinweis dafür, wie sehr der eigene kulturelle Maßstab die Anwendung des Evangeliums leitet.

Auf Koreanisch sagen wir etwa: „Könntest du damit Reis zu essen bekommen?“ Überdies begrüßen KoreanerInnen sich im Alltag mit: „Hast du Reis gegessen?“ Damit wird gefragt, ob man das eigene Leben erhalten hat. Diese Frage verdeutlicht die Rücksicht auf andere, die Sorge, ob der andere genug zu essen hat, und die Bereitschaft zum Teilen. Reis hat einen wichtigen ökonomischen Wert, doch wichtiger ist er als Komponente des Lebens. „Reis ist Himmel“ ist eines der berühmtesten Gedichte von Chiha Kim[14]:

Reis ist Himmel
Wie den Himmel kannst du auch ihn nicht allein haben
Reis muss geteilt werden
Reis ist Himmel
…
Wenn Reis in deinen Mund geht,
Dann hast du den Himmel in deinem Körper
Reis ist Himmel
Ja, Reis ist da, um geteilt zu werden.

Reisanbau wird Grundlage für Himmel und Erde genannt, doch die Bauern und Bäuerinnen, die diese heilige Tätigkeit ausführten, wurden nicht anständig entlohnt. Sie wurden zu Opfern der Industrialisierung, der Verstädterung und des freien Marktes der WTO. Jedes Jahr ziehen 300 000 bis 400 000 Menschen in die Städte, sodass die größeren Städte Koreas alle überbevölkert sind. Das verursacht viele soziale Probleme. Mit der Einführung der neuen liberalen Handelspolitik ist die koreanische Landwirtschaft zusammengebrochen. Es könnte nützlich sein, sich angesichts dieser Situation an die spirituelle Bedeutung der Armut, die das der heilige Franz von Assisi formulierte und an das Prinzip der ehrlichen Armut zu erinnern. Sie warnen vor dem Verlust des bäuerlichen Lebensstils in einem Frühstadium des Kapitalismus, der Verstädterung und der Industrialisierung.[15]

Korea ist ein kleines Land. Die koreanische Reisproduktion ist teurer als die in China, den USA oder Australien. Sie ist kaum konkurrenzfähig. Dadurch hängt der Schutz der Landwirtschaft vom Verhalten der VerbraucherInnen ab. Die Regierungspolitik kann helfen, die Kosten der Reisproduktion zu senken und es jungen Menschen zu ermöglichen, als Bauern auf dem Land zu bleiben. Das Bewusstsein seitens der VerbraucherInnen ist in dieser Konsumbewegung sehr wichtig. Soll der koreanische Reisanbau blühen, so müssen sich die Verbraucher gegenüber den koreanischen Bauern solidarisch zeigen. Die

14 Vgl. Kim Chi Ha, The Gold-Crowned Jesus and Other Writings, ed. by C.S. Kim, New York, 1978, 30.

15 Vgl. Dorothee Sölle, Mystik und Widerstand. Du stilles Geschrei, München, 1999, 296ff.

koreanische feministische Theologie sollte zu dieser Solidarität mit den koreanischen BäuerInnen anregen. Das Bewusstsein der VerbraucherInnen und die Solidarität zwischen Produzent und Konsument[16] können nachhaltige landwirtschaftliche Entwicklung auf der koreanischen Halbinsel fördern. Außerdem geht es darum, die landwirtschaftliche Lebensrealität am eigenen Leib zu erfahren und dadurch ein der Natur angepasstes Leben mit einem einfachen Stil und ökologischem Bewusstsein zu stärken.

Umweltfreundliche Methoden der Landwirtschaft würden auch zu umweltfreundlicher Entwicklung beitragen.[17] Reis, das wichtigste Grundnahrungsmittel in Korea, kann als zivile Waffe benutzt werden, wenn sich der Anbau auf für ausländischen Märkten monopolisiert. Reisanbau kann auch zur Chancengleichheit für Landschaft und Stadt, Peripherie und Zentrum beitragen. Reisanbau sollte also nicht aufgegeben werden. Wenn Reisanbau entwertet und stattdessen Industrialisierung und IT Technologie geachtet werden, beschleunigt dies den Zerfall der Landwirtschaft unter dem Druck des freien Marktes. Die aktuelle Situation kann überdies aus der Genderperspektive betrachtet werden: Schon jetzt ist der steigenden Altersdurchschnitt und die hohe Frauenquote zum Problem geworden. Der Mangel an männlichen Arbeitern auf dem Lande erhöht die Arbeitslast auf den Schultern der Frauen. Die Gestaltung der Lebensqualität solcher Frauen bedarf Verbesserung. Die Verschiebung von kleinen Familienfarmen zu großen, industriell betriebenen hat zum Zusammenbruch der traditionellen Gemeinschaften und der gemeinsamen Arbeit geführt. Gleichzeitig hat die Abwanderung der jungen Männer in die Städte zur Bildung einer ausländischen weiblichen Arbeiterschaft auf dem Lande geführt. Da Koreanerinnen keine Zukunftsperspektive mehr in der Landwirtschaft sehen, sind sie gezwungen in die Städte auszuwandern, obwohl sie dort am Rand der Gesellschaft leben. Koreanischer Patriarchalismus und Rassismus sorgen für viele Probleme unter Ausländerinnen, die die Koreanerinnen auf dem Land ersetzen. Diese Migration birgt komplexe Probleme.[18]

16 Seit 1980 ist die Hansalim Bewegung in Wonjoo ein wichtiges Beispiel dafür. http://www.hansalim.or.kr.

17 Der Bio-Reis wird zur Unkrautbekämpfung nicht chemisch behandelt. Der Reis wird von Hand gesetzt und später von Hand gejätet. Das heißt, dass die Menschen, u.a. Frauen, gebückt und mit den Füßen und die Händen im Wasser, den Reis pflanzen und pflegen.

18 Migration wird vom Kapitalismus manipuliert. Migration unter schlechten Arbeitsbedingungen könnte als neue Form der Sklaverei bezeichnet werden. Besonders Frauen sind davon betroffen, weil sie durchschnittlich schlechter bezahlt werden und unter juristischer Ungleichheit und sozialer Unsicherheit leiden. Migration bricht traditionelle Lebensformen in den Städten und auf dem Land auf. Der Frauenhandel zum Zweck der Heirat ist ein neues Problem der koreanischen Ge-

Das Gebet um Brot (Reis) steht im Zentrum des „Vater Unser“ und nimmt Bezug auf eine gerechte Tischgemeinschaft.[19] Das „Vater Unser“, ein Mustergebet, hat, wie die 10 Gebote (Dekalog), zwei Teile. Der erste Teil ist ein Gebet zu Gott. Der zweite Teil betrifft die Beziehung unter den Menschen sowie zwischen Menschen und anderen weltlichen Kreaturen. Die Bitte ums tägliche Brot ist das verbindende Glied zwischen diesen Teilen. In der Bitte „Unser tägliches Brot gib uns heute ...“ sind drei Aspekte wichtig: „uns“, „heute“ und „Brot“. Die Betonung auf „uns“ bedeutet, dass wir den Fokus auf die Gemeinschaft statt auf uns selbst legen sollten. Die Betonung auf „heute“ bedeutet, dass wir uns um das Heute kümmern und nicht um die Zukunft sorgen sollten. Die Betonung auf „Brot“ erinnert uns daran, dass wir Gott gegenüber dankbar sein und uns derer erinnern sollten, welche uns dieses Brot ermöglicht haben. Aber dieses Gebet weist auch über das physische Brot hinaus. Es bedeutet Gemeinschaft und weist auf die eschatologische Tischgemeinschaft hin. Damit hebt es nicht nur die Teilnahme an der Tischgemeinschaft hervor, sondern ebenso das Teilen. Gottes Segen darf nicht Monopol eines Einzelnen werden – er ist mit andern zu teilen. Auf dieses fundamentale Prinzip bezieht sich die koreanische feministische Theologie. Diese Perspektive schließt die Armen, die Ausgegrenzten, die ausländischen Arbeitskräfte und Nordkorea ein. Frauen koreanischer Kirchen leisten viel in dieser Hinsicht, besonders im Zusammentragen von Nahrung und Dünger für die Menschen Nordkoreas. Ein solches Verhalten ist wichtig, doch müssen wir auch die strukturellen

sellschaft geworden. Da die Bauernfamilien (oder Fischerfamilien) nach wie vor trotz harter Arbeit nicht ausreichend verdienen können, migriert die junge Generation in die Stadt. Darunter sind viele Frauen, welche vor der Last der landwirtschaftlichen Arbeit davon laufen, um schnell und einfach Geld zu verdienen. Sie sind dann allerdings in der Stadt wegen ihres geringen Ausbildungsniveaus kaum konkurrenzfähig und bilden eine marginalisierte Randgruppe. Sowohl Männer als auch Frauen, die in die Stadt migriert sind, leisten körperliche Arbeit, wie etwa Arbeit auf dem Bau, im Dienstleitungssektor, in der Prostitution usw. Aus diesem Grund hat seit dem 21. Jahrhundert die Zahl der jungen Frauen im durchschnittlichen Heiratsalter auf dem Land drastisch abgenommen. Um Arbeitskräfte und dazu noch eine Braut zu gewinnen, gibt es das neue Phänomen der Gastarbeiterinnen und Mischehen. Die Frauen kommen meistens aus Vietnam, China oder anderen südostasiatischen Ländern. Diese Heiratsmigration zieht die Genderproblematik nach sich, weil das Leben und Arbeiten dieser Frauen auf Geburt, Erziehung der Kinder, den Haushalt oder, wenn es nötig, den Erwerb des Lebensunterhalts beschränkt wird.

Wichtig ist, dass diese Migrantinnen nicht vor den schwierigen Umständen resignieren, sondern in der prekären Situation durch die Hoffnung auf eine bessere Zukunft nicht aufgeben. So können Migrantinnen nicht nur als wirtschaftlich Erwerbende gesehen werden, sondern auch als Hoffnungsträgerinnen bei all den Unterschieden von Rasse, Kultur, Religion, Ideologie usw. Das Verwandlungspotential und die positive Integrationskraft der Frauen sind wie ein Geschenk, durch das man das Leiden erträgt und überwindet. Auf diese Weise könnten Migrantinnen ihre Opferrolle überwinden, die Realität anders wahrnehmen und darüber hinaus Quelle für eine bessere Zukunft sein.

19 Vgl. Jan Milic Lochman, Unser Vater. Auslegung des Vaterunsers, Gütersloh, 1988, 75–108.

Probleme ansprechen, wenn wir um nachhaltige landwirtschaftliche Produktion bemüht sind. Vor allem aber muss das Embargo der USA gegenüber Nordkorea aufgehoben werden. Das chinesische Schriftzeichen für Friede (平和) bedeutet gerechte Verteilung von Getreide. Natürlich hat die Bedeutung des Friedens viele Facetten. Friede kann nicht nur durch die ökonomische Dimension erreicht werden. Aber er ist eine der unabdingbaren Voraussetzungen.

5 Wasser und Ökofeminismus

Seit den 1970er Jahren sind ökofeministische Forderungen und Bewusstsein in den verschiedenen Erdteilen laut geworden. Wie Vandana Shiva hervorgehoben hat, wollen ökofeministische Gedanken im Grunde genommen nichts vollkommen Neues, sondern die Wiederherstellung früherer Weisheit.[20] Für uns in Korea bedeutet dies die Wiederherstellung der Harmonie zwischen der Natur und menschlicher landwirtschaftlicher Produktion sowie eine Erinnerung an den Geist des Durae. Wie die Befreiungstheologie[21] hat sich auch die koreanische Minjung Theologie bis vor kurzem kaum mit ökologischen Fragen beschäftigt. Dieser Geist ist aber ein Teil unseres kulturellen Erbes, und seit 1990 ist er zu einem wichtigen Gegenstand koreanischer Theologie und der kirchlichen Bewegung „Life-Salim"[22] geworden. In der Tat sind bis heute eine ganze Menge verschiedener „life-movements" in Korea entstanden.

Schon 1962 erwähnte Rachel Carson in ihrem Buch „Silent Spring" die Gefahren der Chemikalien und der Wasserverschmutzung. Die chemische Verschmutzung von Erde und Wasser sind auch auf der koreanischen Halbinsel schwierige Probleme geworden; denn biologische Landwirtschaft ist viel teurer und arbeitsintensiver. Wer auf dem Weltmarkt konkurrenzfähig werden will, muss billiger produzieren. Die Produktionsmethoden beinhalten allerdings auch den Einsatz von Insektiziden. Einst war Korea berühmt für seine wundervollen Landschaften. Doch viele der Berge und Flüsse sind im Zuge touristischer Maßnahmen wie z.B. dem Bau von Golf- und Skigebieten zerstört worden. Korea gehört schon jetzt zu den Ländern, in denen Wasser als knap-

20 Vgl. Maria Mies und Vandana Shiva, Ecofeminism, New Jersey, 1993, 13.

21 Vgl. Ivone Gebara, Longing for Running Water: Ecofeminism and Liberation, Minneapolis, 1999, 8.

22 „Salim" hat zwei Bedeutungen: zum einen „Haushalt bewältigen" und zum anderen „am Leben erhalten".

pes Gut gehandelt wird. Überdies ist der US-Militarismus verantwortlich für die Verschmutzung vieler Flüsse und Bäche. Seit dem Jahr 2000 begann die koreanische Gesellschaft zu realisieren, dass die amerikanischen Soldaten giftige Chemikalien in die Hauptflüsse Koreas entsorgten. Aufgrund des aufgezwungenen Abkommens zwischen Korea und den USA findet diese Vergiftung weiterhin statt.[23] Dadurch wurden viele Gebiete für die Landwirtschaft unbrauchbar gemacht. Ganze landwirtschaftliche Gemeinschaften sind zerstört und gewaltige Umweltschäden verursacht worden.[24] Doch das Wasser in Korea wird nicht nur durch die US-Armee verschmutzt, sondern auch durch das unachtsame Verhalten der Industrie.

Menschliches Leben beginnt im und mit Wasser. Wasser ist der wichtigste Bestandteil des menschlichen Körpers und des Planeten.[25] Die chemische Zusammensetzung von Wasser ist H_2O, doch aus dem theologischen Blickwinkel bedeutet Wasser auch „weibliches ökologisches Lebenssakrament".[26] Es ist die weibliche Form universaler Energie. Wasser wurde dem Menschen von Gott gegeben (Gen 1,2). Wasser ist kein Handelsartikel, es ist Allgemeingut. Darum müssen wir für seinen gerechten Gebrauch und zum Wohl unserer Nachkommen Verantwortung übernehmen. Wir brauchen heute mehr denn je eine Generationen, die sich dem Thema der globalen Gerechtigkeit annimmt. Im Alten Testament bedeutet Zedaqa (ein weiblicher hebräischer Oberbegriff) Wohltätigkeit, die Unrecht überwindet und die Not bewältigt. Dieser Begriff, der die Aspekte des Fließens und der Bewegung beinhaltet, verdeutlicht Gottes primäre Parteinahme für sozial Schwache, damit Gleichgewicht und Nachhaltigkeit hergestellt werden können.

In der Taufe ist Wasser das Symbol der Erneuerung, Reinigung, des Segens, Lebens und der Hoffnung. Wasser ist auch eine Metapher für Strafe (Gen 7, Hiob 37,13) sowie für die eschatologische Vision des neuen Himmels und der neuen Erde (Jes 43,19–20, Ez 47,12, Offb 22,1–2, Offb 21,1). In Genesis 37–50 und in Exodus werden einige auf Wassermangel oder Dürre zurückführbare Konflikte erwähnt. Viele wurden zu Flüchtlingen deren Leben zerstört wurde.

23 Unter den Artikeln in SOFA 3 gibt es zwei Hinweise darauf, dass die US-Regierung Verantwortung für den Schutz der Natur und der Gesundheit der Menschen trägt.

24 Vgl. http://www.greenkorea.org, besucht am 18. August 2005.

25 Vgl. Ama Tofaeone, Ecotheology: Aiga – the household of life, Erlangen, 2000.

26 Aloysius Pieris, Feuer und Wasser. Frau, Gesellschaft, Spiritualität in Buddhismus und Christentum, Basel, 1994, 142. Pieris vergleicht Wasser (Weiblichkeit) und Feuer (Männlichkeit), nicht im Sinne von Gegensätzen sondern im Sinne einer Harmonie.

Wasser ist ein sehr wichtiges Element im Bericht vom Auszug aus Ägypten. Gott rettete die Israeliten vor den ägyptischen Soldaten, indem er sie durchs Rote Meer führte (Ex 15,1–10). Das bittere Wasser von Marah wurde süß (Ex 15, 25). Die Bedürfnisse der Menschen wurden durch Gottes Hilfe gestillt. Ein beeindruckendes Beispiel ist die Geschichte von Mirjams Brunnen in Ex 17,1–7 und Num 20,1–13. Mirjam war die dritte Führerin neben Moses und Aaron. Mirjam verhalf dem dürstenden Volk zu Wasser. Nach ihrem Tod vertrocknete der Brunnen.[27] Das Ende einer Weiblichkeit führt zur Trockenheit. Der Fels, ein lebloses Ding, wurde zum lebenspendenden Brunnen. Ps 114,8 und Jes 48,21 sind eng mit dieser Geschichte verknüpft. Paulus redet vom Exodus und interpretiert den Fels als Symbol für Jesus Christus. „Sie alle aßen die gleiche geistliche Nahrung und tranken das gleiche geistliche Getränk; denn sie tranken vom geistlichen Fels, der sie begleitete, und dieser Fels war Christus" (1Kor 10,4). Der Gott, der die Israeliten durch Wasser zum Leben führte, wird als Jesus Christus offenbart, der die Quelle des Lebens ist.

Im Neuen Testament wird das Taufwasser als Quelle des Lebens angesehen. Besonders im Johannesevangelium wird das Bild des Wassers christologisch gedeutet. In Joh 4,1–15 und Joh 7,38 wird Jesus als das lebendige Wasser vorgestellt, das zum ewigen Leben führt. Die Frau am Jakobsbrunnen hat die Quelle nicht selbst entdeckt. Sie hat zwar Schritte zur Quelle hin gemacht, aber letztlich hat ihr Jesus das Quellwasser aus Gnade überlassen. Anderseits bekennt sich Jesus, das lebenspendende Wasser selbst, zu seinem menschlichen Verlangen, dem Durst: „Mich dürstet" (Joh 19,28). Der geschmähte Jesus bringt uns durch sein Leiden am Kreuz den Segen und das Wasser des Lebens. Die Bedeutung des Wassers wird als Befreiung aus der Knechtschaft entschlüsselt. Dies ist für das ökofeministische Gespräch ein zentrales Thema. Es ist Zeit, dass wir nicht nur für das tägliche Brot, sondern ebenso für das Wasser beten. Darum müssen wir Jesus als den Erlöser verkünden: „Ich werde dem Dürstenden von der Quelle des Lebenswassers zu trinken geben, umsonst" (Offb 21,6). Die zahlreichen Bibelstellen bestätigen, dass die Sehnsucht nach Gott nicht selten mit der Metapher des Wassers verbunden ist (vgl. Ps 42,1).[28]

27 Vgl. H.A. Rapp, Jüdische Traditionen zum Wasser in den Exoduserzählungen, Wasserläufe, OeKU, Bern, 2003, 7ff; R. Grünenfelder, „Durch die Wüste zur Quelle, Wasserläufe", OeKU, Bern 2003, 16.

28 Gebara, ibid, 215f.

Gott lässt regnen „über Böse und Gute“ (Mt 5,45). Wir alle erhalten das Wasser aus Gnade. Wasser dient dem Wohl der Gemeinschaft und darf nicht monopolisiert werden. Das Thema des Wassers ist eng verknüpft mit dem der Menschenrechte. Wasser ist für das Überleben der Menschen essentiell. Da es aber ein Gemeinschaftsgut darstellt, sollten wir es mit allen Lebewesen teilen. Dabei steht das Wohl unseres Planeten und nicht nur die Rücksicht auf unsere Nachkommen im Zentrum dieser Überlegungen.

Die Menschen der südlichen Hemisphäre können aus vielen Gründen als benachteiligt angesehen werden, vor allem aber im Hinblick auf das Wasser. Darum stehen wir vor der Herausforderung, Wasser als einen Aspekt des Menschenrechts zu betrachten. Das Gefälle zwischen Wasserverschwendung und -mangel ist viel größer als das zwischen Reichtum und Armut. Vandana Shiva zeigt in ihrem Buch, wie die Wasserrechte regionaler Gemeinschaften in der Geschichte immer wieder verletzt wurden.[29] Marq de Villiers zeigt auf, wie der Konflikt im Mittleren Osten eng mit dem Problem des Wassers verknüpft ist.[30] Dies sind nur zwei von zahlreichen Beispielen. Besonders Vandana Shiva, eine Physikerin, die zur aktiven Umweltschützerin wurde, benennt Probleme, die durch Konflikte zwischen Wirtschaft und Umwelt beim Bau von Dämmen und der Privatisierung von Wasser durch multinationale Gesellschaften entstehen und welche Ungerechtigkeiten verursacht werden. Es ist bekannt, dass Frauen in Entwicklungsländern ca. 80% ihrer täglichen Arbeitszeit für das Besorgen von Wasser verwenden.[31] Durch die Privatisierung von Wasser durch multinationale Gesellschaften werden Menschen gezwungen, teures Wasser in Flaschen zu kaufen. Eine kleine Minderheit sowie multinationale Gesellschaften manipulieren und verknappen die Wasservorräte.[32] Doch der Zugang zu sauberem Wasser sollte den Armen dieser Welt, welche die Mehrheit bilden, garantiert sein. Dazu sind die grundsätzliche Bereitschaft und die Änderung des Konsumverhaltens nötig. Unser Verhalten steht in reziprokem Verhältnis mit den Herkunftsländern, unseren Lebensmitteln und materiellen Gütern.

29 Vgl. Vandana Shiva, Water Wars: Privatization, Pollution and Profit, Cambridge, 2002.

30 Vgl. Marq de Villiers, Water: The Fate of our Most Precious Resource, Toronto, 1999.

31 http://www.jubuleesouth.org.upload1/JSonSUEZ-PDF.pdf, besucht am 18. August 2005.

32 Im April 2005 veröffentlichten die Protestantischen Kirchen der Schweiz zusammen mit den Katholischen Kirchen Brasiliens eine Verlautbarung zu Wasser als Menschenrecht. Vgl. www.swisscoalition.ch.

Fair organisierte Produktionsprozesse sind von Bedeutung, damit es weder zu Wassermangel noch zu weiterer Verschmutzung kommt.

Niemand und nichts existiert in diesem Universum ohne eine Beziehung zu einem anderen. Auch wenn ich es noch nicht weiß, stellen meine Entscheidungen und Handlungen Konsequenzen für andere dar. Dies gilt mehr denn je in einer global vernetzten Welt. Wo das Bewusstsein des Aufeinanderbezogen-Seins und Aufeinanderangewiesen-Seins auch als Handlungsmuster wirksam wird, können sich Menschen gegenseitig Würde und Rechte zugestehen. Darüber hinaus brauchen wir eine neue Kultur der Fürsorge, in der Gewinne und Verluste gerecht verteilt werden sowie ein neues Wertesystem, das vom (faktisch schon überholten) Monopol westlicher Werte, Denk- und Handlungsmuster befreit ist.

Masaru Emoto, Verfasser des Buches „Water Knows the Answers",[33] liefert einen Schlüssel zur Lösung des Geheimnisses dieser Welt, indem er den Menschen als Wasser definiert. Er zeigt, wie die Welt durch Wasser erhalten[34] und die Beziehung zwischen Materiellem und Spirituellem durch Wasser erklärt wird. Ein Beispiel ist die Beziehung zwischen Gebet und Wasser. Ein Gebet um Wasser kann die Kraft haben, die Welt ein Stück weit zu verändern und gegen ein ungerechtes System Widerstand zu leisten.

Koreanische feministische Theologie hat die Fähigkeit, die gemeinschaftlichen Aspekte der koreanischen Kultur aufzunehmen. Doch sollten koreanische kulturelle Werte nicht idealisiert, sondern kritisch ausgewertet werden. Ein langes Leben und Segen sind zentrale Werte des Taoismus. Der Taoismus weicht der Konfrontation mit den täglichen Belastungen der Menschen dadurch aus, dass er sich auf die Ordnung des Weltalls konzentriert. Gut essen zu können, ein gesundes und langes Leben mit materiellem Segen zu führen sowie das ewige Leben sind die Grundwerte des Taoismus, die auch das koreanische Christentum beeinflusst haben. Dies beschränkt das biblische Verständnis von Segen auf rein materielle Dinge, die den Individuen und Familien zugeschrieben wird. Die taoistische Idee des ewigen Lebens und der taoistische Einsiedler mit übernatürlichen Kräften haben sich mit dem christlichen Verständnis von Auferstehung vermischt. Koreanische feministische Theologie hat nun die Gelegenheit, die Kirche zu reformieren, indem sie diese kulturellen und religiösen Werte beschreibt und umwertet. Kritiklose Idealisie-

33 Masaru Emoto, Water Knows the Answers, translated by Sungmin Hong, Seoul, 2002, 30.

34 Masaru Emoto, Ibid., 143ff. und 186.

rung der Tradition oder Kultur hilft m.E. nicht, die zentrale Botschaft der Bibel auf koreanischem Boden zu verankern.

Krankheit und Heilung[1]

1 Reflexion über meine persönliche Erfahrung als Einleitung

Ich möchte mit einem persönlichen Erlebnis beginnen. Im Jahr 2005 erlitt mein Vater einen Schlaganfall. Nach ein paar Tagen, als er noch im Koma lag, sagten die Verwandten zu meiner Mutter, sie solle Buße tun und durch Fasten und Beten zur Heilung meines Vaters beitragen. Fasten, Buße und Beten sind wichtige Teile der religiösen Tradition, wenn es darum geht, böse Mächte und Unglück abzuwehren. Normalerweise hätte meine Mutter nie daran gedacht, so etwas zu tun. Aber jetzt kamen ihr plötzlich Zweifel und sie fragte mich um Rat. Ich antwortete: „Iss ja richtig, und ich werde für dich und Vater beten." Meine Mutter folgte meinem Rat. Mein Vater ist zwar nie wieder vollständig genesen, aber er hat noch sechs Jahre überlebt.

Die Unsicherheit und Selbstzweifel meiner Mutter sind typische Reaktionen in Korea, sogar unter Christen und Christinnen. Man versteht Krankheit oft als Strafe für Sünden. Viele Menschen, egal welcher Konfession, haben ein ähnliches Verständnis verinnerlicht: Wenn jemandem ein Unheil widerfährt, dann fragt sich dieser zuerst nach der Sünde oder der Schuld, die er, seine Familie oder Gemeinschaft auf sich geladen haben könnte. Das konkrete Leiden wird dabei oftmals von Scham begleitet, für alle offensichtlich von Gott bestraft worden zu sein. Frauen, die ohnehin über ein großes Maß an Selbstvertrauen verfügen – als ob gerade sie ganz allgemein und ununterbrochen sündig wären – werden häufig ermahnt, Buße zu tun, um die Krankheiten anderer zu sühnen. Und da Frauen ohnehin zu Schuld- und Schamgefühlen neigen, meinen sie oft, Strafe zu verdienen.

Es gibt ja vielerlei Krankheiten, deren genaue Ursachen wir nicht kennen. Immerhin meine ich, es ist richtig zu behaupten, dass Krankheit oft mit einer Störung zusammenhängt, sei es eine seelische Störung des Einzelnen oder eine Störung des kulturellen oder sozialen Umfeldes. Was meinen Vater betrifft, so

1 Dieser Text ist zunächst auf Englisch erschienen und leicht verändert. Meehyun Chung, Illness and Healing from a Korean Woman's Intercultural perspective, in: Feminist Theology. The Journal of the Britain and Ireland School of Feminist Theology, Vol. 19, January, 2011. Übersetzt aus dem Englischen von Marie Dilger.

erlitt er eine körperliche Verletzung in den Jahren der japanischen Kolonialherrschaft. Damals mussten die Jungen Feuerholz von den Bäumen beschaffen. Einmal stürzte er herunter und verletzte sich schwer am Bein. Korea war zur Zeit der Besatzung ein sehr armes Land, und so wurde er nur bedürftig medizinisch versorgt. Die Wunde infizierte sich, und mein Vater litt schreckliche Schmerzen. Da er ein introvertierter Mensch war, äußerte er sich kaum über sein Leiden. Viele Jahre später entstand eine eiternde Beule an der Narbe. Das war kurz vor dem Schlaganfall. Gibt es da einen Zusammenhang? Führte dieser neuerliche Kummer um das Bein bei meinem Vater zu einem besonderen seelischen Stress?[2] Dies hätte ich meinen Vater gern gefragt, doch ihm blieb bis zu seinem Tod das Sprechen versagt.[3]

Obwohl ich also noch nicht verstehe, warum mein Vater einen Schlaganfall erlitt, und obwohl es mir schwer fällt, mich mit dieser Tatsache und den Auswirkungen auf meine ganze Familie abzufinden, so bin ich doch überzeugt, dass das Verhalten meiner Mutter seine Krankheit nicht ausgelöst hat. Und ich bin sicher, dass mein Vater genau so dachte.

Es ist mir klar, dass für europäische Kulturen seit der Aufklärung die dunkle Seite einer jenseitigen Welt im Allgemeinen keine Rolle mehr spielt. Auf anderen jedoch Erdteilen kämpfen die Menschen bis heute voller Angst mit den Geistern der Toten. Es geht mir nicht darum, eine Art Hierarchie der Kulturen aufzustellen, sondern darum, die unterschiedlichen Denkmuster aufzuzeigen. Denn obwohl die westliche Medizin mit ihren Diagnosen und Heilmethoden mehrfach übernommen wurde, so glauben sie dennoch an eine wichtige seelische Komponente, die zwischen der materiellen und der spirituellen Welt wirkt. Diese verschiedenen Wahrnehmungen von Gesundheit und Krankheit wirken sich bis heute auf das tägliche Leben aus.

Ich möchte nun an einem Beispiel aus dem Leben meiner Mutter zeigen, wie tief die koreanische Kultur im Schamanismus verwurzelt ist. Meine Mutter, die in einem schamanisch geprägten Umfeld aufwuchs, war die einzige Christin ihrer Familie, nachdem sie in einer Missionsschule das Evangelium gehört hatte. Es wurde ihr jedoch nicht erlaubt, ihre neue Religion auszuüben,

2 Seelischer Stress verursacht häufig physische Krankheit. Denn die beiden Aspekte sind untrennbar miteinander verzahnt. Leben in Fülle bedeutet nicht die Abwesenheit von Krankheit. In manchen Fällen müssen wir uns mit der Krankheit abfinden und damit leben. Die entscheidende Frage ist, wie wir unser seelisches und körperliches Gleichgewicht wieder herstellen. Darüber hinaus, ob wir die Behinderung und Krankheit nicht als Folge von Sünde und als Strafe ansehen.

3 Diesen Aufsatz habe ich etwa zwei Jahren nach diesem Ereignis geschrieben. Zwar konnte er nicht sprechen, aber konnte er mich gut verstehen und mit mir singen, bis er am 6. März 2011 verstarb.

denn der Schamanismus duldet keine andere neben sich. Sie verbarg ihre christliche Identität wie auch ihre Bibel und andere religiösen Bücher. Sie gab vor, sonntags nicht in die Kirche zu gehen, obwohl sie regelmäßig heimlich den Gottesdienst besuchte.

Wenn innerhalb einer Familie verschiedene Religionen auftauchen, so entstehen daraus meist offene oder unterschwellige Konflikte.

Eines Tages wurde ein Mitglied der Familie krank und für seine Heilung wurde ein schamanischer Exorzismus organisiert. Dabei wird so vorgegangen: Zuerst wird der Gott herbeigerufen, dann wird er mit Musik und Tanz gefeiert (wobei sich die Schamanin manchmal in ekstatischem Zustand befindet). Daraufhin wird das Ziel des Rituals erreicht (d.h. die Heilung des Kranken oder die Vertreibung böser Geister usw.) und schließlich wird der Gott verabschiedet.

Nach den vorgeschriebenen Gesängen und Tänzen durchsuchte die Schamanin das Haus meiner Mutter und fand die Bilder von biblischen Geschichten, die meine Mutter unter dem Dach versteckt hatte. Sie behauptete, genau diese Bilder seien die Ursache der Krankheit und man müsse diese entfernen. So wurde meine Mutter gezwungen, sie wegzuwerfen.

Dieses Element im Schamanismus ist meiner Meinung nach eine Methode, die Verantwortung für sich selbst und sein Handeln auf andere Menschen oder Dinge zu übertragen. Beim Unheil ist es wichtig, das Gleichgewicht des Kosmos und den Frieden mit der Ahnen- und Geisterwelt wiederherzustellen. Die Störung der kosmischen Ordnung muss rückgängig gemacht werden.

Natürlich tritt diese Form des schamanischen Rituals in Großstädten wie Seoul gegenwärtig nicht offensichtlich zu Tage. Im Allgemeinen sind solche Traditionen v.a. in ländlichen Gegenden verankert. Aber ob das damit zusammenhängende Denkmuster ebenfalls allmählich verschwindet, ist eine andere Frage. Die Grundgedanken haben sich zwar gewandelt, aber ursprüngliche Reste finden sich in allerlei religiösen Vorstellungen und Ritualen wieder. Die Furcht vor den Geistern der Ahnen spielt nach wie vor eine Rolle.

2 Die Anschuldigung der Frauen im patriarchalen System

In einer patriarchalen Gesellschaft hängt das Schicksal der Frauen vom Schicksal der Männer ab. Man erwartet von ihnen, dass sie Leiden auf sich nehmen zugunsten ihrer Väter, Ehemänner oder gar ihrer Söhne. In diesem

System wird die Frau schnell zum Sündenbock. Ich stimme Ivone Gebara zu, wenn sie schreibt: „Den Frauen schob man meist mehr Schuld zu für Sünden, für die sie nur zum Teil verantwortlich waren.“[4]

Ihr unverständigen Männer!
Leichtfertig beschuldigt ihr die Frauen.
Begreift doch: Ihr selbst tragt die Schuld
an dem, was ihr ihnen vorwerft![5]

Das Problem taucht nicht nur zwischen Männern und Frauen auf, sondern auch unter den Frauen selbst. Zum Beispiel ist die Beziehung zwischen Schwiegermutter und Schwiegertochter oft problematisch: Wenn die Schwiegermutter eine Machtposition in der Familie innehat, ist es leicht für sie, die Schwiegertochter einzuschüchtern und zu befehligen. Statt sich anderen Frauen und schwächeren Personen der patriarchalen Gesellschaft gegenüber solidarisch zu zeigen, sucht die stärkere Frau eine Art Rache oder Ausgleich für das, was sie früher ertragen musste. So will die Schwiegermutter die Schwiegertochter beherrschen und damit kompensieren, dass sie einst ihrem Ehemann und dessen Familie ausgeliefert war. Frauen sind daher sowohl Opfer als auch rachsüchtige Tyranninnen.

In diesem System lässt sich der Kampf um die Macht und die dazugehörende Gewaltspirale kaum durchbrechen. Selten wird dem oder der Schwächeren Recht zugesprochen. Schwiegertöchter werden dazu verdammt, stumm, taub und blind zu leben. Selbst wenn unter bestimmten Umständen die Autorität in der Familie vom Mann auf die Frau übergeht, so wird dies als biologischer bzw. formaler Wechsel erlebt, nicht als inhaltlicher, nicht dem Inhalt nach. Spannungen und Konflikte unter Frauen tragen somit zum patriarchalen Wertesystem bei und verstärken es sogar.

In Korea ist es üblich, dass Paare vor der Hochzeit einen Wahrsager aufsuchen. Sie wollen wissen, ob der Mann und die Frau eine günstige „Harmonie“ erzeugen. Häufig hält ein negatives Urteil das Paar von einer Heirat ab. Jedoch

4 Ivone Gebara, Out of the Depth. Women' Experience of Evil and Salvation, Minneapolis, 2002, 31. Über eine feministische Re-vision über diese Schuld und Machtfrage, Vgl. Christine Schaumberger und Luise Schottroff, Schuld und Macht: Studien zu einer feministischen Befreiungstheologie, München 1988.

5 Juana Inés de la Cruz, Redondillas, in: Poesia Lirica, ed. José Carlos Gonzales Boixo, Madrid, 1992, 222, zitiert von Ivone Gebara, ebd.

auch bei einer günstigen Vorhersage kommt es oft vor (etwa wenn der Mann früh stirbt oder die Frau keine Söhne zur Welt bringt) dass die Frau im Nachhinein für schuldig erklärt wird. Wansuh Park, eine berühmte koreanische Schriftstellerin, erzählt eine solche Geschichte. In dieser erkrankt ein Ehemann an Krebs und die Familie beschuldigt daraufhin seine Frau. Im Horoskop war der Mann mit dem Symbol „kleiner Baum", die Frau mit dem Symbol „Stahl" belegt worden. Die genannte Familie deutete diese Symbolisierung als eine Axt, die den Baum gefällt habe.[6]

Wenn man also Krankheit als eine Folge persönlicher Sünde versteht (vgl. Joh 9,1–3), so verfällt man leicht in jenen moralisierenden Fatalismus, der meint, das moralische Verhalten bestimme die Gesundheit. Ein solches Denken blockiert die Suche nach den eigentlichen Ursachen des Problems.

Nach der Logik dieses Fatalismus häuft man gute und barmherzige Taten an, um Unheil zu vermeiden. Geschieht dennoch Unheil, so sammelt man weitere gute Taten, um dem Unheil zu entkommen.

„Do, ut des" (Ich gebe, damit du mir gibst) ist eine Art Vertrag mit Gott, der das eigene Wohlergehen aushandelt. Wenn die Glieder einer Gemeinschaft gesund oder geheilt sind, dann führt man dies auf ein angemessenes religiöse Verhalten und die richtige Ernährung zurück. Wenn das Leben allerdings weniger ideal verläuft, so meint man etwas falsch zu machen.[7]

Dieses fatalistische, unfreie und berechnende Wertesystem setzt die Frauen unter Druck, nur für andere da zu sein, sich aufzuopfern und Verletzungen stumm hinzunehmen. Denn diese Qualitäten sind Voraussetzung für ein reibungsloses Funktionieren der Familie und der Gesellschaft.

6 Wansuh Park, Very Old Joke, Seoul, 2000, 178, 220.

7 Ein interessantes Beispiel für dieses „Geben-um-zu-nehmen" und wie es missbraucht werden kann, ist eine Sitte in Südindien. Es gibt dort arme Frauen, die ihr abgeschnittenes Haar in einem Hindu-Tempel opfern, um dafür Gesundheit, Glück, Erfolg usw. zu erlangen. Dieses Haar wird von anderen, reicheren Frauen aus den Industrie Staaten aufgekauft. So entsteht mitten in einem Elendsviertel ein blühender Handel. Die Kundinnen können Länge und Farbe des gewünschten Haares wählen. Dabei wird das Rohmaterial für dieses Geschäft von frommen armen Frauen dem Hindu-Tempel geopfert. Das ist ein aufschlussreiches Beispiel dafür, wie man aus gutgläubiger Frömmigkeit wirtschaftlichen Profit schlagen kann. Die Geldgier baut auf Naivität der Gläubigen, und hinter den Kulissen tummeln sich Organisationen beinahe mafiotischen Ausmaßes.

3 Zwei koreanische Sagen über Opfer und Heilung

Ich möchte zwei bekannte Geschichten aus Korea vorstellen, denn sie beziehen sich auf ähnliche Zusammenhänge von Krankheit und Heilung zwischen Vater und Tochter. Die Methode der Heilung ist verbunden mit der Qualität der Frömmigkeit und der Anhäufung guter Taten.

3.1 Die Sage von der Prinzessin Bari

Die Sage von der Prinzessin Bari[8] wird in verschiedenen Versionen überliefert. Die eigentliche Handlung ist folgende: Baris Vater ist ein König mit sechs Töchtern, aber ohne einen Sohn. Er wird gewarnt, er solle im nächsten Jahr kein Kind haben, sonst werde es eine siebente Tochter geben; aber er schlägt die Warnung in den Wind. Und es wird, wie prophezeit, wieder ein Mädchen, namens Bari. Voller Zorn verstößt der König das Kind. Aber mit der Hilfe eines Kranichs wird das Kind gerettet und von einem alten Ehepaar aufgezogen.

Jedoch später wird der König krank als Strafe dafür, dass er das Kind verstoßen hat. Er hört, dass er nur geheilt werden kann mit einem Wunderwasser aus Westwunderland im Himmel. Aber wer holt es für ihn? Die sechs älteren Töchter, an ein bequemes Leben im Palast gewöhnt, weigern sich, die Strapazen auf sich zu nehmen, um dieses Wasser zu suchen. Der todkranke König, sucht seine verstoßene Tochter, findet sie schließlich und bittet sie, das Wasser zu suchen. Bari erbarmt sich des kranken Vaters und macht sich auf den Weg. Buddha, der ihre Hingabe und ihren Mut bewundert, schenkt ihr drei lebenspendende Blumen auf den Weg.[9]

Nach mehreren Abenteuern und Strapazen kommt sie schließlich beim Quell des Wunderwassers an. Sie begegnet dem Wächter, einem Halbgott namens Mujangseng. Um das Wasser zu bekommen, muss sie in seinem Haus arbeiten und ihn später heiraten. Sie bringt drei Söhne zur Welt und zieht sie groß. Endlich, nach vielen Jahren, wird ihr erlaubt, etwas von dem Wasser zu nehmen und heimzukehren. Aber kurz vor dem Palast des Königs kommt ihr der Leichenzug ihres Vaters entgegen. Doch mithilfe des Wassers und den Lebensblumen des Buddha kann sie den toten Vater zum Leben auferwecken.

8 Vgl. Sungrae Kim, Christianity and Shamanism, Seoul 1998, 113–118.

9 Die Blume ist im Buddhismus und Schamanismus Koreas ein Attribut und ein Symbol des Lebens.

Bari wird als Göttin verehrt, die die Verstorbenen tröstet und ihre Seelen ins Jenseits geleitet.

Die unterschiedlichen Versionen dieser Sage in der mündlichen Überlieferung weisen darauf hin, wie wichtig diese Geschichte in den verschiedenen Gesellschaftsschichten ist.

3.2 Die Sage von Simchung

Es gibt noch eine andere sehr bekannte Geschichte, die Sage von Simchung, bei der es um die „hyo"-Ideologie geht, also um das Pflichtgefühl einer Tochter. Sie ist ein Musterbeispiel für eine gute koreanische Tochter, die sich selbst für ihren Vater aufopfert:

Simchungs Mutter stirbt nach der Geburt, und so kämpft sie sich mit ihrem blinden Vater durch ein armseliges Leben. Um Geld zu verdienen, verkauft sie sich an die Seeleute eines Handelsschiffes, die ein junges Mädchen als Opfer brauchen, um einen Sturm auf dem Meer zu besänftigen. Nachdem sie über Bord geworfen wurde, trug sie ein großer Fisch auf den Grund des Meeres, wo der König der Drachen herrscht. Wegen ihrer Schönheit wird sie von diesem als Tochter adoptiert.

Der Meereskönig ist ergriffen von ihrer Geschichte und hilft ihr, zur Meeresoberfläche aufzusteigen. Dabei sitzt sie auf einer Lotosblume. Als sie auftaucht, entdeckt sie der Kronprinz des Königsreiches und entbrennt in Liebe zu ihr. Sie heiratet ihn und wird Königin. Dann aber will sie ihren Vater suchen. Sie lädt alle Blinden des Landes ein zu einem großen Fest in ihren Palast, bei dem sie ihn endlich findet. Bei dieser überraschenden und freudigen Wiederbegegnung geschieht ein Wunder: Der Vater erlangt sein Augenlicht wieder.

Wie bei Bari wird auch Simchungs Geschichte in vielen Versionen überliefert, je nach regionalen und sozialen Umfeld. Aber auch hier ist das Hauptthema das Opfer einer Tochter für ihren Vater oder ihre Mutter. Nach vielen Mühsalen und Leiden führt ihr Mitleid und ihr „hyo" (Pflichtgefühl eines Kindes) schließlich zur Versöhnung oder Vereinigung mit den Eltern. Das Leid wächst nicht weiter, sondern Schmerz und seelischer Kummer werden überwunden.[10]

10 Fast alle Menschen in Korea singen gern. Das Singen gilt als Läuterung der Gefühle und als Mittel zur Heilung. „Han" ist ein besonderer koreanischer Begriff für tiefen, andauernden Kummer nach

3.3 Do, ut des: Gegenleistung statt Gnade

Viele ähnliche Geschichten gibt es in der patriarchalen Gesellschaft, weil sie den Gedanken der Kindespflicht aufrechterhalten. Andererseits spürt man in ihnen auch den Geist eines gewissen stillen Widerstandes: Eine Frau richtet sich gegen ein feindliches Schicksal in einem Umfeld, das von anderen beherrscht wird.

In der Sage von Bari klingt dieses Motiv auch an, und zugleich zeigt sie, wie in der patriarchalen Gesellschaft Söhne als wertvoller gelten als Töchter. Bari wurde verstoßen, weil sie als Mädchen im patriarchalen System nichts zum Erfolg der Familie beitragen kann. Ihre Existenz wurde von vornherein ignoriert und ihre Geburt nur deshalb verleugnet, weil sie weiblichen Geschlechts war.

Doch sie überwindet die Hürden und das Mühsal ihres tragischen Schicksals und wird so zur Göttin. Simchung geht einen ähnlich wagemutigen Weg und wird Königin. So weisen beide Geschichten auf die Kraft einer koreanischen Frau hin, die sich weigert, aufzugeben.

Beide bringen sich selbst als Opfer dar, um ihre Väter zu retten. Sie treffen diese mutige Entscheidung aus freien Stücken. Ihr Mut und ihre Beharrlichkeit werden belohnt. Nach dem Erfolg ihres Opfers bekommt auch ihr eigenes Leben einen vollkommen neuen Sinn. Das Leiden wird nicht als positive Tugend betrachtet, sondern als notwendiges Mittel, um den erwünschten Zweck zu erreichen.

In Baris Geschichte ist die Krankheit des Vaters die Strafe für die Sünde, dass er sein Kind verstoßen hatte. In Simchungs Geschichte wird über die Ursache für die Blindheit ihres Vaters nichts gesagt. Aber in beiden Fällen erleidet und überwindet die Tochter besonders tragische Lebensumstände, an denen sie selbst keinerlei Schuld trägt.

Dass eine Heilung notwendig ist, wird in beiden Fällen betont. Baris Vater benötigt das Wunderwasser, Simchungs Vater 300 „suk“ (ein Jutesack, so nennt man eine Maßeinheit) Reis, um sie dem Buddha zu opfern (entspricht heute etwa 90 000 US$). Um das Notwendige zu beschaffen, nehmen die beiden Frauen körperliche Strapazen auf sich. Doch dass sie die Leiden überstehen, rechtfertigt ihren Einsatz.

der Erfahrung von Ungerechtigkeit, Demütigung oder Leid. Wenn jemand durch ein Lied die Überwindung von „Han“ auszudrücken vermag, so wird er oder sie gewöhnlich sehr populär. Dabei genügt es nicht, nur den Kummer darzustellen, sondern auch die Bewältigung des Kummers glaubhaft zu machen.

In beiden Fällen sind die Frauen nicht die Ursache der Sünde oder des Problems, aber sie sind die notwendige Voraussetzung für eine glückliche Lösung. Trotz aller Hindernisse führt das Leiden von Bari und Simchung dazu, dass das Heilmittel für ihre Väter gefunden wird. So wird das Leiden von Frauen sowohl legitimiert als auch verherrlicht und geradezu ausgenützt als wichtige Tugend, um das Wohlergehen der Familie und der Gesellschaft zu sichern.

4 Das Verhältnis zwischen religiösem Ritual und Geschlecht

Im Vergleich zu den beiden vorherigen Geschichten thematisiere ich nun konfuzianische Rituale und gewisse Speisevorschriften. In diesem religiös kulturellen Hintergrund sind Frauen dazu gezwungen, sich selbst für das Wohl der Familie und die Gesellschaft hinzugeben.

4.1 Die Ahnenverehrung im Konfuzianismus

Seit nahezu 500 Jahren ist der Konfuzianismus die Staatsphilosophie und vorherrschende Ideologie Koreas. Er enthält sowohl philosophische als auch religiöse Aspekte und beeinflusst somit die ganze koreanische Kultur, Tradition und Gesellschaft.

Wollte man die negativen Einflüsse des Konfuzianismus auflisten, so stünde dort: Er ist familienfixiert, Söhne werden bevorzugt, er fördert Stammesdenken, Frauen sind für die Vorbereitung der Rituale verantwortlich, werden aber von denselben ausgeschlossen. Freilich gibt es auch gute Aspekte im Konfuzianismus, nicht zuletzt der Respekt vor älteren Menschen, die ihrerseits Verantwortung für die junge Generation übernehmen und das Prinzip der Zwischenmenschlichkeit. Es fehlt dabei jedoch an Gegenseitigkeit, da eine Seite die andere nach festen Regeln dominiert.

Eines der wichtigsten Elemente im Konfuzianismus ist die Ahnenverehrung und die damit verbundenen Rituale, unter anderem die Speisen.[11] Man zelebriert diese privat, wenn es um die Familie geht, und öffentlich, wenn der Staat oder die Regierung davon betroffen sind.

11 Vgl. Yeunja Lee, Ahnenverehrungszeremonien und Opferspeisen der Jongga, in: Koreana. Koreanische Kunst und Kultur, Jg. 5. Nr. 1, 2010, 16ff.

Da man glaubt, dass ein Fehler in Form und Inhalt des Rituals zu Unheil und Verhängnis führen könnte, legt man großen Wert darauf, die Zeremonien sehr aufwendig und feierlich abzuhalten. Man will sich sicher sein, dass die Geister der Toten nicht gekränkt, zornig oder rachsüchtig werden, damit sie das Schicksal der Lebenden verschonen.[12]

Wenn andererseits die Prozedur sehr umsichtig und korrekt durchgeführt wird, darf man mit der Anerkennung der Geister rechnen, die einem dafür Heil und Glück bescheren. Die Rituale enthalten also sowohl einen positiven Anreiz als auch eine negative Drohung.

Durch diese Dynamik werden die Rituale zu den wichtigsten religiösen Feiern des ganzen Jahres. Frauen dürfen daran nicht teilnehmen, obwohl sie die vorgeschriebenen Zutaten für Ahnenrituale umständlich vorbereiten.

4.2 Speisen und Gender in Korea

In der Kultur Koreas hatten Speisesitten schon immer einen sehr hohen Stellenwert inne. Die große Vielfalt und Qualität koreanischer Gerichte entstammen dieser Tradition.

Es gehört zur Ahnenverehrung dazu, dass spezielle Speisen für den Altar besonders sorgfältig gereinigt und zubereitet werden. Die Frauen müssen all die Zutaten und vielfältigen Gerichte hingebungsvoll zubereiten, sie bleiben jedoch vom eigentlichen Ritual ausgeschlossen. Auf diese Weise wird die Abwertung und Diskriminierung von Frauen fortgeführt.

Geschieht ein Unglück, so wirft man den Frauen vor, unreine oder minderwertige Zutaten verwendet zu haben oder beim Kochen nachlässig gewesen zu sein. Nach einem Schicksalsschlag in der Familie haben ihre weiblichen Mitglieder oft Angst, Adressat solcher Vorwürfe zu werden. Das ist kein Wunder, denn Frauen werden in Krisensituationen oft als Schuldige verdächtigt.

Zwar ist der Glaube an Übernatürliches bei Männern und Frauen gleich groß, aber Frauen werden öfter verdächtigt, durch derartige Praktiken Unheil verursacht zu haben. Deshalb nimmt die Frau im Interesse der Familie die

12 Die Begräbniskultur in Korea hängt mit der Angst vor dem Tod zusammen. Zum Beispiel halten manche Menschen Begräbnisrituale wie auch Rituale des Ahnenkultes ab, um sich gegen böse Mächte und feindselige Einflüsse zu schützen. Andere wählen besonders günstige Orte für das Grab, um sicherzustellen, dass es den Verstorbenen gut geht.

ganze mühsame und komplizierte Zubereitung ritueller Speisen freiwillig auf sich.

Man kann das aber auch positiv sehen: Die Zubereitung von Speisen ist ein heiliger Aspekt des täglichen Lebens. In Korea versteht man das Essen nicht nur als Nahrungsaufnahme oder Beitrag zur Gesundheit.[13]

In ganz Ostasien gilt der Reis kulturell als besonders wertvoll und heilig.[14] Er ist nicht nur ein wirtschaftlich bedeutsamer Faktor, sondern wird auch geistig als lebenspendendes Element verstanden. „Reis ist der Himmel“ lautet der Titel eines der bekanntesten Gedichte von Chiha Kim.[15]

Weil das Essen und seine Zubereitung lebensnotwendig sind, gilt beides als heilig. Da der Reis in der Kultur Asiens Grundnahrungsmittel ist, gehört er in den heiligen Bereich der Speise und deren Zubereitung. In Korea gilt es als moralische Regel, kein einziges Reiskorn wegzuwerfen. Dieses Gebot kommt nicht einfach aus der Angst vor Hunger oder der Erfahrung von Armut, sondern wurzelt tief in der Achtung vor der Heiligkeit dieses Lebensmittels und der Mühe, die es kostet, Reis zu pflanzen, zu pflegen und zu ernten. Da man zum Anbau von Reis auch Wasser braucht, ist das Wasser ebenso heilig. Reis und Wasser werden als Segensgaben verstanden. Daraus folgt, dass die Küche als ein geheiligter, gesegneter Ort angesehen wird.

In der taoistischen Religion gibt es eine Küchengottheit namens Chowang, in meist weiblicher Gestalt, da sie es mit Nahrung und Gesundheit zu tun hat. Sie ist die Göttin des Feuers, denn zum Kochen wird das Feuer des Herdes benötigt. Sie ist überdies die Göttin des Wassers, denn Wasser löscht das Feuer. Beide Elemente, Feuer und Wasser, sind notwendig für Gesundheit und Ernährung.

---

13 2003 und 2004, gab es im koreanischen Fernsehen eine sehr beliebte Seifenoper. Es ging um Changkum, eine Heilerin im 16. Jahrhundert. Sie war Hofdame, wurde dann aber bekannt als gute Köchin, stieg auf zur Leibärztin des Königs und wurde berühmt als „die große Changkum“. Bezeichnend an dieser Geschichte ist die Gleichsetzung von Nahrung und Medizin, die auf allgemeinen Grundregeln beruht und verstanden und angewandt wird. In der christlichen Tradition spielen Mahlzeiten auch eine wichtige Rolle, man denke nur an die Mystikerinnen und an Martin Luthers Tischreden. Vgl. Renate Brunotte, Gesunde Ernährung, ganzheitlich betrachtet, in: Heil und Heilung, Erfahrung im Glauben und Leben, Frankfurt am Main, hg. Sung Hee Lee-Linke, 2006, 19ff.

14 Vgl. das Kap. Reis und Wasser.

15 Vgl. Kim Chi Ha, The Gold-Crowned Jesus and Other Writings, ed. by C.S. Kim, New York, 1978, 30.

So ist es vor allem für Frauen wichtig, früh am Morgen zu Chowang zu beten, bevor das Tagewerk beginnt. Das erste Wasser aus dem Brunnen gilt als das reinste, und die Frauen füllen gern eine Schale dieses Wasser für ihre Anbetung. Nach dem Gebet wird das Wasser verwendet, um Medizin daraus zu kochen oder es kranken Kindern zu geben, da man ihm heilende Kräfte zuschreibt.[16]

Dass die Küche als heilig angesehen wird, rührt auch daher, dass sie Lebensfreude schafft. Der Geschmack und der Nährwert einer gut zubereiteten Mahlzeit stillen nicht nur den Hunger, sondern sorgen für Zufriedenheit und Lebenslust. Schmutzige oder unordentliche Küchen, Menschen, die nicht wissen, welche Nahrung sie zu sich nehmen und wie diese gekocht wird und solche, die sich wenig dankbar oder achtsam gegenüber ihrer Nahrung und denjenigen, die sie zubereitet haben, zeigen, sind in den Augen von Koreanern kaum zu akzeptieren. Durch historische Einflüsse entwickelte sich in Korea eine Kochkultur des Wohlgeschmacks und der Gesundheit. Viele alte Traditionen von Weisheit, vor allem von Harmonie, finden ihr Pendant im Zubereiten und Anrichten koreanischer Speisen. Eine Mahlzeit soll nicht nur köstlich schmecken, sondern auch Kraft für ein erfülltes, tätiges und gesundes Leben spenden. Der Begriff der Nahrung ist also ein ganzheitlicher und umfassender.

Allerdings ist unter dem Gender-Aspekt die Frau dabei in gewisser Hinsicht benachteiligt, denn sie trägt die volle Verantwortung für die Ernährung, d.h. auch für die Gesundheit und Krankheit der Familie.

Durch eine spezielle Göttin wird die Praxis der getrennten Arbeitsbereiche von Männern und Frauen, also die Trennung zwischen dem öffentlichen und privaten Bereich des Lebens, verfestigt.

5 Schlussbemerkungen

Unser Verständnis von Gesundheit hängt von unserem jeweiligen kulturellen und religiösen Hintergrund ab. In Korea wird Krankheit oft als Strafe für Sünden verstanden. Obwohl westliche Medizin und fortschrittliche Technologie auch in Korea üblich geworden sind, wird häufig moralisch beurteilt, statt nach den körperlichen Ursachen zu forschen. Wenn es um existenzielle Fragen wie Krankheit oder Tod geht, schleichen sich immer wieder alte Werte in die

16 Vgl. das Kap. Reis und Wasser.

Diagnose ein. Es gibt bestimmte religiös begründete Ernährungsregeln, an die sich die Menschen halten, um gesund zu bleiben. Diese Regeln können jedoch missverstanden werden. Es kommt zudem vor, dass sie in Vorwürfen, Ängsten und Schuldgefühlen münden. Frauen und Menschen der sozialen Unterschicht werden oft beschuldigt, Krankheiten der Familie oder der Gesellschaft verursacht zu haben. Die Hexenverfolgung im Mittelalter entstand nach einem ähnlichen Muster: Es ist leichter, einzelne Personen oder Minderheiten zu Sündenböcken machen und zu verfolgen als nach den Ursachen in der gesamten Gemeinschaft zu forschen.

Eine Religion, die Schuldgefühl und Angst verbreitet, steht der vollständigen Gesundheit im Weg. Statt zu segnen stellt sie ein Problem dar. Ich beurteile eine Religion danach, ob sie sich am Tod oder am Leben orientiert. Entscheidend ist, ob sie Lebenskraft für den Einzelnen wie auch für die Gemeinschaft spendet. Es liegt mir fern, die koreanische Kultur und Religion als abergläubisch zu verurteilen, wie das es Missionare des 19. und 20. Jahrhunderts taten. Wir müssen die Meinung, alles aus dem Orient stammende sei minderwertig, endgültig abschütteln. Andererseits sollen wir auch nicht alles Asiatische idealisieren.[17] Dabei stellen eine laufende kritische Evaluation und vergleichende Analyse für eine gegenseitige Korrektur wichtige Instrumente dar.

Ein umfassendes und ganzheitliches Verständnis von Heilung und Gesundheit, das erkennt, wie die verschiedenen Dimensionen menschlicher Erfahrung mit einander verflochten sind, bringt uns weiter als der übliche simple Dualismus, der radikal zwischen Kausalität und Religion bzw. zwischen Vernunft und Glauben unterscheidet.

Wenn religiöse Rituale und Sitten wie Opfergaben oder Fasten mit berechnender Intention ausgeführt werden, z.B. um eine Gegenleistung zu erhalten, werden sie schnell missbraucht. Erfolgt die Gegenleistung nicht, werden Vorwürfe laut, man sei nicht fromm oder eifrig genug gewesen. Diese Vorwürfe und die daraus resultierende Angst, Schuldgefühle und Demütigung, können belastend und fesselnd wirken. Ein solcher Weg führt kaum zur Heilung.

Umso wichtiger ist es, sich einem Kranken mitfühlend zuzuwenden und für leibliche und seelische Ordnung zu sorgen. Heilung sollte als Prozess der

17 Im Gegensatz zum 19. und frühen 20. Jahrhundert besteht heute in westlichen Ländern die Tendenz, ferne Kulturen zu idealisieren, ohne ihre eigentliche Geschichte zu kennen. Vgl. Josef Franz Thiel, Krankheitsursachen und ihre Überwindung, in: Heil und Heilung, Erfahrung im Glauben und Leben, Frankfurt am Main, hrsg. von Sung Hee Lee-Linke, 2006, 125ff.

Befreiung verstanden werden, der sich aus Gnade vollzieht und diese erneut zusichert. Heil werden heißt nicht, ein Leben in Angst und Schuld gegenüber den Geistern der Ahnen zu führen und den Ansprüchen der Lebenden zu genügen. Heilung heißt vielmehr, Licht in die Unordnung der verschiedenen Bereiche des betreffenden Lebens zu bringen.

Es kommt oft vor, dass für eine Situation, an der sie keine Schuld tragen, Frauen verantwortlich gemacht werden. Um dies zu durchschauen, ist es notwendig, dass die Genderproblematik nicht auf Themen der Sexualität und der typischen Frauenrollen beschränkt bleibt, sondern die Augen für die Wirklichkeit in der Gesellschaft und der örtlichen Tradition öffnet. Vielleicht kann man auf diese Weise die Komplexität und die Spannung erkennen zwischen Mächtigen und Machtlosen, zwischen anerkannt und unbeachtet sein, zwischen Führungsposition und Unterordnung, zwischen Zentrum und Peripherie, zwischen Mehrheit und Randgruppe.

Ein Schritt auf dem Weg zur Heilung ist es, das Vertrauen in Gottes gute Schöpfung und sich selbst wieder neu zu wecken. Dieses Vertrauen wird in der Geschichte, in der Jesus die blutflüssige Frau heilt (Mk 5,25–34) deutlich[18]: Jesus sagte: „Tochter, dein Glaube hat dich gesund gemacht.“ Hier bezieht sich der Glaube auf die Heilung und damit auf das Selbstvertrauen sowie das Vertrauen in Gottes Güte. Mit diesen Worten ermächtigte Jesus alle Menschen, ungeachtet ihres sozialen Status, ihres Geschlechts, ihrer Herkunft oder ihrer Religion. Es war eine Tat aus Mitgefühl und Gnade.

18 Man kann diese Geschichte für ein blindes Vertrauen auf Glaubenswunder und ein Misstrauen gegenüber der Medizin missbrauchen. Jedoch möchte ich daran aufzeigen, wie Glaube mit Heilung und der vorbehaltlosen Überzeugung, dass die Schöpfung gut ist und dass wir ein Teil davon sind, zusammenhängt.

Zudem verhindert dieses ganzheitliche Verständnis jedes „Geben-um-zu-nehmen“-Denken, sowohl im christlichen als auch im konventionellen Glauben. Das ist wichtig, denn wenn es nur die Glaubensstärke der kranken Frau gewesen wäre, durch welche sie geheilt wurde, dann existiert kein großer Unterschied zu der Meinung, dass eine korrekte Zubereitung der Nahrung ein glückliches Leben bewirken wird. In beiden Fällen könnte die Krankheit der Frau oder ihrer Angehörigen dazu führen, ihr Sünden oder Mangel an Glauben vorwerfen.

Das Geschrei der Stummen hören: Die Macht der Schrift und Sprachmächtigkeit[1]

1 Einleitung

Wie wirken Schrift und Sprache als Mittel der Kommunikation in Gesellschaft, Religion und Kultur? Welche Definitionsmacht und Rangordnung haben sie, um Religiosität und Kultur zu formen? Mit welchem Maßstab werden Normen und Werte der Mündlichkeit und Schriftlichkeit bewertet? Auf diese Fragen aus Genderperspektive einzugehen, ist die Absicht dieses Aufsatzes.

Um das zu veranschaulichen werde ich zwei Beispiele aus der koreanischen Religion und Kultur erläutern. Dabei sind zwei Aspekte in ihrem Zusammenwirken zu vergegenwärtigen: der Kontrast zwischen dem Konfuzianismus und dem Schamanismus und zwischen der chinesischen Schrift und der koreanischen Sprache. Im Anschluss werde ich eine Möglichkeit vorschlagen, die die unterschiedlichen Werte von Schrift und Sprache an Stelle von Abwertung oder Verdrängung gleichermaßen zur Geltung bringt: Die Ausgewogenheit zwischen verschiedenen Werten zu finden, tut in der theologischen Kommunikation und Mission heute besonders Not.

2 Schriftlichkeit, Mündlichkeit und die Geschlechterfrage

Hier sollen Weiblichkeit und Männlichkeit nicht biologisiert oder naturalisiert werden, sondern es geht darum aufzuzeigen, wie wir von gewissen Normen und Tendenzen geprägt sind, die mit Geschlecht assoziiert werden, z.B. der Assoziation von Schriftlichkeit mit männlich, nördlich, weiß, und von Mündlichkeit mit Frauen, südlich und farbig. Schriftkultur und Schriftlichkeit haben im Vergleich zu Gesprochenem oder zu Mündlichkeit einen höheren Stellenwert.[2] Während Mündlichkeit mit Flexibilität zu tun hat, hat Schriftkultur in

1 Vortrag, gehalten am 28. August 2011, in Salamanca (Spanien) anlässlich des XIV. Internationalen Kongresses der Europäischen Gesellschaft für theologische Forschung von Frauen (ESWTR). Zuerst erschienen in: *Journal of the European Society of Women in Theological Research* 20 (2012) 151–172.

2 Mit Analphabetismus bezeichnet man die Unkenntnis der schriftlichen Sprache, also des Lesens und Schreibens. Über die Qualität der mündlichen Sprache wird mit dem Begriff Analphabetismus nichts ausgesagt, implizit wird diese Qualität aber oft bagatellisiert und nicht anerkannt. Etwa zwei Drittel der Menschen, die als Analphabet/inn/en bezeichnet werden, sind weiblich.

der Geschichte viel mit Herrschaft und darum auch mit einer gewissen Starrheit zu tun:[3] Die Eliten verfügen über die Macht der Schrift und gleichzeitig über die Verfügungsmacht über die Gesellschaft, die Kultur, die Wirtschaft und nicht zuletzt über die Religion.[4] Obwohl die Alphabetisierung der Demokratisierung des Wissens gedient und der Allgemeinheit einen Zugang zu Wissen ermöglicht hat, bleibt meines Erachtens eine Kluft zwischen Schriftlichkeit und Mündlichkeit bestehen: Sie werden als Gegensätze wahrgenommen, deren Wirkungsmacht und Wertigkeit unterschiedlich ist – wie auch bei den Gegensatzpaaren Kultur und Natur, Theorie und Praxis, Vernunft und Emotion, Okzident und Orient, Orthodoxie und Häresie, Subjekt und Objekt usw. Diese Gegensätze werden geschlechtlich zugeordnet, das heißt Frauen werden auf Natur, Körper und Emotionen reduziert und an geschlechtsspezifische Zuordnungen gebunden, die Diskriminierung bewirken. Diese Ordnung der Geschlechter wird mit einer Rangordnung zwischen den beiden kulturellen Formen der Schriftlichkeit und Mündlichkeit verbunden, so dass der männliche Körper als Symbolträger der Schriftlichkeit, der weibliche Körper als Symbolträger der Mündlichkeit fungiert.

Wie bereits angedeutet, sind Macht und Sprache eng miteinander verbunden, weil Sprache durch ihre Definitionsmacht Machtverhältnisse und Machtstruktur repräsentiert. Die dominante Macht verfügt über die Wirklichkeit und daher wollen Mächtige die Kontrolle über die Sprache auf keinen Fall preisgeben. Im patriarchalen System, in dem nur die Männer die Definitionsmacht besitzen, gebrauchen sie die Sprache wie ihren Penis als Mittel zur Unterdrückung und Enteignung der Frau.[5] „Die Fähigkeit zu sprechen steht in

3 Christina von Braun, „Gender, Geschlecht und Geschichte," in: Christina von Braun / Inge Stephan (Hg.), *Genderstudien: Eine Einführung* (Verlag J.B. Metzler: Stuttgart 2000), 10–51, hier 17–19.

4 Ich denke hier etwa an das Beispiel, wie die Weisheit indigener Menschen mündlich bleibt, während das Patentrecht schriftlich zwar vom globalen Norden verfasst wird, dann aber als Gesetz international Gewicht bekommt. Was wäre eine gerechte Gegenleistung im Fall von Biopiraterie? Und wie könnten Ureinwohner diese erreichen, wenn sie keinen Zugang zum Eigentumsrecht, zu *benefit sharing*, nachhaltiger Nutzung, Recht auf Land usw. haben, oder sogar gar nicht wissen, dass sie einen Ausgleich von Vorteilen erreichen könnten? Vgl. Sandra Harding, *Whose Science? Whose Knowledge? Thinking from Women's Lives* (Cornell University Press: New York 1991), 218–248; Sandra Harding, *Is Science Multicultural? Postcolonialisms, Feminisms, and Epistemologies* (Indiana University Press: Indianapolis 1998), 39–54. Zum ABS-Regime (Access and Benefit Sharing) als eine gerechte Gegenleistung zum Raub von "Intellectual Property Rights" und zum Verhindern von "Biopiracy" vgl. Swiss Academy of Sciences (ed.), *Agreement on Access and Benefit Sharing for Non-Commercial Research: Sector Specific Approach Containing Model Clauses* (SCNAT: Bern 2010). Für diesen Hinweis bedanke ich mich bei Peter Vaneeuwijk.

5 Vgl. Mieke Bal, *Death and Dissymmetry: The Politics of Coherence in the Book of Judges* (The University of Chicago Press: Chicago 1988), 20.

direktem Zusammenhang mit der Fähigkeit zu handeln; das ist eine Binsenweisheit. Die linguistische Unfähigkeit (Sprachlosigkeit) mancher Subjektkategorien entspricht ihrer physischen Verobjektivierung."[6]

In gesellschaftlichen und privaten Diskursen zeigen sich die Mächtigen als nicht hörfähig, während den Entmündigten die Sprachfähigkeit fehlt: Es ist von vornherein geregelt, wer das Wort ergreifen und die Stimme erheben darf und wer stumm zuhören soll. Diese Rangordnung in der Verwendung von Sprache und Schrift wird durch ihre Assoziation mit Geschlecht als unveränderbar und naturgegeben festgeschrieben.[7] Schon in der männlichen Sozialisation wird „Mannsein" durch die fehlende Bereitschaft zum Zuhören und langes Reden unter allen Umständen gekennzeichnet.[8] In den durch ihre Macht über die Schriftlichkeit Gewalt legitimierende Wirklichkeitskonstruktion sind häufig geschönte Wahrheiten und Selbstrechtfertigungen dominant, während die „nackte Wahrheit" kein Gehör findet. Das Recht, eigenständig und kritisch das Wort zu ergreifen und Wahrheit zum Ausdruck zu bringen, wird unterdrückt, wo die Sprach- und Schriftgewalt der Mächtigen allzu beherrschend ist.[9] Deshalb erscheinen die Stummen, denen der Anspruch auf freie Rede verweigert wird, häufig nur als Objekte der Herrschaftsmechanismen der Mächtigen, sei es in der Berichterstattung oder im Herrschaftsdiskurs selbst; es wird über sie gesprochen und geschrieben, aber nicht mit ihnen. „Wer jemals Objekt des Schreibens wurde, ein 'Textding', wem der Zugang zu eigenem Schreiben verwehrt wurde, hat alle Macht über ihr eigenes Leben verloren."[10] In der Versöhnungsarbeit hat sich gezeigt, dass erst dann, wenn die

6 "The power to speak is directly related to the power to act; so far this is commonplace. The linguistic powerlessness of some categories of subjects is congruent to their physical objectification." (Bal, *Death and Dissymmetry*, 243; Übersetzung Bärbel Wuthe).

7 Auch innerhalb derselben Sprachfamilie gibt es eine gewisse Rangordnung, wie z.B. zwischen Schweizer Mundarten und Schriftdeutsch. Obwohl die Mundart wertvolle feine Redewendungen hat, lässt sich in wissenschaftlichen Diskussionen zwischen Deutschen und SchweizerInnen häufig beobachten, dass die Hochdeutschsprechenden über die Anwesenden dominieren.

8 Vgl. Lothar Böhnisch / Reinhard Winter, *Männliche Sozialisation: Bewältigungsprobleme männlicher Geschlechtsidentität im Lebenslauf* (Juventa Verlag: Weinheim 1993), 130; Willi Walter, „Gender, Geschlecht und Männerforschung", in: Christina von Braun / Inge Stephan (Hg.), *Genderstudien: Eine Einführung* (Verlag J.B. Metzler: Stuttgart 2000), 97–115, hier 103.

9 Ulrike Bail, „Psalmen aus der Perspektive von Frauen", in: Verein für die Herausgabe des Katholischen Gesangbuches/Verein zur Herausgabe des Gesangbuches der Evangelisch-reformierten Kirchen der deutschsprachigen Schweiz (Hg.), *Werkheft zum Gesangbuch* (Verlag Cavelti: Gossau 2000), 3: *Psalmen*, 72.

10 "Whoever became the object of writing, the textual thing, to whom access to writing was denied, lost all power over her own life." (Mieke Bal, *Death and Dissymmetry*, 244, Übersetzung Bärbel Wuthe). Mieke Bal analysiert das Buch der Richter aus der Genderperspektive. Die Helden in diesem Buch versuchen, die Gegenstände ihrer Macht zu objektivieren, d.h. die Töchter sind ihre Objekte.

Täter ihre Tat bekennen und die Opfer Raum und Redezeit erhalten, ihre Stimme erheben und ihre Erfahrungen aussprechen können, Versöhnung möglich zu werden beginnt. Im Alltag sind jedoch die Unterdrückten meist unsichtbar und stumm.

Sowieso wird der schriftlichen Darstellung meist mehr Relevanz beigemessen als der mündlichen (Selbst-)Darstellung, zumal wenn sie von einer höheren Instanz sanktioniert wird. Tatsächlich kann Geschriebenes besser dokumentiert werden, so dass die schriftliche Überlieferung einer Tradition stärkere Legitimität verleiht.[11]

Schreiben ist eine Materialisierung des Redens mit revolutionären Folgen, eine, die auf Distanz schneiden und töten kann. Schreiben hat, von seinen frühen Anfängen an, eine Unterstützung des Rechts bewirkt, dass Recht überhaupt entstand. Das Gesetz ist der entscheidende Text in schriftlichen Gesellschaften, der ermöglicht, dass Rechtsprechung vorhersehbar und von der zentralisierten Macht des Staates bestimmt wird.[12]

Während weibliches Denken und weibliche Handlungsweise in patriarchalen Kontexten bewusst verdeckt und unterdrückt wurden, haben männliches Denken und männliche Handlungsweise die Erscheinung der Welt und gesellschaftliche Strukturen in all ihren Formen geprägt. Darüber hinaus ist weibliche Art und Arbeit als auf spezifische Details bezogen gesellschaftlich unsichtbar geblieben, während die männliche Art und Arbeit strategisch sichtbar gemacht wurden. Diese (Un-)Sichtbarmachung ist wiederum mit der Mündlichkeit und Schriftlichkeit verbunden. Denn die strategische Arbeit kann schriftlich formuliert werden, während die Detailarbeit praxisbezogen, aber eher mündlich geleistet wird.

11 Das typische Beispiel ist die Geschichtsschreibung, die häufig eine his-story ist, weil die Geschichte meistens von Männer geschrieben wird; her-story bleibt weitgehend unsichtbar bzw. muss aus anderen Quellen eruiert werden. Darüber hinaus wird Geschichte einseitig aus der Sicht der Herrschenden geschrieben.

12 "Writing is a revolutionary materialization of speech, one that can cut and kill at a distance. Writing has, from its early days on, worked to support, to become law. The law is the crucial text in literate societies, the one that enables judgments to be predictable and to be determined by the centralized power of the state." (Mieke Bal, *Death and Dissymmetry*, 243, Übersetzung Hans Jörg Fehle).

Erstes Beispiel: Schamanismus und Konfuzianismus in Korea

Die kulturelle Verlagerung von der Mündlichkeit zur Schriftkultur drängte Frauen immer mehr an die Peripherie, während Männer, die durch Bildungsmöglichkeiten privilegiert und in die Schriftkultur integriert sind, sowohl die Macht der Schrift als auch die Definition von Normen der Gesellschaft, Kultur und Religion übernehmen.

Meine Darstellung des Schamanismus und Konfuzianismus[13] in diesem Abschnitt fokussiert auf den Kontrast zwischen Mündlichkeit und Schriftlichkeit, der in den beiden Religionen deutlich wird. Der Schamanismus ist eine uralte Religion, die die koreanische Kultur und Religiosität tief geprägt hat. Er stammt aus dem Ural-Altai-Gebiet, wo auch das koreanische Volk und die koreanische Sprache herstammen.

In traditionellen schamanistischen Ritualen Koreas gibt es aus westlicher Perspektive gesehen viele Fetische, Dinge oder Heiligenbilder als Devotionalien, Amulette, die eine gewisse Lokalisierung übernatürlicher Kräfte bedeuten und sehr große symbolische Bedeutung haben. Auch bestimmte natürliche Objekte wie Bäume, Felsen, Berge, Flüsse oder bestimmte Orte werden mit Schutzgeistern assoziiert. Die Rituale, in denen Fetische als VermittlerInnen gebraucht werden, haben mit der Ahnenverehrung, die den Konfuzianimus prägt, nichts direkt zu tun. Doch dienen beide, Ahnenverehrung und schamanistische Fetische, dazu, in Ritualen den Kontakt mit der jenseitigen Welt herzustellen.

Der Konfuzianismus war, nach seiner Kanonisierung in der chinesischen Antike, für mehr als 500 Jahre Staatsphilosophie und vorherrschende Ideologie in Korea. Die Frage, ob der Konfuzianismus eine Religion oder eine Philosophie sei, ist nicht einfach zu beantworten,[14] denn er hat sowohl philosophische als auch religiöse Aspekte. Sein Einfluss prägt die ganze koreanische Sprache, Kultur, Tradition und Gesellschaft.

13 Zu den verschiedenen Zusammenhängen zwischen Konfuzianismus und Schamanismus vgl. Meehyun Chung, *Reis und Wasser: Eine feministische Theologie in Korea* (Verlag Frank & Timme: Berlin 2012).

14 Zwar wurde der Konfuzianismus 1995 in Südkorea zur Religion erklärt, aber innerhalb von Nordostasien ist die Bewertung des Konfuzianismus unterschiedlich und die Frage, ob er als Philosophie oder als Religion oder als beides definiert werden soll, bleibt offen. Vgl. Julia Ching, *Konfuzianismus und Christentum* (Matthias-Grünewald Verlag: Mainz 1989), 11.

Mehr als der Schamanismus ist der Konfuzianismus von Schriftlichkeit geprägt.[15] Er gehört zu den strengen Schriftreligionen und zur Philosophie.[16] Hier gibt es schriftlich tradierte Ordnungen, während der Schamanismus kein Papier besitzt, meist mündlich tradiert und flexibel in der Gegenwart gestaltet wird. Das Problem der Geschlechterklischees in patriarchalen Gesellschaften ist im Konfuzianismus noch offensichtlicher als im Schamanismus.[17] „Während die Einzelheiten des konfuzianischen Ahnenkultes in Ritualbüchern festgelegt sind, gehen die religiösen Handlungen der Frauen [im Schamanismus] ohne Vorschriften vor sich."[18] In diesen beiden religiösen Traditionen sind Schriftlichkeit und Sprachlichkeit tatsächlich auch mit Männlichkeit und Weiblichkeit verbunden, indem Männer ihre Definitionsmacht mehr im Konfuzianismus und seiner Schriftlichkeit finden, Frauen aber im Schamanismus in einer mündlich geprägten Tradition ihren Spielraum haben.[19] Ein geschlechtlich geprägter Unterschied ist auch an der Teilnahme an den Zeremonien und ihrer Gestalt erkennbar: Im Konfuzianismus dürfen Frauen nur die rituellen Speisen zubereiten, während sie vom Ritual selber ausgeschlossen sind. Im Gegensatz dazu sind die Frauen im Schamanismus sowohl als Schamaninnen, als auch als Teilnehmende im Ritual aktiv.[20] Sie werden als *mudang*

15 Es gibt Gemeinsamkeit zwischen dem Konfuzianismus und dem Schamanismus, denn beide gehören zur kosmischen Religiosität. Bekehrung und Konvertierung von solcher kosmischer Religion zu metakosmischer Religion wie dem Christentum ist leichter als umgekehrt. Vgl. Aloysius Pieris, *Feuer und Wasser: Frau, Gesellschaft, Spiritualität in Buddhismus und Christentum* (Herder: Basel 1994), 17. Zu Ahnenverehrung in Konfuzianimus bzw. Schamanismus vgl. Lee Nam-Beck, *Protestantismus und Ahnenverehrung in Korea: Entwurf einer Theologie der Erinnerung* (LIT: Münster 2001), 23–34, 199.

16 Die drei sozialen Pflichten in der konfuzianisch geprägten Gesellschaftsordnung, Loyalität, kindliche Pietät und Riten, sind durch Ahnenverehrung und Achtung vor anderen Menschen zu leben. Wie im praktischen Leben diese Pflichten und zwischenmenschlichen Elementarbeziehungen ideal zu erfüllen wären, dazu gibt es die fünf klassischen Bücher sowie vier Bücher vom Großen Meister, die als Normen kanonisiert wurden. Ironischerweise ist „Lunyu" (論語), das als Standardwerk von Konfuzius gilt, gar nicht von ihm geschrieben, sondern enthält von seinen Schülern zusammengestellte Worte.

17 „Dem von Männern besorgten konfuzianischen Ahnenkult stehen die schamanischen Rituale der Frauen gegenüber." Vgl. Martina Deuchler, „Konfuzianismus und Schamanismus: Männerreligion und Frauenreligion in Korea," in: Hans-Jürg Braun / Karl H. Henking (Hg.), *Homo religiosus* (CVB Buch+Druck: Zürich 1990), 104. Bezug auf Ahnenkult ist eine der Gemeinsamkeit zwischen Konfuzianismus und Schamanismus. Aber es gibt beim konfuzianistischen Ritual klare geschlechtliche Zuordnungen, während Frauen beim Schamanismus einen freieren Gestaltungsraum finden.

18 Deuchler, „Konfuzianismus und Schamanismus", 89–105, hier 98.

19 Mehr über das weibliche Gesicht des Schamanismus in Korea vgl. Choon-Ho You, „Hanpuri der Frauen," in: Marie-Theres Wacker / Hermes A. Kick (Hg.), *Frauenbewegung und Frauentheologie in Südkorea* (Lit: Münster 2004), 81–100, hier 87–94.

20 Im Gegensatz zu institutionellen Religionen, auch zum Christentum, war es für Frauen im Schamanismus leichter, Priesterinnen zu sein. Dennoch sollte die Rolle von Schamaninnen in Korea differenziert und kritisch bewertet werden. Äußerlich gesehen sind Frauen zwar als Leitende von Ritualen

bezeichnet, was im Deutschen etwa als „die im Tanzen Verbindenden" oder „die zwischen Himmel und Erde Vermittelnden" zu übersetzen ist.[21]

Darin kommt ein wesentlicher formaler Unterschied zwischen dem dialogisch gestalteten Ritual zwischen Schamane/Schamanin und Teilnehmenden im Schamanismus, und dem eher monologisch gestalteten Ritual im Konfuzianismus, in dem bestimmte festgelegte Schriften gelesen und die Abläufe nach schriftlich tradierten Regeln gestaltet werden, zum Ausdruck. Die streng zu bewahrende Ordnung des Konfuzianismus lässt keine Flexibilität zu.

Die Stärke des Schamanismus dagegen liegt in den befreienden Aspekten des Aussprechens, das für die Psychohygiene wichtig ist: Erinnerungen, auch Schmerzliches oder Problematisches, sogar Traumatisches, werden im Dialog benannt. Bedrängendes Schweigen und belastende Geheimnisse werden aufgebrochen. Für das, was hier geschieht, gibt es in der koreanischen Umgangssprache den Ausdruck *shinnanda*, wörtlich „die Niederkunft Gottes" oder „Gott erscheint am Ort". Dieser aus dem Schamanismus stammende Begriff beinhaltet auch die Ekstase: Der Begriff wird im Alltag verwendet, wenn Freude oder Spaß ihren Höhepunkt erreichen. Das bedeutet mit anderen Worten: Wo Gott anwesend ist, herrscht größte Freude. Diese Lebensbegeisterung ist an sich wichtig und lebensfördernd, sie ist das Gegenteil von Depression, welche die Lebensenergie vermindert. Der Begriff und der Zustand der *shinnanda* ist daher als „Heilige Aufregung" zu interpretieren,[22] ein symboli-

und als Gläubige sehr gut vertreten und werden als solche mit vollem Recht hoch geschätzt. Doch sind die Inhalte dieser religiösen Überzeugungen nicht besonders frauenfreundlich und aus feministischer Sicht kritisch zu betrachten, auch wenn diese Traditionen nicht an heutigen feministischen Prinzipien gemessen werden können. Die Zahl der beteiligten Frauen kann kein Indiz sein für Frauenfreundlichkeit oder Emanzipation. Im koreanischen Schamanismus stehen hierarchische Konzepte wie die Rangordnung der Götter und Göttinnen im Vordergrund. Die Frage ist, ob das erreichte Ziel letztlich Vergebung und Versöhnung bringt oder ob das Ritual Angst verursacht, indem es Rache übt durch Selbstbehauptung, Selbstverherrlichung und Gewalt. Auch die Bilder von weiblichen Gottheiten tragen also nicht immer bei zur Befreiung der Frau aus der geschlechtsspezifischen Rolle als Mutter. Die Frau bleibt reduziert auf Fruchtbarkeit, besonders das Gebären von Söhnen, Mutterschaft und Mütterlichkeit, die abhängig ist vom biologischen Geschlecht. Der Schamanismus stärkt so die Sohnpräferenz eher und zementiert das traditionelle Rollenmuster. Hier sind feministisch-theologische Kritik und Transformation notwendig.

21 Vgl. Junsik Choi, *Der Schamanismus: Der fundamentale Glaube der KoreanerInnen in der Peripherie [Mukyo: Kwonrekae milin Hankukinyu Keonbon Shinang]* (Mosinun Saramdl: Seoul 2009), 23.

22 Damit möchte ich keinesfalls die Wirkung vom Schamanismus unkritisch mit dem Wirken der Heiligen Geistkraft identifizieren. Die Gefahr einer oberflächlichen Verharmlosung des Schamanismus und seiner Wirkweisen sowie der asiatischen Religionen ist leider nicht selten in der westlichen Gesellschaft zu beobachten. Vgl. Doris Strahm, *Vom Rand in die Mitte: Christologie aus der Sicht von Frauen in Asien, Afrika und Lateinamerika* (Exodus: Luzern ^{2}1997), 118–141; Volker Küster, *Theologie im Kontext: Zugleich ein Versuch über Minjung-Theologie* (Steyler Verlag: Nettetal 1995), 158–166; Volker Küster, *A Protestant Theology of Passion: Korean Minjung Theology Revisited* (Brill: Leiden 2010), 103–113.

scher Zustand der vollkommenen Freude. Das bewegende Element, das durch Mündlichkeit ermöglicht wird, ist im Schamanismus insofern leicht zu erkennen.[23]

Zweites Beispiel: Chinesische Schrift und koreanische Sprache

Trotz jahrhundertlanger Vorherrschaft der chinesischen Kultur in Korea konnten die Menschen (Minjung, das einfache Volk) ihre eigene Sprache gebrauchen und die eigene Kultur entfalten, auch wenn sie immer verachtet und unterdrückt wurde.[24] Während die höhere Schicht in der Gesellschaft mit den chinesischen Schriftzeichen vertraut war, war die soziale Unterschicht, die Frauen beider Schichten eingeschlossen, mehr mit der eigenen Sprache verbunden: Diese Sprache mit dem koreanischen Alphabet *Hangul* heißt *Eun-Mun* (言文), wörtlich übersetzt „mündliche Schrift", und wurde von König Sejong (1397–1450) mit folgender Begründung geschaffen: „Mit der chinesischen Schrift können wir unsere Gedanken nicht genau zum Ausdruck bringen. Die ungebildete Volksmenge hat daher keine Möglichkeit das auszudrücken, was sie sagen will. Aus Bedauern darüber habe ich deshalb ein Alphabet aus 28 Buchstaben geschaffen, das leicht zu lernen und zu benutzen ist."[25]

Der Gründer der koreanischen Befreiungstheologie, der Minjung-Theologe[26] Byungmu Ahn, hebt die Wichtigkeit der koreanischen Schriftsprache hervor, unterstreicht aber auch ihre nachrangige Position in der koreanischen Gesellschaft:

23 So verbindet Lutz Drescher den Konfuzianismus aufgrund seiner sozial-gesellschaftlichen Ordnung mit Ethos, während der Schamanismus aufgrund der rituellen Formen mit Pathos verbunden wird. Vgl. Lutz Drescher, „Ethik und Ekstase: Beobachtungen über den Einfluss von Konfuzianismus und Schamanismus auf die koreanischen Kirchen," in: *Zeitschrift für Missionswissenschaft und Religionswissenschaft* 78 (1994), 274–289, hier 275.

24 Vgl. Winfried Glüer (Hg.), Byungmu Ahn, *Draußen vor dem Tor. Kirche und Minjung in Korea: Theologische Beiträge und Reflexionen* (Vandenhoeck und Ruprecht: Göttingen 1986), 10.

25 Ahn, *Draußen vor dem Tor*, 87.

26 Innerhalb der Minjung-Theologie existiert auch ein Wertunterschied zwischen geschriebener Theologie und theologisch orientierter Bewegung. Dies zeigt, dass die Schriftlichkeit der Minjung-Theologie auch nicht immer die gleiche Bedeutung hat. Die Texte können je nach angelegten Maß und Deutung einen performativen Effekt haben. Die Theologie wird überwiegend von Männern betrieben, während die Bewegung überwiegend von Frauen und im diakonischen Bereich Tätigen getragen ist. Über minjungdiakonische Arbeit und Bewegung siehe http://www.kordiakonia.or.kr (09. April 2012).

Eun-Mun ist im Gegensatz zur chinesischen Zeichenschrift als Alphabet geschaffen. Dadurch wurde es dem Minjung möglich, Erfahrungen und Worte aus dem wirklichen Leben schriftlich niederzulegen. Aber die führende Schicht verachtete das Alphabet und benutzte nur die chinesische Schrift. Man nannte das koreanische Alphabet Eun-Mun und bezeichnete es damit als Minjungschrift. So wurde ihm von Anfang an der Stempel der Verachtung aufgedrückt.[27]

Die beiden Schriften dienten auch dazu, soziale Strukturen zu etablieren und zu fixieren: Frauen der sozial höheren Schichten und Frauen und Männer aus sozial niedrigen Schichten gehörten zur Klasse der Eun-Mun (die das koreanische Alphabet verwendet), während Männer aus sozial höheren Schichten (mit wenigen Ausnahmen von Frauen aus sozial höheren Schichten) zur Han-Mun Klasse (die die chinesische Zeichenschrift verwendet) gehörten. In der traditionellen sozialen Minjung-Bewegung wird diese „mündliche Schrift" viel gebraucht, weil es durch sie möglich ist, formlos, rasch und unauffällig die Stimme von unten zum Ausdruck zu bringen. Im Gegensatz zu den Gelehrten, die die chinesische Schrift beherrschten und sich der chinesischen Kultur anpassten, hat die Minjung-Schicht daher mehr von der eigenen koreanischen kulturellen Identität bewahrt.[28]

Byungmu Ahn unterstreicht die Bedeutung der „mündlichen Schrift" für das Leben der Kirche und sieht eine Parallele mit der Sprache Jesu:

Echte Sprache kann darum nur dann entstehen, wenn man das Leben entsprechend gestaltet. Wenn die Kirche sich die Minjungsprache wirklich zu eigen machen will, gibt es keinen anderen Weg für sie, als mit dem Minjung zusammenzuleben, seine Erfahrungen, sein Leiden zu teilen, kurz, sich mit dem Minjung zu identifizieren. Ohne gemeinsame Erfahrung kann es niemals eine gemeinsame Sprache geben […] Wir müssen zur Sprache Jesu zurückkehren. Seine Sprache, besonders die der Gleichnisse, ist typische Minjungsprache. Nur liegt ihr Ursprung nicht in der

27 Ahn, *Draußen vor dem Tor*, 87.

28 Vgl. Ahn, *Draußen vor dem Tor*, 88–89.

Kirche oder in der Schule, sondern im gemeinsamen Leben Jesu mit dem 'ochlos [einfaches Volk]', in der Identifikation Jesu mit dem Minjung.[29]

Die Sprache Jesu war gerade die mündliche Sprache, die einen direkten Zugang zu den einfachen Leuten ermöglicht hat, lebensbezogen und aussagekräftig war. Durch die Bibel in gesprochener Schrift konnten viele Frauen im 19. und 20. Jahrhundert in Korea das Lesen lernen, denn:[30] „Um Jesu Sprache zu verstehen, braucht man keine Bildung. Im Gegenteil, Bildung kann ein Hindernis für das Verstehen sein. Jesu Sprache ist Wort für Wort Minjungsprache, Eun-Mun-Sprache. Kinder, Frauen, Alte, Analphabeten, alle können sie verstehen. Doch können sie die Gebildeten und Intellektuellen deshalb nicht einfach von sich weisen."[31] Byungmu Ahn unterstreicht den lebensbezogenen Charakter der Sprache Jesu, wie sie in der Minjung-Sprache unmittelbar Ausdruck findet:

Je unmittelbarer die Sprache mit dem Leben verbunden ist, desto origineller ist sie […] Ist man mit dem wirklichen Leben verbunden, bleibt die Ausdrucksform einfach. […] Betrachtet man die Minjungsprache in diesem Zusammenhang, ist sie eine Sprache, die zum wirklichen Leben die kürzeste Entfernung aufweist. Die mündliche Erzählung ist deshalb in dieser Hinsicht wirklich minjunggemäß.[32]

Auch Jesus beteiligt sich aktiv an den alltäglichen Diskursen über Recht und Gerechtigkeit in einer Weise, welche die Wiederherstellung der Gerechtigkeit Gottes als eine die Gegenwart prägende Perspektive konkretisiert: In Joh 8,7 bringt Jesus seine Wort- und Sprachmächtigkeit, die mit Gnade und Wahrheit verbunden ist (Joh 1,17), zur Geltung und setzt sie in einen Gegensatz zur Schriftmächtigkeit der Schriftgelehrten.[33] Das menschgewordene Wort ist

29 Ahn, *Draußen vor dem Tor*, 98.

30 Meine Großmutter war Analphabetin, aber durch die Predigt und die wiederholten Geschichten der Bibel konnte sie das Lesen lernen und die koreanische Schrift verstehen.

31 Ahn, *Draußen vor dem Tor*, 98.

32 Ahn, *Draußen vor dem Tor*, 85–86.

33 Bei der Johannesgemeinde, in der das Johannesevangelium entstanden ist, steht die Auseinandersetzung zwischen Schriftgelehrten und ChristusanhängerInnen häufig im Mittelpunkt. Die Schriftgelehrten halten sich nur an die Vorschriften und an die Amtsautorität, während die letzteren sich an die charismatische Autorität, die durch Unmittelbarkeit und Sprachmächtigkeit charakterisiert ist, halten. Vgl. Udo Schnelle, *Einführung in das Neue Testament* (Vandenhoeck und Ruprecht: Göttingen ^{6}2007), 511–515. Für diesen Hinweis bedanke ich mich bei Pascale Rondez.

Subjekt in dieser Aktion. Die Wortmächtigkeit Jesu erweist sich als souverän gegenüber der Schriftmächtigkeit der Schriftgelehrten und steht auf der Seite der sozial Schwachen. Was Jesus auf die Erde geschrieben hat, sagt der Text nicht. Durch diese Handlung legt Jesus die Werte der Schrift beiseite und demonstriert damit, dass die Wortmächtigkeit durch die Liebe der Macht des schriftlichen Gesetztes überlegen ist. Jesus vollendet in dieser Mündlichkeit den Sinn des Gesetzes.

4 Schriftlichkeit und Mündlichkeit miteinander verbinden

Wie ein Zitat des Soziologen Max Weber (1864–1920) sehr deutlich zeigen kann, ist eine stark gefühlte kulturelle Überlegenheit mit dem „Besitz“ der Schrift und der damit einhergehenden wissenschaftlichen Autorität verbunden.[34]

Nur im Okzident gibt es ‚Wissenschaft‘ in dem Entwicklungsstadium, welches wir heute als ‚gültig‘ anerkennen. Empirische Kenntnisse, Nachdenken über Welt- und Lebensprobleme, philosophische und auch […] theologische Lebensweisheit tiefster Art, Wissen und Beobachtung von außerordentlicher Sublimierung hat es auch anderwärts, vor allem in Indien, China, Babylon, Ägypten gegeben […] Der hochentwickelten chinesischen Geschichtsschreibung fehlt das thukydideische Pragma […] Aber aller asiatischen Staatslehre fehlt eine der aristotelischen gleichartige Systematik und die rationalen Begriffe überhaupt.[35]

Offensichtlich gelten für Weber nur die westlichen, schriftlich niedergelegten Werte als Norm,[36] alles wird mittels der Rationalität in westlichem Sinne

34 Seit Matteo Ricci wird das Konzept des Konfuzianismus nach dem Maßstab des westlichen Christentums sehr unterschiedlich aufgefasst. Mehr dazu bei Eunjeung Lee, *„Anti-Europa“: Die Geschichte der Rezeption des Konfuzianismus und der konfuzianischen Gesellschaft seit der frühen Aufklärung: Eine ideengeschichtliche Untersuchung unter besonderer Berücksichtigung der deutschen Entwicklung* (LIT: Münster 2003).

35 Johannes Winckelmann (Hg.), Max Weber, *Die protestantische Ethik und der Geist des Kapitalismus* (Siebenstern Verlag: München 1965), 9.

36 Dies wird auch beim Missionstheologe Theo Sundermeier deutlich, der feststellt, dass es im Chinesischen traditionellerweise weder einen Begriff für Individuum noch für Freiheit gibt. Es fragt sich, welche Normen und Konzepte Sundermeier seinem Urteil zugrunde legt. Vgl. Theo Sundermeier, *Den Fremden verstehen: Eine praktische Hermeneutik* (Vandenhoeck und Ruprecht:

gemessen. Kann von diesem Kontext, der von Kulturimperialismus und der Herrschaftsideologie des 19. Jahrhunderts, wie sie im Zitat von Weber zum Ausdruck kommen, geprägt ist, ein Paradigmenwechsel für das 21. Jahrhundert erwartet werden, in dem Unterdrückung und Ausbeutung ein Ende finden? Welche Rolle spielen Schriftlichkeit und Mündlichkeit und ihre hierarchischen Bewertungen dabei? Lassen sich die Gegensätze zwischen ihnen in einer Verbindung von Schriftlichkeit und Mündlichkeit überwinden?

In ihrer Beschreibung der „Fünf Gesichter der Unterdrückung" hat Iris Marion Young[37] aufgezeigt, dass Unterdrückung vielfältige Dimensionen hat: Es gibt 1. Unterdrückung durch Ausbeutung, 2. Unterdrückung durch Marginalisierung, 3. Unterdrückung durch Machtlosigkeit, 4. Unterdrückung durch Kulturimperialismus, 5. Unterdrückung durch Gewalt. Hinter dem Gedanken der Unterdrückung und hinter den Dimensionen, in denen sie erfahrbar werden kann, steht eine dualistische Hierarchisierung der Wirklichkeit. Im Kontext postkolonialer Kritik ist es sehr bedeutsam, inwiefern die Perspektive der tatsächlich Unterdrückten und Benachteiligten überhaupt sichtbar wird; wie Subalterne und Untergebene überhaupt dazu kommen, sich ausdrücken zu können. Oder wie Gayatri C. Spivak in ihrem Werk mit Recht feststellt.[38] Diejenigen, die zu Wort kommen und die auch tatsächlich gehört werden, sind aus irgendwelchen Gründen immer die, die privilegiert sind und tendenziell vom System profitieren: Bildung, wirtschaftliche Leistungsfähigkeit, soziokultureller Hintergrund usw. bestimmen die Wortmächtigkeit, die Gehör verschafft. Diejenigen, die nicht zu diesen Privilegierten gehören, dürfen nicht sprechen, nur zuhören.[39]

Göttingen 1996), 37.

37 Iris Marion Young, Justice and the Politics of Difference, (Princeton: Princeton University Press, 1990), 39–65.

38 Vgl. Gayatri Chakravorty Spivak, *Can the Subaltern Speak?: Postkolonialität und subalterne Artikulation* (Verlag Turia + Kant: Wien 2008), 74–76; Christine Löw, *Frauen aus der Dritten Welt und Erkenntniskritik?: Die postkolonialen Untersuchungen von Gayatri C. Spivak zu Globalisierung und Theorieproduktion* (Ulrike Helmer: Sulzbach 2009), 122–129.

39 Seit den 80er Jahren sind in vielen Ländern Asiens jeweils unterschiedliche Pfarrerinnen- und Theologinnengruppen oder -vereine entstanden. Weil aber die Stipendien des Nordens im Vergleich zur früheren Zeiten reduziert wurden, können sich viele Frauen das Studium in westlichen Industrieländern nicht mehr leisten, so dass ihr Studium lokal gebunden und darum beschränkt ist. Auch wenn sie mehr kontextspezifisch arbeiten, haben sie, wegen des Mangels an internationalen Kontakten und Sprachkompetenz, relativ geringe Chancen, ihr Studium zu erweitern und ihre Arbeiten der internationalen scientific community vorzustellen. Tendenziell sind sie weniger radikal im Vergleich zu denjenigen, die von US-amerikanischer feministischen Theologie beeinflusst sind, und distanzieren sich eher von der gelebten Sonntagsspiritualität der Kirchen. Stattdessen treiben sie kirchennahe Theologie. Es gab in der alten Missionspolitik die Strategie, kleine Eliten gezielt zu unterstützen. Aber in vielen Ländern im Süden hat sich erwiesen, dass solche

Sei es die Auseinandersetzung „des" Westens mit „dem" Islam, sei es der Ideenkonflikt des freien Kapitalismus und der Demokratie mit dem Kommunismus, sei es „Orientalismus" oder misogyne Geringschätzung der Frauen, hinter allem steckt dieselbe ideologische Struktur, derselbe Mechanismus der dualistischen Hierarchisierung. Noch fehlt es an Denk- und Handlungsmodellen, welche den Dualismus von Unter- und Überordnung überwinden könnten. Der Dualismus, der auch das Machtverhältnis von Frauen und Männern traditionell bestimmt, basiert auf der Konstruktion einer stabilen Gegnerschaft, die er umgekehrt auch stärkt. Je nach dem spezifischen Machtinteresse wird der „Gegner", den das dualistische System für seinen Erhalt benötigt, anders definiert. Dieses Spiel mit dem Dualismus und der Führung eines mentalen „kalten Krieges", der gut und böse, oben und unten nach eigenem Maßstab selbst definiert, muss aufgebrochen werden.

Diese Strategie von Ausgleichung statt Entgegensetzung wird in dem Jesaja-Wort gut veranschaulicht: „Jedes Tal wird sich heben, und senken werden sich alle Berge und Hügel, und das Unebene wird flach, und was hügelig ist, wird zur Ebene." (Js 40,4[40]). Gegensätze zwischen mündlich und schriftlich, Mann und Frau, Osten und Westen usw. müssen in einer solchen Balance ausgeglichen werden, damit neue Werte entstehen werden. Um mit Rosemary Ruether zu sprechen: „Frauen und Männer, Natur und Kultur, Körperlichkeit und Vernünftigkeit sind durchweg durch gebrochene Existenz entstellt worden. Beide Seiten haben es nötig, zusammen zu einem neuen Ganzen umgestaltet zu werden."[41]

Ich denke, die koreanische Minjung-Schrift, eine „mündliche Schrift", in der konkrete Erfahrung in der Mündlichkeit mit Schriftlichkeit verbunden

kleine Eliten nicht unbedingt die MultiplikatorInnen sind, die ihr Wissen und ihre Erfahrung oder Macht weiterschenken und teilen, *empowerment* gelingt also nicht immer. Es bleibt ein gewisser *status quo*, und es gibt eher viele, die es nicht dulden, neben sich andere an der Spitze zu haben. In dem Sinne kann die Mehrheit der Theologinnen ihre theologischen Ansichten nur schwer ins Ausland kommunizieren, sei es wegen der sprachlichen Barriere oder sei es aus Mangel an Gelegenheit. Nach wie vor sind nur die kleinen Eliten, die im Norden studiert haben (am besten in den USA) und die Gelegenheit haben, eigene Publikationen herauszugeben, weltweit bekannt. Publikationen, die im nichtwestlichen Kontext und vor Ort publiziert sind, können, auch wenn sie gut sind, wegen des globalen Marktsystems keine Beachtung erlangen und finden auf der nördlichen Hemisphäre keine Verbreitung. Während die Deutungsmuster feministischer Theologie aus den USA häufig in Europa präsent sind und im europäischen Kontext diskutiert werden, findet die Theologie aus global südlicher Sicht, und erst recht aus nicht-westlicher Frauenperspektive hier sehr wenig Beachtung.

40 Zitiert nach der Übersetzung der Züricher Bibel 2007.

41 Rosemary Radford Ruether, „Was ist feministische Spiritualität?", übersetzt von Patricia Remy, in: *Feministisch-theologische Zeitschrift FAMA* 3, (August/1985), 10.

wird, kann ein Beispiel dafür sein, wie lähmende Dualismen überwunden werden können. Sie zeigt, dass Schriftlichkeit und Mündlichkeit keine Gegensätze bleiben müssen,[42] sondern vielmehr zur gegenseitigen Bereicherung werden können. Die Frage ist, wie zwischen diesen Elementen Ausgewogenheit erreicht werden kann, wobei die jeweiligen besonderen Werte zur Geltung kommen können, ohne dabei die des anderen auszuschließen oder zu dominieren: Es geht nicht um eine Rangordnung, sondern um eine Funktionsteilung, damit Mündlichkeit und Schriftlichkeit ihr Potential voll entfalten können.[43]

Wenn die Bibel als ein in Stein gemeißeltes Buch gesehen wird, aber ohne die Vitalität des gesprochenen Wortes, dann ist sie nur noch totes Zeichen. „Der Ewige ist Geistkraft, und wo die Geistkraft des Ewigen ist, da ist Freiheit." (2 Kor 3,17[44]). Wenn das geschriebene Wort nicht immer wieder gesprochen wird und im jeweiligen Kontext, in dem es ausgesprochen wird, dialogisch interpretiert wird, dann bleibt es nur die Schrift eines in sich geschlossenen Zirkels.[45]

42 Vgl. zum Dialog zwischen referentieller und emotionaler Ebene, zwischen „Wissenschaft" und „Bildhaftigkeit" Antonio Loprieno, *Von Fiktion und Simulation als kognitiven Übergängen* (Schwabe Verlag: Basel 2011), 32.

43 Im 21. Jahrhundert ist von „Digilog" zu sprechen, bei dem die Werte von Digital und Analog kombiniert zur Geltung gebracht werden. Der koreanische Denker Uhreong Lee führte diesen Begriff ein, um die Computertechnologie mit Zwischenmenschlichkeit zu verbinden. Hier handelt es sich um das Prinzip des Zusammenlebens im Gegensatz zu gegenseitiger Unverträglichkeit oder Hierarchie. Dieses Konzept beinhaltet Aufeinander-Angewiesensein und Miteinander-Verbundensein anstelle des Neben- und Gegeneinanderseins. Es hat mit dem Beziehungsnetzwerk zwischen Menschen, Natur, Dingen und Technologie und gegenseitiger, lebensorientierter Abhängigkeit und Ausgewogenheit zu tun. Dieses Bewusstsein stammt aus dem Integrationsgedanken, der in Nordasien, besonders in der koreanischen Kultur, stark ist. Vgl. Uhreong Lee, *Digilog* (Tree of Thought: Seoul 2006).

44 Zitiert nach der Übersetzung der Bibel in gerechter Sprache [2]2006.

45 Ein interessantes Beispiel für die Übertragbarkeit der Idee von Minjung und ihre belebende Wirkung: Eunkyu Kim machte in seinem Aufsatz "Was the Proclamation of the Canon a Medicine or a Poison? A Comparison Between Ruling Christianity and Minjung (the Oppressed) Judaism", in: *International Journal of Contextual Theology in East Asia by Korea Association of Contextual Theologians*, 13 (2010), 61–86, deutlich, wie die jüdische Tradition durch Mündlichkeit lebhaft tradiert wurde und so mithalf, schwierige Umstände zu überwinden. Er stellt einen Vergleich zwischen dem herrschenden Christentum und dem Minjung (unterdrücktes einfaches Volk) Judentum dar: "Minjung Judaism had to endure through political and religious oppression and persecution from the Roman Empire as well as from the ruling Christianity [...] It was to continue the intellectual tradition, and within a reality where one was to continuously encounter diverse thoughts and philosophies. These people, on the one hand, passed down the basic consciousness about the Torah, while on the other, accepted new ideas, and philosophies. This opened up a liberal approach to the Torah and Jewish texts, and allowed for dynamism and vitality in contemporary circumstances. Even while being physically constrained, the Minjung Jewish people could endure the pain through an intellectual, mental and spiritual freedom." (p.75). Aufgrund der immer neuen Interpretation ist Minjung-Judentum trotz Verfolgung und Ausgrenzung lebendig. In diesem Prozess konnten die Menschen geduldig und beharrlich ihre Überlebensstrategie entfalten.

Ich meine damit nicht, dass wir einen neuen Prozess der Kanonisierung brauchen. Aber nur wenn die Schrift durch den hermeneutischen Prozess immer wieder je nach dem Kontext neu interpretiert, gelebt, gelesen und in die Herzen gesprochen wird, kann die Gefahr ihrer Versteinerung gebannt werden.[46] Gott kann nur durch Gott erkannt werden, und das heißt, dass Gott durch Jesus Christus, von dem die Schrift zeugt, erkannt werden kann. Dieses geschriebene Wort der Bibel kann durch Gottes Wirken, durch die Heilige Geistkraft als verkündigtes Wort und als gesprochenes Wort in die Herzen der Menschen gelangen und verstanden werden.[47] Nur Gott allein kann dieses Wort sprechen. Im Ereignis der Offenbarung muss „bekräftigt werden, daß die schöpferische Gegenwart des Wortes (Verb) sich in jedem historischen Augenblick offenbaren kann, in jedem Menschen und in jeder Kultur."[48] Die Wirkungsgeschichte der Bibel und die kirchengeschichtliche Entwicklung von *Ruah* (weiblich) über *Pneuma* (sächlich) zu *Spiritus* (männlich) zeigt, wie die weibliche Dimension ignoriert und abgeschwächt wurde und schließlich verschwand. Dieses geschriebene Wort kann immer wieder mit Hilfe der Heiligen Geistkraft als gesprochenes Wort lebendig gemacht werden. Dabei sollte die weibliche Dimension der Heiligen Geistkraft als Herzenssprache mehr zur Geltung gebracht werden.[49]

5 Theologische Kommunikation und Mission im Wandel

Die Kommunikationsfähigkeit ist Gottes Gabe an die Kreatur. Information ist ein Ergebnis der Kommunikation, die wir mit Hilfe der Sinne in der Natur und Gesellschaft empfangen; sie soll geteilt werden, nicht unilateraler Besitz sein. Information ist aber nicht ein Monopol der Menschen. Alle Geschöpfe kom-

46 Vgl. Kim, "Was the Proclamation of the Canon a Medicine or a Poison?", 83.

47 Hier habe ich die Diskussionen über die Narrative Theology von Hans Frei und George Lindbeck, die durch die theologische Schule Yale bekannt gemacht, entwickelt und verbreitet wurde, und die Barthsche Wort-Gottes-Lehre (*Die Kirchliche Dogmatik* I/1, 4), der zufolge das Wort Gottes immer in einer dreifachen Gestalt verstanden werden kann, beiseite gelassen. Darauf einzugehen würde den Rahmen dieses Aufsatzes sprengen.

48 Mary Daly, *Jenseits von Gottvater Sohn und Co: Aufbruch zu einer Philosophie der Frauenbefreiung* (Verlag Frauenoffensive: München 1980), 90.

49 Die Bedeutung der Heiligen Geistkraft und der Pneumatologie ist in der Theologie sehr oft außer acht gelassen worden. Heutzutage bekommt Pneumatologie jedoch aufgrund des Phänomens der stark wachsenden Pfingstkirchen mehr Gewicht. Allerdings bleibt Pneumatologie ohne Bezug zur Trinität leer.

munizieren auf ihre eigene Weise und empfangen Informationen von einander. Die Verbundenheit untereinander ist eine grundlegende Bedeutung von Kommunikation. Wenn Gegenseitigkeit gewährleistet wird, entsteht Kommunikation. Sie ist Leben, „Dis- oder Exkommunikation" aber ist Tod. Kommunikation ist das verbindende Element zwischen Mensch und Mitgeschöpf.[50] Wie die Biodiversität und die Artenvielfalt vor der Monokultur geschützt werden müssen, so sollte auch die Kommunikation vor der Monokultur bewahrt werden, indem unterschiedlichen Lebenswelten und unterschiedlicher Verletzlichkeit Gehör verschafft werden.

Die Methoden der Kommunikation sind vielfältig und umfassen auch nicht-sprachliche Formen, wie Mimik, Gestik, Schweigen, Herz, Geist usw., die ebenfalls Komponenten der Kommunikation bilden. Wie bereits erwähnt, kann Sprache als ein Machtmittel eingesetzt werden, wobei die Sprache derjenigen, die Normen und Werte bestimmen, mehr Gewicht hat als die Sprachen der Minderheiten.

Auch in der theologischen Kommunikation ist dies nicht viel anders. Wer die dominante Sprache nicht spricht, wird nicht anerkannt, nicht gehört, als nicht intellektuell ebenbürtig oder wissenschaftlich beurteilt. Auch in der Theologie müssen wir uns daher immer wieder fragen, ob wir eine Sprache der Exklusion oder der Inklusion sprechen, ob wir uns bemühen, Fremde und Andere zu verstehen und in unser eigenes Sprechen zu integrieren. Dabei sind Werte wie integratives Denken und Handeln, *soft skills*, *interconnectedness*, auf das konkrete Leben hin orientierte Lösungsansätze usw. wichtig. Diese Werte werden stereotyp vor allem Frauen zugeordnet, wenn sie jedoch allgemein wirksam werden sollen, muss ihre reduktive Assoziation mit der Weiblichkeit überwunden werden.

Darüber hinaus verlangt unser Zeitalter von uns, auf human-/androzentrische Methoden zu verzichten, und die Stimme und das Seufzen der

50 Der heutige Lebensstil sowie wirtschaftliche Verhältnisse verlangen solche Verbundenheit in der globalisierten Welt. Doch es bestehen noch riesige Probleme bei der gerechten Verteilung materieller Güter sowie von Information. Das Informationsmonopol trägt dazu bei, dass der Graben zwischen Reich und Arm noch tiefer wird. Es ist darum dringend notwendig, dass dieses Verbundensein zur Mehrung von Gerechtigkeit eingesetzt wird und nicht als Methode der Ausbeutung. Normalerweise sind Schriftlichkeit, Information und Technologie Monopole der sogenannten ersten Welt. Die Menschen der sogenannten dritten Welt haben viel weniger Zugang zu Technologie und schriftliche Information, und Frauen sind in besonderem Maße von dieser Information abgeschnitten. In der südlichen Hemisphäre leben Frauen in Bezug auf solche Information in einer Dürre, während die Menschen der nördlichen Hemisphäre sich eher einer Flut von Informationen erwehren müssen.

Natur zu hören (vgl. Röm 8,23).[51] Gerade die oft missbrauchte Sendungsbotschaft („Geht nun hin und macht alle Völker zu Jüngern: Tauft sie auf den Namen des Vaters und des Sohnes und des heiligen Geistes“, Mt 28,19[52]) muss im Licht vom Leben in reicher Fülle („[...] Ich bin gekommen, damit sie das Leben in Fülle haben.“ Joh 10, 10[53]) korrigiert werden. Die Bedeutung von *missio Dei*[54] könnte dann im 21. Jahrhundert neu bedacht werden: Mission basiert auf Gottes Aktion; Gott ist und bleibt handelndes Subjekt der Mission, während der Mensch die Sendungsbotschaft empfängt. Dieses metaphorisch mit weiblicher Biologie assoziierte Empfangen ist die menschliche Antwort auf die anrufende Sendung Gottes, und wenn die Mission im 21. Jahrhundert paradigmenwechselnd einen neuen Schwerpunkt festlegen soll, dann ist das zugleich mit dem Wert des Empfangens verbunden.[55] Die negative Wahrnehmung des Empfangens müsste verändert werden, indem der Mensch generell als die Gnade Gottes Empfangender ins Bewusstsein gerückt wird. Empfangen bedeutet nicht etwa, dass der Mensch passiv werde; er soll eine aktiv handelnde Person bleiben. Aber mehr als bisher wäre „empfangen“ mit aktivem Zuhören und mit Gastlichkeit zu verbinden, so dass das Empfangen des Zeugnisses in der Person interkulturelles Wahrnehmen und Verstehen fördert.

Diese Sendungsbotschaft bei sich aufzunehmen, heißt, sie zu integrieren und die organische Dynamik der Verbundenheit mit dem Universum und mit dem Mitgeschöpf zu erkennen. Das Gewicht liegt nicht nur auf dem Zeugnis-Ablegen, sondern auch auf dem Empfangen, also nicht nur auf dem aktiven Sprechen, sondern auch auf dem aktiven Zuhören. Qualifiziertes Nicht-Können und Nicht-Sprechen ist wichtig, denn damit wird passive Aktivität sichtbar und hörbar. Durch passives Sprechen und aktives Zuhören wird

51 Dies wird bei der Vollversammlung ÖRK, Busan, Korea 2013 unter dem Thema „Gott des Lebens, weise uns den Weg zu Gerechtigkeit und Frieden“ aufgegriffen werden.

52 Zitiert nach der Übersetzung der Züricher Bibel 2007.

53 Zitiert nach der Übersetzung der Züricher Bibel 2007.

54 Dieser Begriff basiert auf Karl Barths Theologie. Karl Barth hat zwar nicht wortwörtlich den Begriff „missio Dei“ gebraucht, aber Anstöße für diese Theologie gegeben. Inwiefern Barth Karl Hartenstein mit diesen Gedanken beeinflusst hat, der 1952 in Willingen diesen Begriff explizit artikuliert hat, siehe John G. Flett, *The Witness of God: The Trinity, Missio Dei, Karl Barth, and the Nature of Christian Community* (William B. Eerdmans Publishing Company: Grand Rapids 2010); Meehyun Chung, „Missio Dei? The Meaning of Karl Barth's Theology for Missio Dei“, in: *Korea Journal of Systematic Theology* 29 (2011), 67–98.

55 Dieses Verhältnis zwischen Geben und Empfangen könnte auch auf das Verhältnis zwischen dem globalen Norden und Süden und zwischen den Geschlechtern übertragen werden. Es hängt davon ab, wie die Art der horizontalen Beziehung weg vom Paternalismus und Maternalismus auf ökonomischer Ebene verwirklicht werden kann. Dabei spielen Genderkonzepte und Intersektionalitätsansätze als Schlüssel zur Analyse und Aufhebung dieses Machtgefälles eine zentrale Rolle.

Gehör verschafft und der Sprechakt erst vollständig gemacht, wodurch auch subalterne Stumme zum Sprechen ermächtigt werden können. Differenzierte, respektvolle Wahrnehmung und die Aufnahme der uns unvertrauten Anderen sind eine Kunst: Die Anerkennung des Anderen als ebenbürtig und als Subjekt fällt uns allgemein schwer. Das Gefühl der Fremdheit dominiert mögliche Vertrautheit, so dass das Fremde als das Nicht-Bekannte leicht als hässlich und gefährlich wahrgenommen wird. Mit der Anerkennung und Offenheit für die Anderen meine ich jedoch nicht ein gleichgültiges Erdulden von Fremdem, sondern bewusstes, offenes Wahrnehmen von Anderssein, um die Mauer gegenüber Andersdenkenden, Andersgläubigen, Andersaussehenden niederzureißen, auch wenn das für Menschen, die Vereinfachungen gewohnt sind, nicht gerade leicht ist.

Gott befähigt die Stummen, widerständig zu sprechen (Selbst-Anwaltschaft). Die Entmachtung der Sprachgewalt der Mächtigen und die Ermächtigung der Sprache der Stummen sind das Wesentliche der theologischen Kommunikation und Mission im Wandel.[56] Es geht hier nicht um die Diskreditierung der Schriftlichkeit, sondern um die Kritik an der traditionellen Geringschätzung und Ausblendung der Mündlichkeit und um die Auflösung der hierarchischen Gegensätze zwischen den beiden mit dem Ideal der gegenseitigen Ergänzung der einen durch die andere Mitteilungsweise, so dass Kommunikation als ganze bereichert wird. In einer solchen Kommunikation können das Herrschaftssystem und die Einseitigkeit bestehender Normen, Werte und Weltanschauungen kritisiert und neu gedacht werden.

6 Schlussfolgerung

Angesichts einer „androzentrischen Dominanzkultur“ sind Frauen gezwungen, mit doppelter Stimme zu sprechen: Sie müssen ihre Methode und Stimme dem dominanten Diskurs anpassen und gleichzeitig mit der Stimme des

56 Dabei ist zu bedenken, dass die Aufwertung der mündlichen Sprache zu Gleichwertigkeit mit Schriftsprachen teilweise auch durch die Missionsarbeit gefördert wurde. Vgl. Silke Sauer, *Oralität und Literalität: Ihre Bedeutung für Kommunikation und Bibelübersetzung* (Verlag für Kultur und Wissenschaft: Bonn 1995). Mission hat sehr viel dazu beigetragen, mündliche Sprache schriftlich zu formulieren. Natürlich gibt es auch die Schattenseiten von Mission, die nicht nur positiv bewertet werden kann; vgl. Paul Landau, “Language, Missions and Empire,” in: Norman Etherington (ed.), *Missions and Empire* (Oxford University Press: Oxford 2005), 194–215, hier 213.

subversiven Diskurses sprechen, welche leicht untergeht oder verdrängt wird.[57] In diesem Aufsatz habe ich versucht, auf die Frage einzugehen, ob die Macht der Schrift und Sprachmächtigkeit überhaupt anders definierbar und anders einsetzbar sind; die Frage ist schließlich: „[…] kann Macht weder widerrufen noch abgelehnt sondern lediglich wieder-eingesetzt werden?“[58] Die Kategorien Macht, Erfolg, Normen und Werte müssen daher auf den Prüfstand gestellt und alternative Definitionen als widerständige Kriterien in den Dialog eingebracht werden, um den Stummen Stimme zu verleihen und Kommunikation zwischen Subjekten zu ermöglichen.

Um mit der ersten koreanischen Theologin, Soonkyung Park, zu sprechen: „Feministische Theologie ist ein Auge des Wächters, damit die Theologie nicht zu einer männerdominierten Ideologie wird.“[59] Darüber hinaus soll feministische Theologie, soweit nötig und möglich, die Aufgabe der „Anwältinnenschaft“ (Spr 31,8) für stimm- und rechtlose Frauen und auch Männer übernehmen. Ihre Wächterinnenfunktion dehnt sich auch auf die in der akademischen Theologie ungesehenen und ungehörten Dimensionen der Gesellschaft aus, denen sie Gehör verschaffen muss, denn der christlichen Glaubenspraxis geht es nicht nur um die individuell-materielle, sondern auch um die gesellschaftliche Segensorientierung, um eine Heilung der Gesellschaft durch das Wirken der Heiligen Geistkraft. Hier sehe ich für die feministische Theologie ein wichtiges Aufgabenfeld, um gesellschaftliche Erneuerung, Transformation und soziales Engagement zu ermöglichen. Aber auf der anderen Seite dürfen auch die menschlichen Grundbedürfnisse im alltäglichen Leben dabei nicht ignoriert werden. In diesem Sinne darf die feministische Theologie die Sprache der einfachen Leute nicht außer Acht lassen[60] und sich nur auf den akademischen Wettbewerb an der Universität konzentrieren.

57 Die Osterbotschaft, die als missio Dei zu verstehen ist, wurde durch eine Frau mündlich weitertradiert, obwohl Petrus und die anderen Männer diese Information nicht anerkannten und für unglaubwürdig hielten. Auch dem Bekenntnis von Martha wurde im Vergleich zu dem des Petrus weniger Beachtung geschenkt. Die Fähigkeit der Frauen, die Frohe Botschaft von der Auferstehung Jesu Christ mitzuteilen, wurde angezweifelt, obwohl Maria diesen Sendungsauftrag vom Auferstandenen selbst bekommen hatte. Aber wenigstens haben die Frauen die anderen stimuliert, bis sie sich selbst davon überzeugten. Die heilige Begeisterung von dieser Osterbotschaft geht weiter und zwar auch noch heute. Vgl. Mt 28, 9–10; Mk 16, 9; Joh 20, 14–18; Pieris, *Feuer und Wasser*, 164.

58 Judith Butler, *Das Unbehagen der Geschlechter* (Suhrkamp: Frankfurt a. M. 2009), 184.

59 Soonkyung Park, *Auf dem Weg zur Wiedervereinigung* (Hanwool Verlag: Seoul 1992), 356.

60 Die Gefahr der Polarisierung besteht immer, wenn die feministische Theologie und Bewegung aufgrund des Backlash resignieren und ohne Bezug auf die transformierende Kraft der Realität im esoterischen Bereich landen würde.

Feministische Theologie müsste sich durch den Einbezug unterschiedlichster Erfahrungen konkreter Menschen aus der ganzen Welt und aus allen Lebenskontexten anregen lassen. Damit könnte feministische Theologie auch mehr Farbe bekommen und die Gefahr vermeiden, als Monokultur zu stagnieren.[61] Unrechtszustände zwischen den Geschlechtern dürfen dabei nicht ein separates Thema sein, sondern müssen im Zusammenhang mit den offensichtlichen Unrechtsverhältnissen zwischen Nord und Süd und West und Ost analysiert werden. Dabei kann es künftig nicht allein um eine „Umverteilung" gehen, grundlegend ist vielmehr der Paradigmenwechsel in der Wahrnehmung der Normen und Werte,[62] welche die Beziehungen zwischen Individuum und Gesellschaft, zwischen Frau und Menschheit leiten. Die Genderfrage müsste nicht nur im Blick auf Gerechtigkeit zwischen den Geschlechtern, sondern auch im Blick auf Gerechtigkeit zwischen Rassen und sozialen Schichten gestellt werden. Intersektionalität ist daher als analytisches Paradigma unverzichtbar, will man den Genderdiskurs vertiefen, und gerade die feministische Theologie kann diese Fragestellungen der Intersektionalität nicht unbeachtet lassen, wenn sie ihrem Befreiungsauftrag gerecht werden will.

61 Im Alten Testament steht das feministische Nomen *zedaqa* als Oberbegriff für die Wohltätigkeit, die Unrecht überwindet, Not bewältigt. Dieser Begriff, der die Aspekte des Fließens und der Bewegung assoziiert, beinhaltet Gottes primäre Parteinahme für sozial Schwache, damit das Gleichgewicht wieder hergestellt wird.

62 Ein Beispiel: Die 5. Schweizerische Frauensynode fand am 21. Mai 2011 in Zürich zum Thema „Frauen und Wert-Schöpfung" statt und erörterte ethische, christliche Werte und wirtschaftliche Dimensionen dieses Themas. Dabei kam die Perspektive von Migrantinnen deutlich zu kurz, die im Niedriglohnsektor und Dienstleistungsbereich tätig sind.

Mein Verständnis der Theologie Karl Barths[1]

1 Einleitung

Ein negatives Vorurteil zu korrigieren ist schwieriger als eine völlig neue Idee vorzustellen. Es war schwierig, über Barth zu diskutieren, denn Barths Theologie in Korea wird aus gewissen Gründen weithin negativ bewertet.[2] 1. Die konservativen Theologen, die sich politisch rechts bewegen, sehen in Barth einen sehr politischen Theologen, dessen Theorie so liberal und radikal sei, dass sie die Kirchen Europas in den Ruin geführt habe. 2. Die politisch und theologisch radikalen progressiven Theologen finden Barths Gedanken und Methoden so konservativ, dass diese geradezu die protestantische Orthodoxie wieder aufleben lassen, also eine neue Orthodoxie einführen würden. Sie kritisierten Barths Lehre über Gott als das „totaliter aliter – das ganz andere".[3] Er sehe Gott als einen, der allein im Himmel throne und sich nicht um die Probleme der Welt kümmere. 3. Meinungen der Feministinnen zufolge sei Barths Theologie misogyn. Für Theologinnen allgemein ist Barth keine besonders sympathische Figur. Sie finden, dass die autoritäre Struktur seiner Theologie keinen Raum für echte Menschenwürde und die Freiheit des Mannes wie der Frau lasse. Die meisten feministischen Theologinnen sind vor einer vermeintlichen Gefahr gewarnt worden, die in der Lehre von A und B seiner Kirchlichen Dogmatik III/4[4] stecke. Über diese Stelle äußern sie sich sehr sarkastisch. Die Differenz der Geschlechter zu achten ist nach wie vor wichtig. Aber es muss festgestellt werden, ob diese Differenzierung Diskriminierungen beinhaltet.

1 Dieser Aufsatz ist zuerst auf Englisch erschienen und überarbeitet: Meehyun Chung, How can I understand Karl Barth's Theology as Korean Feminist Theologian?, in: Theology between East and West. A Radical Heritage, ed. by F.D. Macchia, Oregon, 2002, 133–151.

2 Als ich 1994 von Europa nach Korea zurückkam, wurde ich im feministischen Umfeld kritisiert, nicht feministisch genug zu sein, denn ich hätte die Theologie des weißen männlichen Europäers Karl Barth studiert. Vermutlich glaubten sie, ich sei durch Barths Theologie negativ beeinflusst worden. Es war am Anfang fast unmöglich für mich, in Korea etwas über diese Theologie zu sagen, denn dort ist, vor allem bei Theologinnen, ein negatives Bild dieser Theologie fest verankert.

3 Vgl. Karl Barth, Die Kirchliche Dogmatik, I/1, Zürich, 1987, 361.

4 Karl Barth, Die Kirchliche Dogmatik, III/4, Zürich, 1993, 188ff.

In diesem Kapitel versuche ich, die Abneigung der feministischen Theologie gegenüber Barth darzustellen. Darüber hinaus möchte ich die Möglichkeit für neue Ansätze, die Barths Theologie für die feministische Theologie bedeuten kann, herauskristallisieren.

2 Feministische Kritik an der Theologie Barths

Die Theologie Karl Barths als Negativbeispiel für die allgemeine Beurteilung feministischer Anliegen anzuführen, ist nicht nur ein koreanisches, sondern ein weltweites Phänomen. Mir fällt es schwer, solche Kritik an Barth einfach zu akzeptieren. Sie ist zu voreilig und lässt den damaligen sozio-politischen Kontext außer Acht. Das negative Image, das Barths Theologie bei feministischen Theologinnen erzeugt, zeigt sich deutlich in ihrer Auslegung: Barth sah die Beziehung von Mann und Frau als analog zur Beziehung zwischen Gott und Mensch. Daraus folge dann, dass der Mann Gottes Seite näher sei, die Frau dagegen der des Menschen.

Führende amerikanische Feministinnen wie Rosemary Radford Ruether, Isabel Carter Heyward, Mary Daly und Catherine Keller prägten diese negative Interpretation Barthscher Theologie bei feministischen Theologinnen.[5] Joan Arnold Romero bezeichnete Barths Theologie als typische für das Herrschaftsdenken, das die Autoritätsstrukturen in Kirche und Gesellschaft verfestige.[6] Barths Name wird stets in der Liste der sogenannten „frauenfeindlichen“ Theologen genannt, zusammen mit Augustinus, Thomas von Aquin, Luther,

5 Barth dient in feministischen Kreisen als Paradebeispiel für patriarchalisches Denken. Vgl. Rosemary Radford Ruether, Sexismus und die Rede von Gott: Schritte zu einer anderen Theologie, übersetzt von Annemarie Eggers, Gütersloh, 1985, 119, 124.

Mary Daly, Jenseits von Gottvater Sohn und Co: Aufbruch zu einer Philosophie der Frauenbefreiung, übersetzt von Marianne Reppekus, München, 1980, 34, 104.

Isabel Carter Heyward, The Redemption of God. A Theology of Mutual Relation, Washington D.C., 1982, 7 (Dieses Buch ist zwar auf Deutsch übersetzt, aber gekürzt, daher fehlt dieser Teil auf Deutsch. Isabel Carter Heyward, Und sie rührte sein Kleid an: eine feministische Theologie der Beziehung, übersetzt von Hildegard Schneck, Stuttgart, 1986.); Catherine Keller, Apocalypse Now and Then, Boston, 1996, 69 and 301ff.; Ders., The Lost Chaos of Creation, lecture on October 5, 1999 at the Ewha Woman's University in Seoul, Korea, 2ff; J. Christine Janowski, Zur paradigmatischen Bedeutung der Geschlechterdifferenz in K. Barths Kirchlicher Dogmatik, in: Und drinnen waltet die züchtige Hausfrau. Zur Ethik der Geschlechterdifferenz, hrsg. von H. Kuhlmann, Gütersloh, 1995, 140–186; Ursula Pfäfflin, Mann und Frau. Ein symbolkritischer Vergleich anthropologischer Konzepte in Seelsorge und Beratung, Gütersloh, 1992.

6 J.A. Romero, The Protestant Principle: A Woman's Eye View of Barth and Tillich, in: Religion and Sexism. Images of Woman in the Jewish and Christian Traditions, ed. by R. R. Ruether, New York, 1974, 321–329.

Calvin, Knox, Bonhoeffer, Niebuhr, Teilhard de Chardin usw., weil sie in ihren Theorien die Unterordnung der Frau unter den Mann als Gottes Willen interpretieren. Isabel Carter Heyward beschreibt ihre Einstellung gegenüber Barths Theologie folgendermaßen: „Vor fünfzehn Jahren, in meinem zweiten Studienjahr der Theologie am College, entwickelte ich eine unklare Antipathie gegenüber den Lehren Karl Barths und seiner neo-orthodoxen Kollegen."[7] Ruether und Daly zitierten in ihren Werken Barths Argumente nicht wörtlich; sie schrieben eher allgemein: „Der Theologe Karl Barth verkündete, die Frau sei ontologisch dem Mann als ihrem „Kopf" untergeordnet."[8] und „Barth spricht unentwegt von der Unterordnung der Frau unter den Mann, die von Gott verordnet sei."[9] „Dieses Grundmuster einer patriarchalischen Anthropologie lässt sich durch die ganze klassische christliche Theologie von ihren Anfängen bis hin zur Moderne veranschaulichen. Ich erwähne hier insbesondere Augustin, Thomas, Luther und Barth."[10] „Für Barth spiegelt diese festgegründete, von Gott geschaffene Ordnung des Männlichen über das Weibliche den Schöpfungsbund wider [...] Männlich und Weiblich sind daher naturnotwendig einander in einem Verhältnis zugeordnet, in dem die einen führen, die anderen folgen. Männer und Frauen sollten den ihnen zukommenden Platz in dieser Ordnung einnehmen, der Mann demütig, die Frau gutwillig. Der Mann ist dadurch nicht erhöht, die Frau nicht erniedrigt, aber sie füllen den ihnen zugewiesenen Platz in der von Gott befohlenen Ordnung der Dinge nur aus, indem sie sie als angemessen annehmen."[11]

Im bestimmten Sinne hat Barth eine Hierarchie der Geschlechter angedeutet, ohne mögliche Gefahren zu vermeiden, wenn er auch das Patriarchat abgelehnte. Mit anderen Worten: Barth hat die paulinische Linie eingehalten, obwohl er die Frauen nicht als minderwertig betrachtete. Aber Barth vertritt keine überhebliche Überordnung des Mannes. Sein Gewicht liegt auf Geschlechtsdifferenz, an der er allerdings strikt festhält.

Meinem Verständnis nach geht es in Barths Kirchlicher Dogmatik III/4[12] bei der Unterscheidung von Mann und Frau nicht so sehr um das Geschlecht

7 Isabel Carter Heyward, Und sie rührte sein Kleid an: eine feministische Theologie der Beziehung, übersetzt von Hildegard Schneck, Stuttgart, 1986, 50.

8 M. Daly, a.a.O., 16.

9 M. Daly, a.a.O., 223.

10 R. R. Ruether, ibid, 119.

11 R.R. Ruether, ibid, 123.

12 Vgl. K. Barth, Die Kirchliche Dogmatik, III/4, Zürich, 1993, 188.

selbst, sondern eher um eine freie Beziehung zwischen Personen. Barth erkannte den Wert der feministischen Bewegung an und sah ihren Sinn und ihre Ziel, die rechtliche und gesellschaftliche Benachteiligung der Frau zu überwinden. Der Feminismus und die feministische Bewegung entstand aus der französischen Revolution; und Barth übersah keineswegs deren Bedeutung.[13] Barth machte nachdrücklich auf Simone de Beauvoir aufmerksam. Von de Beauvoir stammt der Gedanke, dass die Freiheit des Individuums über dem Geschlecht steht. Barth legt den Fokus auf den Unterschied zwischen den Geschlechtern, wogegen Beauvoir die Freiheit jenseits der Geschlechtlichkeit betont.

Die Schöpfung ist der äußere Grund und die äußere Voraussetzung für den Bund zweier Menschen (traditionell der zwischen Mann und Frau). Der Bund ist der innere Grund und die innere Voraussetzung für die Schöpfung.[14] „Die Schöpfung ist die natürliche Voraussetzung für die Erlösung und die Erlösung ist die geistliche Voraussetzung für die Schöpfung."[15] Die Schöpfung ist ohne Bund nicht denkbar. Ebenso existiert auch umgekehrt kein Bund ohne Schöpfung. Beides ist also eng miteinander verknüpft. Barth sagt damit, dass die Beziehung von Mann und Frau als Bundespartner und -partnerin im Zusammenwirken besteht. Die Erschaffung der Frau ist nicht durch den Mann bestimmt. Aber zwischen Mann und Frau gibt es eine Ordnung von A und B. Barth warnte davor, diese falsch zu verstehen. Obwohl bei A und B der Mann zuerst genannt wird, bedeutet das nicht, dass der Mann der Frau überlegen ist. Erlösung geschieht, um dem Mann und der Frau als Bund Heil zu bringen. Diese Analogie ist nur ein Gleichnis. Allerdings sind bei Barth die gegenseitige Bezugnahme der Geschlechter und die Freiheit in der Gemeinschaft von Mann und Frau wichtiger als alles andere. Außer diesem Vergleich zwischen Mann und Frau erwähnte Barth zum Beispiel die Beziehung von Himmel und Erde, Seele und Leib, Glaube und Gehorsam usw. Alle diese Beziehungen bedeuten keine Über- und Unterordnung. Die Begriffspaare sollen keinen getrennten mechanischen Dualismus verdeutlichen, sondern zum Verständnis aus einer ganzheitlichen Perspektive anleiten.[16]

---

13 Cf. Soonkyung Park, The Reunification and Christianity, Seoul, 1986, 232.

14 Vgl. K. Barth, Die Kirchliche Dogmatik, III/1, Zürich, 1993, 103–377.

15 K. Barth, A theological Dialogue, in: Theology Today, Vol. 19, 1962/1963, 172; gedruckt auch in: K. Barth, Gesamtausgabe IV. Gespräche 1959–1962, hrsg. von Eberhard Busch, Zürich, 1995, 516.

16 Vgl. Suzanne Selinger, Charlotte von Kirschbaum und Karl Barth. Eine biografisch-theologiegeschichtliche Studie, Zürich, 2004, 189.

Wenn der Mann A ist, dann ist die Frau kein zweites A, sondern ein B. Dieses Verhältnis bezeichnet einen Unterschied. „Mann und Frau sind nicht ein A und ein anderes A, deren Wesen und Beziehung man in der Weise beschreiben könnte, in der man das Wesen der beiden Hälften einer Sanduhr beschreiben kann, denen es eigentümlich ist, dass sie zwar notorisch zwei, aber unter sich absolut gleich und also umkehrbar sind. Sondern Mann und Frau sind ein A und ein B, sind sich also nicht einfach gleichzusetzen [...] so also, dass A nicht B, sondern A ist und B nicht ein anderes A, sondern eben B ist. "[17] Obwohl diese Aussage so klingt, darf sie auf keinen Fall als eine fixierte „Stufenleiter" Gott-Christus-Mann-Frau verstanden werden. Barth erkannte, dass dies zu Missverständnissen führen könnte. Aber diese Ordnung bedeutet keinesfalls eine Rangordnung. Vor Gott sind Mann und Frau einander ebenbürtig. Diese Ordnung ist nur bedingt gültig. Sie ist keine naturgegebene, hierarchische Ordnung, sondern Folge einer historischen Entwicklung und unterschiedlich auslegbar. Sie geht weit über die Beziehung von Mann und Frau hinaus und sagt auch über das Menschsein Jesu Christi etwas aus. „Mann und Frau sind sich nicht nur vor Gott, sondern, weil vor Gott, darum auch als Menschen, darum hinsichtlich des Sinnes und der Bestimmung, hinsichtlich der Gefährdung, aber auch hinsichtlich der Verheißung ihrer menschlichen Existenz völlig gleich. Sie sind sich auch gleich in der Notwendigkeit ihrer Beziehung und Ausrichtung aufeinander. Sie stehen und fallen zugleich. Sie werden und sind zugleich frei oder unfrei."[18]

Diese Theorie Barths könnte sowohl von Männern, als auch von Frauen missverstanden und missbraucht werden. Es ist nicht so, dass der Mann allein auf Gottes Seite steht. Die Ebenbürtigkeit von Mann und Frau vor Gott bedeutet, dass der Mann die Frau als Partnerin anerkennen soll bzw. jeder Mensch einen anderen als gleichwertig betrachten soll. Das ist auch die Bedeutung von Menschlichkeit und von Partnerschaft, wie L. M. Russell hervorhob.[19]

In Asien stellt die Idee des Yin und Yang einen Dualismus dar. Dabei handelt es sich um ein symbolisches Gleichnis der Unter- und Überordnung von Erde und Himmel, welches mit der Harmonie und dem Gleichgewicht verbunden ist, nicht mit Diskriminierung. In diesem Sinne habe ich Barths

17 K. Barth, Die Kirchliche Dogmatik, III/4, Zürich, 1993, 188.

18 Ebd.

19 Cf. Letty M. Russell, Human liberation in a feminist perspective – A Theology, Philadelphia, 1974, 133, 144, 159f.

Konzept als Metapher verstanden. Allerdings bin ich der Meinung, dass sein Konzept in Bezug auf die Erläuterung über Gottes Ebenbildlichkeit zwischen Mann und Frau (KD III/1)[20] zu verstehen ist. Darüber hinaus sollte dieses Konzept auch hinsichtlich des gesamten Themas der Kirchlichen Dogmatik III/4, Kap. 54 „Freiheit in der Gemeinschaft" gelesen werden, wobei es nicht nur die Dichotomie von Mann und Frau, sondern auch von Eltern und Kindern, den Nahen und Fernen (sc. eigene Nation und andere Völker) behandelt. Der Fokus liegt bei diesen Beziehungen nicht auf Über- und Unterordnung, sondern auf Gemeinschaft und Freiheit.

3 Die Beziehung zwischen Frau und Mann bei Barth

Barths Vorstellung von der Beziehung der Geschlechter ist aus heutiger Sicht unzureichend.[21] Auch Barth war ein Mensch seines Zeitalters. Deshalb ist es unzweckmäßig, seine Theorie mit einem heutigen Maßstab feministischer Forschungsansätze zu kritisieren und seinen damaligen sozio-politischen Kontext auszuklammern. Natürlich kann die Aussage von Barth über Frau und Mann kritisiert werden. Aber das heißt nicht, seine Theologie als Ganze abzulehnen, wie es gegenwärtig oft geschieht.

Barth unterstreicht eine allgemeine „Ordnung", wie sie damals üblich war statt „Wechselseitigkeit" und „Partnerschaft" zu betonen. Aber das muss in Anbetracht seines politischen Kontextes, der Konfrontation mit dem Nationalsozialismus, verstanden werden. Er distanzierte sich von einer Verwischung der Grenzen zwischen Gott und Mensch. So fällt der Begriff der Ordnung mehr ins Gewicht als der der Wechselseitigkeit.

1934 begann Henriette Visser't Hooft einen Briefwechsel mit Karl Barth, in dem sie ihn nach seiner Interpretation von 1Kor 11,5–9 fragte. Nachdem er diesen einen Brief beantwortet hatte, antwortete er auf ihre späteren nicht mehr. Dieser Briefwechsel wurde veröffentlicht und wird häufig zitiert, um Barth zu kritisieren.[22] H. Visser't Hooft wurde von feministischen Theologin-

20 K. Barth, Die Kirchliche Dogmatik, III/1, Zürich, 1993, 103–258.

21 Z.B. Die Rolle des Mannes als Führer, Erwecker zu bezeichnen ist nicht unproblematisch, wenn man es selektiv liest. Es hängt von der zusammenhanglosen Verwendung der Sätze ab. Vgl. K. Barth, Die Kirchliche Dogmatik, III/4, Zürich, 1993, 189.

22 Cf. Susannah Herzel, A Voice for Women, Geneve, 1981, 191ff; Gudrun Kaper, Eva, wo bist Du? Frauen in internationalen Organisationen der Ökumene, Gelnhausen, 1981, 14–19; Jürgen Moltmann, Henriette Visser't Hooft, in: Gotteslehrerinnen. Festschrift für Dorothee Sölle, hrsg. von L.

nen zu einer Pionierin des Feminismus gekürt, während Barths Bild eines Antifeministen und Frauenhassers bestehen blieb.

Henriette Visser't Hooft[23] bezieht sich auf den Paulusbrief 1Kor 11,5–9. Sie sagt deutlich, dass die Kultur des Patriarchats den Frauen den Kopf bzw. das Denken, und den Männern den Körper „geraubt" hat. Dieses Bild ist ein ausgezeichnetes feministisches Argument. Ihr Ziel war ein Zusammenwirken von Mann und Frau in Kirche und Gesellschaft.

Jürgen Moltmann, einer der bekanntesten Theologen der Gegenwart, schrieb 1989 einen Artikel über Henriette Visser't Hooft.[24] Um der Stimme Henriette Visser't Hoofts Gehör zu verschaffen, zitierte er den oben genannten Antwortbrief mit leichten Übertreibungen. Er sagte, Barths Antwort sei „... ein Muster des männlichen Superioritätskomplexes in Form einer zweifachen Herablassung, der eines Mannes zu einer Frau und der eines Theologen zu einer Nichttheologin."[25] „Hier fällt die autoritäre Redewendung auf, die Barth fast in jedem dritten Satz dieses Briefes wiederholt: ‚es ist nun einmal so'"[26]

Ich bin nicht verpflichtet, Barths Theologie zu vertreten oder ihn als Person zu verteidigen. Aber vielleicht ist es hilfreich, wenn ich erkläre, wie ich obigen Brief auslege. Meiner Ansicht nach findet sich in Barths Antwortbrief keine arrogante Haltung, und der umstrittene Ausdruck („es ist nun einmal so") taucht nur einmal auf.

Henriette Visser't Hooft schrieb: „Jetzt aber habe ich eine Frage an Sie, oder eigentlich an Paulus, Sie jedoch kennen ihn vielleicht am besten in der ganzen Welt."[27] Barth antwortete ihr sehr bescheiden: „Bevor ich etwas zu Ihrer Frage sage, muss ich Sie aber bitten, mich nicht als den zu betrachten, der Paulus am besten in der ganzen Welt kenne und auch nicht als einen der ganz wenigen,

---

Schottroff und J. Thiele, Stuttgart, 1989, 169–179; Vgl. Gina Schibler, Kreativ-emanzipierende Seelsorge. Konzepte der intermedialen Kunsttherapien und der feministischen Hermeneutik als Herausforderung für die kirchliche Praxis, Stuttgart, 1999, 17–31.

23 Vgl. Doris Brodbeck, Henriette Visser't Hooft und Charlotte von Kirschbaum in ihrer Auseinandersetzung mit der Theologie Karl Barths, in: Siehe, ich schaffe Neues. :Aufbrüche von Frauen in Protestantismus, Katholizismus, Christkatholizismus und Judentum, hrsg. von Doris Brodbeck, Bern, 1998, 36ff.

24 Nachdem dieser Aufsatz auf Englisch 1999 übersetzt worden ist, ist es unter den amerikanischen Theologinnen u.a. Catherine Keller sehr populär geworden, Barth mehr zu kritisieren.

25 J. Moltmann, a.a.O., 174.

26 Ebd.

27 Henriette Visser't Hooft, Brief an K. Barth, in: Frauen in internationalen Organisationen der Ökumene, Gelnhausen, 1981, 14.

die heute ein sinnvolles Dasein führen. Denn unter dem Gewicht des in diesen Aussagen liegenden Anspruchs müsste ich ja sofort verstummen."[28] Barth schreibt in seinem Buch Die „Auferstehung der Toten" über die Auslegung von 1Kor 11,1–16: „Ich bilde mir gewiss nicht ein, dass mit dem, was dort gesagt ist, alles gesagt sei, was zum Verständnis jenes sehr schwierigen Paulus-Textes zu wissen wünschenswert wäre [...] Paulus hat das alles nicht geschrieben, um eine bestimmte Auffassung von dem Verhältnis von Mann und Frau zu lehren und zu kanonisieren, sondern um an Hand und im Rahmen der Auffassung dieses Verhältnisses, die er für die richtige hielt, das Verhältnis von Gott und Mensch, wie es sich in der Gemeinde gestalten soll zu veranschaulichen."[29]

Barth sagte, nicht nur bei Paulus, sondern in der gesamten Bibel gelte nicht das Matriarchat, sondern das Patriarchat als die irdische Ordnung. „Man könnte sich theoretisch fragen: wenn er (sc. Paulus) zur Zeit des Matriarchats gelebt hätte, hätte er dann nicht dasselbe auch unter Hinweis auf die Superiorität der Frau sagen können?"[30] Er sagte weiter, dies sei ebenso der Fall, wie die Tatsache, dass Jesus ein Jude war und dass das Volk Israel – und kein anderes – auserwählt wurde. Außerdem sei das Zeitalter, in der sich Gott selbst offenbarte, weder das Mittelalter noch die Neuzeit gewesen, sondern das Altertum. Dadurch sei das Altertum zur Mitte aller Zeiten geworden. Wörtlich schrieb er: „Sie können gewiss nicht genug beachten, dass dort die Anschauung des Paulus nur Mittel zum Zweck ist, um von der Superiorität Gottes über den Menschen zu reden."[31] Barth verstand die Bibel im Gegensatz zu Fundamentalisten nicht buchstäblich, sondern konzentrierte sich in seinen Auslegungen auf Jesus Christus als einen Juden seiner Zeit.

Barth spürte, dass das Verhältnis von Männern und Frauen in jener Zeit des NS-Regimes gestört war. Aber er war vermutlich nicht dermaßen sensibel für diese Störung wie Henriette Visser't Hooft. Ihm war klar, dass es problematisch ist, den Mann als überlegen und die Frau als minderwertig anzusehen. Ich bin der Auffassung, dass man den Briefwechsel und Barths Theologie nur im Kontext seiner Zeit verstehen kann. Seine Art, mit wachen Augen auf die damalige Situation einzugehen, hat meine Art, Theologie zu treiben, wesentlich geprägt.

28 K. Barth, Brief an Henriette Visser't Hooft, in: Frauen in internationalen Organisationen der Ökumene, Gelnhausen, 1981, 15.

29 Ebd.

30 Ebd.

31 K. Barth, a.a.O., 16.

Barths Theologie entstand unter dem Einfluss besonderer Umstände seiner Zeit. Es ist natürlich problematisch, die Anliegen der Frauen zugunsten anderer Prioritäten zurückzustellen. Barths Gespür erwies sich z.B. im Zusammenhang mit ökologischen Problemen als mangelhaft. Er legte nicht nur Wert auf die Transzendenz Gottes, sondern betonte auch die Wichtigkeit der Vernunft. Ich will im Folgenden auf die Ursachen dieser Priorisierung eingehen.

In dem genannten Brief ging es für Barth nicht um das Verhältnis von Herrschen und Dienen zwischen Mann und Frau. Für ihn war es wichtiger, die Autorität Gottes in seiner Zeit herauszustellen. Denn Hitler behauptete, die erneute Verkörperung Jesu zu sein. Barth erkannte, dass Hitlers Anspruch nicht nur politisch, sondern vor allem theologisch unhaltbar war.[32] Barths Augenmerk war darauf gerichtet, das Königreich von Jesu Christis im Rahmen einer politischen Realität zu verkündigen.[33] Daher ist seine Theologie so eng an den politischen Kontext gebunden ist. Aber Theologie zu betreiben heißt mehr als Politik zu machen. Er ging davon aus, dass die absurde Lehre der „Deutschen Christen" ihre Wurzeln in der Theologie des 19. Jahrhunderts hatte, in dem Gott häufig menschlich dargestellt wurde. Auf diese Feststellung fußt Barths starke Betonung des totaliter aliter und der transzendentalen Erhabenheit Gottes. Aus diesem Grund lehnte er die Vorstellung einer Kommunikation zwischen Gott und Mensch auf gleicher Ebene so vehement ab. Das damalige Zeitalter war nicht nur eines der Emanzipation, sondern auch die Zeit des Wahnsinns „Deutscher Christen". Barths Parole dagegen lautete: „Mensch ist Mensch. Gott ist Gott."[34]

Barths Ablehnung der „natürlichen Theologie" der 30er Jahre des 20. Jahrhunderts hängt auch mit seinem theologisch-politischen Kampf gegen den Nationalsozialismus zusammen. Barth vertritt die trinitarische Christologie gegenüber jeder anderen Lehre, Ideologie oder sonstigen menschlichen -ismen. Er verwirft die „natürliche Theologie" in seinem Kampf gegen den christlichen Antisemitismus und den Nationalismus, da die „natürliche Theologie" zur Grundlage des damaligen Nationalismus wurde. Außerdem sollte seine Ableh-

32 Vgl. K. Barth, Der Brief an den Reichskanzler Adolf Hitler, am 1. Juli 1933, in: Briefe des Jahres 1933, hrsg. von Eberhard Busch, Zürich, 2004, 267f; Karl Barth, Theologische Existenz heute! (1933). Neu herausgegeben und eingeleitet von Hinrich Stoevesandt, München, 1984

33 Cf. K. Barth, A theological Dialogue, in: Theology Today, Vol. 19, 1962/1963, 176.

34 K. Barth, Der Römerbrief, (zweite Fassungg 1922), Zürich, 1999, 38.

nung der natürlichen Theologie eine Warnung an alle sein, die „das Evangelium anpassen“ oder zu einer „bürgerlichen Theologie“ machen wollten.[35]

4 Anknüpfungspünkte an Barths Theologie

Ich will drei Punkte nennen, die in der feministischen Theologie diskutiert werden könnten.

1) Barth betonte „Deus est“, Gott ist Realität. Der Glaube an Gottes Realität ist auch Grundlage der feministischen Theologie. Wenn sich die feministische Theologie nicht mehr auf die Frage nach der Göttin oder nach weiblichen Gottesbildern beschränkt, dann wird sie sich auch mit allgemeinen theologischen Problemen befassen. Barth betonte die „analogia fidei“ und die „analogia relationis“, nachdem er Anselm von Canterbury las und von seinen Schriften inspiriert wurde. Ich glaube, seine Ablehnung der „analogia entis“[36] kann dazu beitragen, dass wir uns Gott nicht als einen Mann vorstellen, wie es in der Kirchengeschichte üblich war. Denn Gott ist nicht als biologische Wesenseinheit, sondern als Beziehung zu verstehen. In seiner Kritik am Ersten Vatikanischen Konzil schreibt Barth: „Ich halte die analogia entis für die Erfindung des Antichrist und denke, dass man ihretwegen nicht katholisch werden kann.“[37] Barth unterstreicht dagegen die „analogia fidei“. Mit der Ablehnung der „analogia entis“ lehnt Barth gleichzeitig die natürliche Gotteserkenntnis ab, die im Ersten Vatikanischen Konzil sowie der „natürlichen Theologie“ behauptet wird und die im neuen Protestantismus verankert ist. Die „analogia entis“ versteht Gott als von der Welt abhängiges Phänomen. Barths Kritik am Katholizismus und am „Neuprotestantismus“[38] erklärt sich aus diesem Kontext. Eine Theologie, die sich auf die „analogia entis“ bezieht, wird immer ein menschliches Gottesbild konstruieren, weil Gott in der Kirchengeschichte überwiegend immer als Mann dargestellt und verstanden wurde. Als Reaktion

35 Vgl. K. Barth, Die Kirchliche Dogmatik II/1, Zürich, 1986, 157.

36 Hiermit benenne ich ganz allgemein eine theologische Denkfigur, ohne auf die Frage einzugehen, inwieweit sie sich mit dem deckt, was in der katholischen Tradition und was in der neuprotestantischen Theologie in je verschiedener Weise so genannt wird oder so genannt werden könnte.

37 K. Barth, Die Kirchliche Dogmatik I/I, Zürich, 1986, VIII.

38 Hiermit meine ich die Kritik, die bei strenger Beachtung der Gott-Welt-Differenz dieser Theologie zu formulieren ist: Ein Reden von Gott, das in Wahrheit ein Reden vom Menschen und der Welt ist.

auf diese Vorstellung bemühte sich die feministische Theologie um ein weibliches Gottesbild. Allerdings ist dies nicht ihre eigentliche Aufgabe.

Die „analogia entis" bezieht sich auf eine innere Wesenseinheit von Gott und Mensch. Die „analogia entis" abzulehnen heißt dagegen nicht, Gott als ein Abstractum zu sehen, das von den Problemen der Welt unberührt bleibt. Es ist eher die Ablehnung aller Versuche, Gott zu einem Objekt menschlichen Denkens und Erkennens zu machen.

2) Im Verlauf der Kirchengeschichte prägten männliche Symbole das Bild Gottes.[39] Die Männlichkeitsmethaphorik wurde in christlichen Religionen sehr häufig für die Identifizierung Gottes missbraucht. Barths Ausdruck des totaliter aliter bedeutet keine Inhumanität Gottes. Gottes Andersartigkeit könnte tatsächlich zur patriarchalen Falle werden, sodass Macht und imperiale Herrschaft missbraucht werden, worauf etwa Dorothee Sölle aufmerksam gemacht hat.[40] Der Abstand zwischen Gott und Mensch bedeutet aber bei Barth nicht, dass Gott der Welt fern wäre. Vielmehr überwindet das Andere Gottes jede Vorstellung von Gott als ein menschliches Wesen. Denn, auch wenn wir zurzeit die Weiblichkeit und Mütterlichkeit Gottes ins Feld führen, um das patriarchale Gottesbild zu korrigieren, so befindet sich Gott doch letztlich jenseits all unserer Begrifflichkeit.

Barths Lehre von der Transzendenz Gottes und die Abgrenzung zwischen Gott und Mensch („Mensch ist Mensch. Gott ist Gott") ist nicht als ein in sich geschlossenes statisches System zu verstehen, sondern als eine lebendige, geheimnisvolle Beziehung. Wenn die feministische Theologie das Patriarchat kritisiert, weil es durch sein männliches Gottesbild die Transzendenz Gottes missverstand, dann liegt der Hauptgedanke der feministischen Theologie genau bei dieser Transzendenz Gottes.[41] Auf diesem Gebiet könnte und sollte die feministische Theologie durchaus einen Dialog mit Barths Verständnis von der Transzendenz Gottes beginnen.[42]

39 Mit Paul Ricoeur zu sprechen: „Das Symbol gibt zu denken." Vgl. Paul Ricoeur, Symbolik des Bösen, München, 1971, 395.

40 Vgl. Dorothee Sölle, Mystik und Widerstand. Du stilles Geschrei, München, 1999, 142f.

41 D. Sölle, Es muss doch mehr als alles geben, Hamburg, 1994, 46.

42 Barth legt keinen Wert auf Jesus' biologische Verwandtschaft zum König David und problematisiert den Stammesgedanken, der auf Patrilinearität basiert. Vgl. K. Barth, Die Kirchliche Dogmatik I/2, Zürich, 1989, 191f. Diese Haltung könnte auch für einen feministischen Ansatz dienen neben seinem Gedanken der jungfräulichen Geburt, bei der jegliches männliches Eingreifen aufgehoben wird.

Die belebende Energie, die durch den auferstandenen Jesu vermittelt wird, macht die Transformation der Gesellschaft möglich. Sie bedeutet nicht, dass wir alles der Allmacht Gottes überlassen und den Menschen zu einer Marionette degradieren sollten. Stattdessen sollten wir uns auf Gott als „real verändernde Tatsache“[43] verlassen, wie Barth formulierte.

3) Was mich als feministische koreanische Theologin an Barth am meisten fasziniert, ist seine Kritik oder gar sein Kampf gegen das Christentum des Westens, also die „bürgerliche Religion“ (civil religion) oder „Christliche Kultur“, die sich aus der liberalen Theologie herauskristallisierte. Barths Theologie enthält Argumente die sich gegen ein an die westliche Kultur angepasstes Christentum richten. Was Barths Verständnis der Geschlechter anbetrifft, ist es durchaus möglich, dass er in den Vorurteilen seiner Zeit gefangen war, als der Feminismus noch keine große Rolle spielte. Barths Hauptanliegen war es jedoch nicht, sich zur Frauendebatte zu äußern. Für Barth war es zu jener Zeit viel dringlicher, vor den Gefahren des „Neuprotestantismus“ zu warnen, der auf die liberale Theologie des 19. Jahrhunderts zurückging. Diese Theologie stellte die Anthropologie ins Zentrum ihrer Lehre. Um die abstrakte Theologie der protestantischen Orthodoxie zu überwinden, versuchte die liberale Theologie, Gott in der Welt der Menschen zu verorten. Das hatte jedoch zur Folge, dass der Mensch an die Stelle Gottes trat und dass die Menschwerdung Gottes in den Hintergrund gedrängt wurde. Als Auswirkung dieser Theologie beherrschen die Ideen und Ideologien der westlichen Christenheit die christlichen Religionen der Welt. Darüber hinaus fingen die Christen des Westens an, ihre eigenen Werte und Methoden der Mission und Kolonisation als ‚Gottes Willen‘ zu proklamieren.[44]

43 K. Barth, Die Kirchliche Dogmatik II/1, Zürich, 1986, 289.

44 Barth hat zwar nicht wortwörtlich den Begriff „missio Dei“ gebraucht, aber Stoßrichtungen für diese Theologie geliefert. Inwiefern Barth Karl Hartenstein mit diesen Gedanken beeinflusst hat, der 1952 in Willingen diesen Begriff explizit artikulierte, ist zu lesen in John G. Flett, The Witness of God. The Trinity, Missio Dei, Karl Barth, and the Nature of Christian Community, Grand Rapids , 2010; Meehyun Chung, Missio Dei? – The meaning of Karl Barth's Theology for missio Dei, in: Korea Journal of Systematic Theology, vol. 29, Seoul, 2011, 67–98.

Die Bedeutung von „missio dei" könnte im 21. Jahrhundert neu betrachtet werden. Gott ist und bleibt handelndes Subjekt der Mission. Der Mensch empfängt die Sendungsbotschaft. Dieses metaphorisch mit weiblicher Biologie assoziierte Empfangen ist die menschliche Antwort auf den Anruf Gottes. Wenn die Mission im 21. Jhd. einen neuen Schwerpunkt festlegen soll, dann ist das paradoxerweise mit dem Wert des Empfangens verbunden. Die Wahrnehmung des unwürdigen Empfangens sollte geändert werden. Dabei ist es wichtig, den Menschen generell als den die Gnade Gottes Empfangenden ins Bewusstsein zu rücken. Empfangen aber bedeutet nicht etwa, dass der Mensch passiv werde. Er soll eine aktiv handelnde Person bleiben. Aber es hat mehr als bisher mit aktivem Zuhören und mit Gastlichkeit zu tun. D.h. das Empfangen des Zeugnisses fördert in

Barth sagte, die „natürliche Theologie" habe erfolgreich von der Offenbarung des Evangeliums Besitz ergriffen und sie für ihre Zwecke angepasst. Doch genau das stelle laut Barth „die Verbürgerlichung des Evangeliums"[45] dar. Barths Ablehnung der „natürlichen Theologie" war also die Ablehnung eines bürgerlichen Missbrauchs Gottes, der eine Unterwerfung Gottes unter ihre Ideale, Erfahrungen und menschlichen Spekulationen bedeute. In diesem Zusammenhang kritisierte er die bürgerliche Überheblichkeit, die Gott nach eigenen Maßstäben definieren wollte. Hinter seiner Ablehnung der „natürlichen Theologie" steckte eine Warnung vor der „Domestizierung der Offenbarung"[46] und vor der „Theologie der Bürgertums"[47], d.h. willkürlich bestimmter Religiosität.

Ein Aspekt dieser „Zähmung der Frohen Botschaft" ist, dass man aufhört zu beten. Barth warnt vor der Haltung der Christen in kapitalistischen Gesellschaften, die der Meinung sind, Gott zu besitzen und daher nicht mehr zu beten bräuchten. Barths Warnung vor dieser bürgerlichen Frohen Botschaft richtet sich vor allem an Länder, die christlich geprägt waren. Seine Kritik am Mythos der Zivilisation verschärft seine Vorbehalte gegen die „natürliche Theologie". Infolgedessen verurteilte er den Missbrauch der Frohen Botschaft als ein Mittel zum Schutz und zur Rechtfertigung seiner selbst. Die gezähmte Frohe Botschaft hängt zusammen mit den Methoden der „natürlichen Theologie". Laut Barth ist die „natürliche Theologie" keine Methode, sondern der Versuch, Gott in einen weltlichen Kontext zu pressen. So erhielt Gott keinen Platz in der Welt, sondern Menschen nahmen den Platz Gottes ein. Gott wurde zum Sammelbegriff eigener Idealvorstellungen.

In Jesus Christus wird Gott offenbart, d.h. Gott offenbart sich selbst in Jesus Christus. Gott kann also nur aus Gott heraus bzw. von Gottes Standpunkt aus werden. Diese Herangehensweise unterscheidet sich grundsätzlich von allen menschlichen Versuchen, Gott zu erklären und zu beschreiben. So ist die Warnung vor der „natürlichen Theologie" zugleich eine Warnung vor dem

das persönliche interkulturelle Wahrnehmen und Verstehen. Dieses Verhältnis zwischen Geben und Empfangen könnte auf das Verhältnis zwischen dem globalen Norden und Süden und zwischen den Geschlechtern übertragen werden. Es hängt davon ab, wie die Art der horizontalen Beziehung weg vom Paternal- und Materialismus in ökonomischer Ebene verwirklicht werden kann. Dabei spielen Genderkonzepte mit intersektionellem Blick als Schlüssel zur Bearbeitung des Machtgefälles eine zentrale Rolle.

45 K. Barth, Die Kirchliche Dogmatik II/1, Zürich, 1986, 157.

46 Vgl. K. Barth, a.a.O., 157ff.

47 Ebd.

Pantheismus, der mit der Gier nach materiellem Besitz in modernen kapitalistischen Gesellschaften zusammenhängt. Der Kapitalismus ist eine moderne pantheistische Religion geworden, wo dem Mammon als Götzen mehr als Gott gedient wird.

5 Die Herausforderung des Dialogs zwischen der feministischen Theologie und Barths Theologie

Die derzeitige feministische Theologie neigt sich dem „Neuprotestantismus" zu, der die menschliche Realität stärker als die Realität Gottes betont. Aber dieser Neuprotestantismus war seit dem 19. Jahrhundert der ideologische Nährboden für die Verbreitung des Kapitalismus, Kolonialismus und Nationalismus. Die liberale Theologie des 19. Jahrhunderts wollte Gott als einen eng mit der Welt verknüpften begreifen, deshalb stellte sie Gott auf die Ebene des Menschen. So waren Mensch und Gott beliebig austauschbar. Es wäre deshalb widersinnig, wenn die feministische Theologie den theologischen Methoden und Spuren des Neuprotestantismus folgen würde, denn eine der zentralen Aufgaben feministischer Theologie soll es doch sein, die wirtschaftliche und ökologische Ungerechtigkeit auf der Welt aus der Sicht der Frauen anzuprangern.

Barths christozentrische Haltung bedeutet für mich weder eine Verengung des Horizonts noch eine Blockierung oder einen Abbau der interreligiösen Zusammenarbeit. Ich sehe in ihr eher im Gegenteil eine Eröffnung neuer Dimensionen für die universelle Christologie, die inter- und intrareligiöse Kooperation und eine Versöhnung.[48] In diesem Zusammenhang sehe ich Übereinstimmungen zwischen Barths Theologie und der der reformorientierten feministischen Befreiungstheologinnen.[49] Das Ringen um sozial-ethische Anstrengungen gegenüber der strukturellen Sünde ist eines der wichtigsten verbindenden Elemente.

Ich habe bei Barth die theologische Sicht auf die Probleme des Kapitalismus und des Antikommunismus kennengelernt und was diese für das Christentum bedeuten. Dieser Denkansatz ist auch hilfreich, um in Korea eine feministische

48 Seine Lichterlehre, die als letzte Interpretation der 1. Barmer These gilt, könnte u.a. dazu beitragen. Vgl. K. Barth, Die Kirchliche Dogmatik IV/3, §. 69, Zürich, 1993.

49 Trotz gewissen Differenzierung könnte ich dazu Catharina Halkes, Rosemary Radford Ruether, Sallie Mcfague, Elisabeth Moltmann-Wendel, Luise Schottroff, Dorothee Sölle, Letty M. Russell, Isabel Carter Heyward und Ruth Epting u.a. nennen.

Theologie zu entwickeln, die den sozialen Bereich mit einbezieht. Von Barths kulturellem und politischem Interesse lernte ich, meine eigene Kultur differenzierter wahrzunehmen und kritisch zu hinterfragen. Barth lehnte zwar den Kulturprotestantismus ab, nicht jedoch Kultur selbst. Er setzte sich kritische mit Kultur auseinander, damit Kultur nicht den Platz göttlicher Verehrung einnehmen kann. Analog dazu setzte ich mich mit dem Schamanismus auseinander, der die koreanische Kultur stark prägte und versuche, ihn kritisch zu bewerten, anstatt ihn zu idealisieren und zu romantisieren. Die christliche Kultur in Korea wurde sehr stark vom US-amerikanischen Christentum geprägt, also von einem imperialistischen System. Wenn man im heutigen Zeitalter der Globalisierung den Post-Kolonialismus (der ja eng mit der Kultur verflochten ist) überwinden will, und wenn man zugleich eine feministische Theologie aus koreanischer Sicht entwickeln möchte, ist ein kulturelles Bewusstsein von großer Bedeutung. Die Theologie Barths war in dieser Hinsicht höchst anregend für die weitere Entwicklung meiner Theologie.

Barths Theologie wird von vielen ZeitgenossInnen als altmodisch empfunden, dabei ist sie aber weder ahistorisch noch asozial. So ist seine Theologie damals wie heute bedeutsam, um z.B. die zerbrechlichen Annäherungsversuche zwischen Nord- und Südkorea zu ermöglichen und beide Länder zu versöhnen oder um weltweit eine Alternative zu „herrenlosen Gewalten“[50] sowie einer menschenverachtenden Globalisierung zu finden.

Natürlich war Barth kein Prophet ohne Fehler und stellt selbst zu Recht fest: „Dogmatik ist keine ‚freie‘, sondern eine an den Raum der Kirche gebundene, da und nur da mögliche und sinnvolle Wissenschaft.“[51] Das ist der Grund, warum ich Respekt vor seiner theologischen Arbeit habe, die bestehende theologische und gesellschaftliche Denkansätze integriert. Wenn ich die feministische Theologie als einen Weg verstehe, der Kirche und Gesellschaft weltweit im Sinne der Erkenntnis und Nachhaltigkeit zu reformieren und transformieren versucht, dann war mir Barths theologischer Ansatz sehr hilfreich dabei.

50 K. Barth, Die Kirchliche Dogmatik IV/4. Fragmente aus dem Nachlass. Vorlesungen 1959–1961, hrsg. von Hans Anton Drewes und Eberhard Jüngel, Zürich, 1976, 363–399. Vgl. über die Befreiungstheologische Ansätze bei Karl Barth siehe Sabine Plonz, Herrenlose Mächte. Die Befreiungstheologie entdeckt Karl Barth, in: Evangelische Kommentare, Nr. 1, 1997 und hrsg. von Sabine Plonz, Die herrenlosen Gewalten. Karl Barths Religionskritik – ein Beitrag zu einer ökumenischen Befreiungstheologie. Tagungsprotokoll der Ev. Akademie Iserlohn vom 14–16.06. 1996.

51 Mich interessiert besonders sein Wandel von der „Christlichen Dogmatik“ zur „Kirchlichen Dogmatik“ nach seiner Studie über Anselm 1927. K. Barth, Die Kirchliche Dogmatik, I/1, Zürich, 1986, VIII.

THEOLOGIE / RELIGIONSWISSENSCHAFT

Bd. 1 Sidnei Vilmar Noé: Einstellungs- und Verhaltensänderungen in und durch Kleingruppen: Rezeption eines sozialpsychologischen Komplexes für den kirchlichen Kontext. 266 Seiten. ISBN 978-3-86596-048-1

Bd. 2 István Keul: Religion, Ethnie, Nation und die Aushandlung von Identität(en). Regionale Religionsgeschichte in Ostmittel- und Südosteuropa. 184 Seiten. ISBN 978-3-86596-009-2

Bd. 3 Wilhelm Schmidt: Der brennende Dornbusch. Eine Darlegung des Evangeliums nach Johannes. 1370 Seiten. (Broschur) ISBN 9-783-86596-044-3. (Hardcover) ISBN 9-783-86596-045-0

Bd. 4 Barbara Kern: Das altägyptische Licht- und Lebensgottmotiv und sein Fortwirken in israelitisch/jüdischen und frühchristlichen Traditionen. Eine religionsphänomenologische Untersuchung. 636 Seiten. ISBN 978-3-86596-107-5

Bd. 5 Elke Axmacher: Lebenswege – Fluchtwege. Kantaten- und Liedpredigten an der Universität Bielefeld 1995–2006 mit musikalischen Erläuterungen von Michael Hoyer. 138 Seiten. ISBN 978-3-86596-165-5

Bd. 6 Wilhelm Schmidt: Ravenna. Die Botschaft seiner Bilder. 258 Seiten. ISBN 978-3-86596-067-2

Bd. 7 Meehyun Chung/Elisabeth C.Miescher (eds.): Weaving Dreams – Träume weben. Festschrift zum 90. Geburtstag von Pfarrerin Dr. theol. h.c. Ruth Epting. 378 Seiten. ISBN 978-3-86596-198-3

Bd. 8 Reiner Marquard: Mathias Grünewald und die Reformation. 284 Seiten. ISBN 978-3-86596-250-8

Bd. 9 Elisabeth Bücking, Cornelia Göksu, Inge Heiling, Waltraud Liekefett und Katharina Nickel (Hg. als Vertreterinnen des ÖFCFE Deutschland): Ökumene weiblich. Frauen überschreiten Grenzen. 320 Seiten. ISBN 978-3-86596-268-3

Bd. 10 Anna Briskina-Müller/Johann Schneider (Hg.): Orthodoxie und Reformation – Mehr als ein 50-jähriger Dialog. 190 Seiten. ISBN 978-3-86596-299-7

Bd. 11 Petra Hörner (Hg.): Jakob Beringer: Evangelienharmonie. 400 Seiten. ISBN 978-3-86596-308-6

Bd. 12 Meehyun Chung: Reis und Wasser. Eine feministische Theologie in Korea. 230 Seiten. ISBN 978-3-86596-434-2

Bd. 13 Horst Friedrich Rolly: Biblische Weisungen für den Frieden. Eine Phänomenologie christuszentrierter Friedfertigkeit. 138 Seiten. ISBN 978-3-86596-477-9

THEOLOGIE / RELIGIONSWISSENSCHAFT

Bd. 14 Helmut A. Müller (Hg.): Kultur, Religion und Glauben neu denken. Von der abrahamitischen Ökumene zur Ökumene der Religionen. 202 Seiten. ISBN 978-3-7329-0028-2

Bd. 15 Johannes Cogeler: Imagines Elegantissimae (1558) & Similitudines Accomodatae ad Necessarias Doctrinae Coelestis (1561). Ins Deutsche übersetzt von Margarete Schwartze-Staudt. In Faksimile mit Einleitung herausgegeben von Peter Schwartze. 546 Seiten. ISBN 978-3-7329-0080-0

Bd. 16 Arnd Hollweg, in Zusammenarbeit mit Astrid Hollweg: Lebensgrund in Gott. Erkennen im Glauben und Erkennen in den Wissenschaften in ihrem Verhältnis zueinander. 736 Seiten, gebunden. ISBN 978-3-7329-0153-1

Bd. 17 Franz Oeters: Schritte zum Glauben für Zeitgenossen. 74 Seiten. ISBN 978-3-7329-0346-7

Bd. 18 Winfried Noack: Zur Freiheit befreit – Die gute Nachricht von der Freiheit gegen die gesetzliche Unfreiheit. 160 Seiten. ISBN 978-3-7329-0481-5

Bd. 19 Gertrud Arnold: Martin Buber – Leben und Werk im Zeichen des Dialogischen. 134 Seiten. ISBN 978-3-7329-0609-3